戦争論理学
あの原爆投下を考える62問

三浦俊彦[著]　　　　　　　　　　　　二見書房

まえがき

　特定の意見を持つことだけでなく、議論すること自体がタブー視されるテーマというものがある。ホロコーストは本当にあったのかどうか――、人種によって生得的な知能の差があるのかどうか――、こういったテーマは、それを論じること自体が「悪」であると見られがちだ。「日本は核武装すべきか」を「議論」しようとして総スカンを食った政治家もいた。日本人にとって、日本が核武装することは悪に決まっており、それを「議論」することさえケシカランことなのである。

　「〇〇について議論する」ということは、暗に「〇〇は正しい可能性がある」「〇〇は間違っている可能性がある」と認める態度を表わしているので、〇〇は間違いに決まっている、あるいは正しいに決まっていると信じている人の目には、論外だと映るだろう。「日本は核武装すべきかどうか議論しよう」という人は、「日本は核武装すべきである」という意見に同意するかどうかはともかく、少なくともその意見に敬意を払う気があるには違いないので、「結局おまえは戦争を肯定するのか」と非難されて当然だということになる。

　私自身についていえば、直観的に「日本が核武装するなどとんでもない」と思っており、「ホロコーストは本当にあったに決まってるだろう」と信じているが、では、それは議論の余地もないほど確かなことかと言われれば、「いや、もちろん議論の余地はある。議論する価値もある」と答えざるをえない。なにしろ哲学では、「明日太陽が東から昇ること」は確かかどうか、「自分が昨日存在していたこと」は確かかどうか、なども真顔で論ずるのである。核武装の是非やホロコーストの真偽が、昨日の私の存在や明日の日の出の方角に比べてより確かだなどとは言えないだろう。哲学的には、「日本は核武装すべきかどうか」を論ずることに意味があるのは当然のことである。

　「太陽が昨日存在していたこと」を疑う、と言えば、「ああ、哲学的な人ですねえ」ですまされるが、「日本が核武装すべきでないこと」を疑う、と言えば、「好戦的な人物だ」「改憲派の国家主義者ですね」と決めつけられる――というのも不自由な話ではなかろうか。昨日の太陽の存在を論じられる哲学ならなおさら、日本の核武装の是非について、政治的な色抜きで知的に論じなければならないのである。

2007年の夏に、防衛大臣久間章生が、自らの出身地である長崎への原爆投下について「あれで戦争が終わったんだ、という頭の整理で、しょうがないな、と思っている」と発言し（6月30日、柏市の麗澤大学比較文明文化研究センター主催講演会にて）、マスコミの袋叩きに遭った。久間発言には、ソ連参戦の意味や大日本帝国批判などそれなりの論拠が含まれていたのだが、結局、議論は抜きで久間は辞任へと追い込まれ、騒動は単なる「失言」事件として自然終息した。

　久間批判の声は二種類が混在していたと言えよう。「被爆者の苦しみがわかっていない」という情緒的な反応、「反核を訴えるべき被爆国の役割を何と心得るか」という戦略的な批判である。この二つの反応に加えて、「久間の歴史認識が間違っている」という「知的批判」もわずかながら見受けられたが、それも結局は「人道的な共感と反戦反核に水を差す歴史観、アメリカの保守派におもねる歴史観は間違いだ」といった方向へたちまち流れ、先ほどの情緒的反応か、戦略的批判のいずれかに回収されてしまった感がある。

　情緒的反応も戦略的批判も、久間発言の「真偽」「妥当性」には何の関係もないことに注意していただきたい。「原爆が戦争を終わらせた」「より多くの人命を救った」というアメリカ原産の言説が真実を言い当てているかどうかは、一度は深く議論せねばならないトピックだ。久間発言は、政治家・軍人があの原爆投下と終戦についてどう考えているのか、どう考えるべきだと考えているのか、現役トップの視点から徹底的に語らせ、学びとる絶好のチャンスだった。そんな好機をみすみす潰してしまうほどの情緒的反応の嵐は、ちょうど満州事変当時の国民の熱狂的支持によって新聞が戦争賛美へ傾いていった様子のミニチュア版に見えてくる。日本人の論理的センスはどうやらほとんど進歩していない。

　本書では、久間発言をもっと論理的に構成しなおし、原爆投下が正しかったのか間違っていたのかを徹底的に議論する。これまで持ち出されてきた大小さまざまの論拠を気がつくかぎりすべて網羅した。

　ところで、〈あの論法〉が持ち出されたらどうすべきだろうか。このテーマを論ずるさいには必ず立ちはだかる、最終最強兵器としての〈あの論法〉が。

　〈あの論法〉とはこうである――「被爆者の体験談を聞いても、そして被爆地の悲惨な写真、映像などを見ても、あなたはなお原爆投下を肯定できる

のか！」──

　この論法は、情緒的な反応「被爆者の苦しみがわかっていない」の延長上にあるもので、現実に強い影響力を持っている。妥当性と影響力のギャップの大きいこの種の議論は、対処に細心の注意が必要である。この論法の扱いかたが気になるかたは、第54〜57問を先にお読みください。

………………………………………………………………………………

　『論理パラドクス』『論理サバイバル』『心理パラドクス』などの読者は、問題文の中に提示された材料だけによって、つまり予備知識なしの論理思考だけで正解を見つける練習にある程度慣れているだろう。応用論理編の本書では、少し異なった種類のクエスチョンに取り組んでいただく。今回は問題文の背後に、膨大な歴史的事実が控えているのだ。それらの中から取捨選択して最も説得力ある推論を試み、最も信じやすい結論（答え）に辿り着いていただくというわけである。

　したがって本書は、前３冊とは異なり、純然たる論理演習書ではない。混沌とどこまでも拡がった「歴史」の諸データを関連づけながら、最も合理的で整合的と思われる主張をまとめる実践的訓練である。第二次世界大戦の論理的含意や倫理的教訓が汲み尽くされていないことは、年月を経るにつれ却って新聞などでの扱いが多くなっている事実に示されている。底知れぬ細部が絡みあった史上最大の戦争を終わらせた〈あの大事件〉について本書が試行的に辿った各ステップは、日常の大小無数の決断・評価・議論にあたって最良のモデルとなるであろう。

Contents

003 | まえがき

序章
009 | 〈戦争犯罪〉への多元的アプローチ
ホロコースト　南京事件　原爆投下

01
018 | 無差別爆撃は悪だろうか？
定言三段論法　二重効果

02
022 | 「罪のない一般市民」とは誰だろう？
事実と価値　アナロジーの誤謬

03
026 | 原爆投下はただの無差別爆撃ではない？
関連要因と無関連要因

04
028 | 核兵器は通常兵器より悪いのか？
意図主義

05
031 | 軍事目標としての広島・長崎の妥当性は？
意図（目的）の特定

06
034 | 〈目標・日本〉は人種差別だから許せない？
ポストホックの誤謬

07
038 | 原爆投下は戦後戦略の一部だったのか？
係留ヒューリスティクス

08
042 | ヨーロッパ優先戦略は正しかったのか？
行為と出来事の区別　条件付き判断

09
046 | 原爆投下は真珠湾攻撃の報復か？
自然主義の誤謬　逆ポストホックの誤謬　わら人形論法

10
050 | 優れた将軍たちが反対したではないか？
権威による論証

11
052 | ポツダム宣言には何が仕掛けられていたか？
談話の規則

12
055 | インディアナポリス撃沈事件は原爆投下を正当化する？
メンテナンス効果

13
059 | 日本にはまだ反撃策があった？
構成的ジレンマ　前件肯定

14
065 | 原爆のデモンストレーションをするべきだったのでは？
薫製ニシン

15
069 | 原爆投下は「最大多数の最大幸福」をもたらしたか？
功利主義

16
071 | 少なくとも長崎への原爆投下は正当化できまい？
限界効用逓減の法則　相乗効果　マスキング効果

17
075 | 結局はソ連への威嚇だったわけでは？
ポストホックの誤謬

18
079 | アメリカの国益追求って敵国日本にとっては……？
ノンゼロサムゲーム

19
083 | 一億玉砕を撤回させる決め手は？
パラダイム変換

20
086 | 天佑が戦争モードをリセットしてくれた？
コントラスト効果

21
090 | むしろ不必要なのは広島原爆のほうだった？
必要条件と十分条件

22
093 | 超自然頼み、そもそも無条件降伏要求のせいでは？
マッチポンプ　循環論法

	23
097	なぜ「国家」に無条件降伏を要求したのか？ 分割の誤謬

	24
099	今さら無条件降伏要求を責めても仕方ないだろう？ 演繹定理

	25
102	日本国民の自由意思なら結構ではないか？ 寛容の原則

	26
105	「国体護持」の論理とは何なのか？ 「認める」という関係

	27
108	面子と面子の衝突は腹芸で妥協？ 暗示的意味

	28
110	単独不講和を協定しておいて降伏などできない？ 心理的拘束と論理的拘束　多重決定　選択効果

	29
117	ドイツ降伏は絶好のチャンスだったか？ 大東亜共栄圏　ダブルスタンダード　天災論

	30
122	ポツダム宣言とハルノートはそっくりだが……？ 構造的同型性

	31
125	原爆が戦争を引き延ばしたという理屈は成立するか？ 原因と結果を取り違える誤り

	32
128	天皇制を認める〈試み〉くらいしてもよかったのでは？ 換喩的戦略

	33
130	「議会への説明」というプレッシャーは何なのか？ 個人的責任

	34
134	推測上の利益と現実の犠牲を天秤にかけると？ 完璧主義の誤謬

	35
136	20億ドルかけたからには何が何でも成果出せ？ コンコルドの誤謬　誤った前提への依存　虚構の同調圧力

	36
143	過去に囚われるのは当然といえば当然？ 倫理的整合性　二つのコンコルドの誤謬

	37
146	連合国も非道の限りを尽くしているのでは？ 「お互い様」の論理：肯定バージョン

	38
149	不公平な裁きのもとで「正義」とは何様なのか？ 勝者の裁き　意味の全体論　カテゴリーミステイク　永久文

	39
157	天皇を免責したアメリカは正しかったのか？ 天皇機関説

	40
160	天皇の戦争責任と原爆投下の正当性と関係があるのか？ 自己規定のパラドクス

	41
163	皇室との和平交渉の余地はあっただろうか？ 過剰な補償

	42
164	イメージ戦略からも原爆投下は失策だった？ 不当な一般化　選択効果

	43
168	「君側の奸」が聖断を歪めている？ 意図の再定義　アドホックな仮説　論点先取の誤謬

	44
173	日本本土侵攻で「犠牲者100万人」はありえない？ 動機によるバイアス　意図主義

	45
176	日ソ中立条約破棄はいくらなんでも酷すぎる？ 倫理的正当性

	46
180	ソ連参戦でいったい誰が得をしたのか？ 功利的必要性

Contents

185　**47** 日本政府が満州に移動したかもしれない？
　　　意図主義

188　**48** 原爆投下の政治経済的影響って結局？
　　　理論的認識と実践的配慮

190　**49** 原爆肯定論者は、核兵器を容認するつもりなのか？
　　　論理的意味と因果的影響　不当な類推

192　**50** 不用意な議論が核兵器容認に利用されることは確かでは？
　　　因果関係と相関関係　誤った前提への依存

197　**51** 肯定論の影響が心配だからとりあえず否定すればいいのか？
　　　忖度のパラドクス

201　**52** 原爆肯定論の損得勘定、よくよく考えれば？
　　　期待効用

204　**53** 原爆肯定の潜在的悪影響はやはり侮れない？
　　　倫理的実在論と反実在論　原則と特殊判断

210　**54** 被爆者のことを考えても原爆投下を肯定できるのか？
　　　現実バイアス　慈悲深い殺人のパラドクス　背理法

218　**55** 被爆者のことをもっと考えると何が見えてくるか？
　　　ステレオタイプ化　特定者バイアス

221　**56** 被爆者のことをさらにもっと考えると？
　　　感情に訴える議論　原因と理由　空なる理由

226　**57** 実感を重んずると論理はどうなる？
　　　美的情報と論理構造

229　**58** 原爆開発は確かに科学的快挙だったが……？
　　　努力の美徳性　規則功利主義

234　**59** 戦災者の中で被爆者は別格でありうるか？
　　　二重効果　未必の故意　緊急避難

241　**60** 日本は結局本当に無条件降伏したのか？
　　　ファインチューニング　意味論と語用論　量の格率

250　**61** 原爆投下を回避するには御都合主義的ヤラセが必要だった？
　　　後知恵バイアス　ド・モルガンの法則　愚者のシナリオ

255　**62** アメリカ人ですら今や原爆投下の非を認めつつあるのだが？
　　　修正主義　無関連要因重視の誤り

262　**付録1** 否定論・肯定論それぞれの主な論拠（本書の大まかな流れ）

264　　　**2** カイロ宣言

265　　　**3** ポツダム宣言

266　あとがき

268　事項名・人名索引

277　論理用語・学術用語索引

序章

〈戦争犯罪〉への多元的アプローチ
ホロコースト　南京事件　原爆投下

　日本の政府や民間団体が、原爆投下とホロコーストを並べて合同追悼を提案するたびに、イスラエルの政府や民間団体は、「ヒロシマとアウシュビッツを同列に扱うことはできない」と反発している。ユダヤ人だけでなく、アメリカ人にもその声は多い。同様に、ホロコーストと南京事件を同列に論じることに反発する人も多い（日本人にもユダヤ人にも）。それらの反発は、戦争犯罪と呼ぶべき行為の中にも「悪の程度」の違いがある、という前提に立っている。戦争犯罪をその「悪の度合」で序列付けることはできるのだろうか。そしてその根拠は何だろうか。

　第二次世界大戦中になされたとされる「犯罪」を、ニュルンベルク法廷は、三種類に大別した。平和に対する罪、通例の戦争犯罪、人道に対する罪、の三種である。それぞれA級戦犯、B級戦犯、C級戦犯として知られるが、このうち、「戦時国際法における交戦法規違反」として事前に戦争犯罪と同意されていたのはB級戦犯だけだった。つまり、捕虜の虐待、占領地の民間人に対する暴力、強制労働などだ。侵略戦争を計画、準備、遂行した政治家レベルのA級戦犯と、戦地以外の場所での迫害・残虐行為に関わるC級戦犯については「事後立法（遡及法）による裁き」だとして批判されている。

　A級・C級戦犯の断罪は、国際法上は事後的で不当ではあっても、国内法的もしくは倫理的には当然なされるべきだろう。A級戦犯は敗戦責任および間違った政策で国民に犠牲を強いた過失罪が問われるべきだろうし、C級戦犯は戦犯という以前に端的な殺人罪や傷害罪で起訴されるべきだろう。C級戦犯は、事実上、ナチスのホロコーストについてのみ立件されている。のみならず、ホロコーストを裁くためにのみ特別に設定された概念であったと言える。

　無差別爆撃はどうだろうか。ゲルニカ、重慶、ロンドンなどへの爆撃はどう裁かれただろうか。戦闘員でない市民を大量に虐殺する行為だから、疑問の余地なくB級戦犯に含まれると思われる。しかし現実には、第二次大戦後

の戦犯裁判では都市爆撃は裁かれていない。連合国のほうがはるかに大規模な無差別爆撃をやっていたからである。

　ちなみに連合国の戦略爆撃は、枢軸国が先にやっていた無差別爆撃を参考にしたと言われる。2007年3月9日に、東京大空襲の遺族や被災者112人が、戦傷病者戦没者遺族等援護法が民間被災者に適用されないのは不当であるとして国を相手取り、謝罪と総額12億3,200万円の損害賠償を求める訴えを東京地裁に起こし、2008年3月10日には20人が謝罪と総額2億2,000万円の第二次提訴を起こしたが、旧日本軍の重慶爆撃などがアメリカ軍の作戦に影響を与えた点についても責任を問うている。実際、重慶爆撃を体験したアメリカ義勇軍フライング・タイガースの隊長クレア・シェンノートは、日本機の焼夷弾攻撃の様子を観察・研究し、動画撮影して、アメリカ本国へ将来の対日戦用焼夷弾の開発を具申したのだった。

　空襲よりもさらに効率的に日本壊滅をもたらした要因は、通商破壊による海上封鎖である。そこで採用されたアメリカ海軍の潜水艦戦も、枢軸国側の作戦、すなわちドイツのUボート群狼作戦を真似たものだった。ニュルンベルク裁判で起訴されたUボート司令官デーニッツ元帥は、アメリカ海軍が同様の対日作戦を行なっていたことを指摘し、無差別通商破壊については罪を免れた。

　第二次大戦中になされた大量殺戮として象徴的な二大事件といえば、ナチスのホロコーストと、広島・長崎への原爆投下だろう。しかしその意味合いは大いに異なる。ホロコーストはC級戦犯として簡単に分類できるが、原爆投下は分類が難しい。「軍事基地への攻撃だった」という建前を認めれば、戦闘における過剰な破壊にあたり、B級戦犯ということになるだろう。大統領以下政府による政治的解決策という面ではA級戦犯の特殊例（戦争開始ではなく終結策に関する罪）かもしれないし、一般市民の大量虐殺という面を強調すればC級戦犯に類する。

　ホロコーストは、その途方もない規模にもかかわらず、倫理的な意味は単純である。ホロコーストを合理的に肯定できる人はあまりいないだろう。原爆投下はどうだろうか。ホロコーストと原爆投下とでは、同じ象徴的犯罪であっても、倫理的な意義がまったく異なっているのではなかろうか。第二次大戦中の犯罪行為の倫理的類型を比較するために、ホロコースト、南京事件、

原爆投下を比較してみよう。

　三つのうちでホロコーストは独特であり、他に類例がない。南京事件と原爆投下はそれぞれ、多くの類例を代表する典型（もしくは極限）である。南京事件の類例としては、日本軍の中国・東南アジアでの暴行、ドイツ軍の各占領地での殺戮、ベルリン攻防戦や満州でのソ連軍の暴行、サイパンや沖縄の住民を巻き添えにした日本軍の戦闘などいくらでも挙げられる。原爆投下は、いうまでもなく都市を対象にした無数の戦略爆撃の延長上に位置づけられよう。

　ホロコーストと原爆投下の明確な違いは、戦争努力の一環であるかどうかである。すなわち、敵に勝つため、味方の犠牲を減じるための努力としてなされた措置であるかどうかである。ホロコーストは、民族レベルの大量殺人に他ならず、大戦でのドイツ勝利の可能性を高めるためにはまったく貢献していない。戦争と並行して、戦争の混乱に便乗してなされた行為だったために慣例上第二次大戦の枠内で語られるだけであり、戦争とは別個の「政策」だったのである。この意味で、「戦争努力」という文脈を設定した上でも、ホロコーストを正当化する論理を見出すことはほとんど不可能である。ホロコーストにかろうじて類似しているのは、関東軍７３１部隊に代表される捕虜の人体実験だろうが、国際法で禁じられた細菌兵器使用の準備という悪質な目的を持っていたにせよ、まがりなりにも戦争努力に組み込まれていた点で、ホロコーストとは一線を画している。

　他方、原爆投下は、戦争に勝つための最大限の努力の結晶といってよい（連合国の勝利は確定していたので、正確には「上手く勝つための最大限の努力」）。相対論・量子論という最新の革命的科学理論と、人類史上最大のテクノロジーを応用し、戦術的・戦略的な諸条件を議論したあげくに決定された措置だった。細部においては原爆投下決定が正しかったかどうかに異論の余地は残るものの、原爆投下が連合国そして日本の犠牲を減じたこと、少なくとも「そうする意図」が原爆投下の本質をなしていたことは疑えない。ホロコーストに比べれば、原爆投下を正当化する理屈は豊富であり、「戦争努力」という文脈を設定した上では、それは正当化できるばかりか、必要な行為だったと論じることすら十分可能なのである。

　日本政府の窮状を打開し、軍と国民に敗北を納得させて降伏のきっかけを

摑ませた「天佑」が原爆投下であったことは、いろいろな証拠に見てとることができる。いくつか例を挙げよう。

　「私はすぐに思った。私がつねづねその勇気に感嘆してきた日本人が、このほとんど超自然的な兵器の出現の中に、自らの名誉を救う口実を見出し、最後の１人まで戦死する義務から免れる口実を見出すことができるだろうと」（ウィンストン・チャーチル Churchill, p.981）

　「戦局必ずしも好転せず、世界の大勢また我に利あらず。しかのみならず、敵は新たに残虐なる爆弾を使用して頻に無辜を殺傷し、惨害の及ぶ所、真に測るべからざるに至る」（終戦の詔勅）

　「戦争終結の大詔換発さる」「新爆弾の惨害に大御心　帝国、四國宣言を受諾　畏し万世の為太平開く」（朝日新聞）

　戦争努力との本質的関わりという点から見ると、南京事件のようなＢ級戦犯は、ホロコーストと原爆投下の中間に位置すると考えられる。日中戦争そのものが正当化できるかどうかは別として、日中戦争に勝つためという文脈の中においては、南京を陥落させることは望ましい目標だったであろう。そして南京入城後に、敗残兵や便衣兵（民間人に扮した、ハーグ陸戦条約違反のゲリラ）を摘発することも、爾後の平定計画を進める上で必要なことだったろう。しかしその過程で日本軍は暴走し、戦略的にも戦術的にも意味のない破壊や暴行、レイプを野放しにした。日本兵の蛮行は、個々の兵士の偶発的暴走の面もあるとはいえ、組織としての日本軍の仕組みが招いた必然的結果だったとも言える。日中戦争全般において日本は兵站を軽視し、食料は「現地調達」せよという正式命令が出ていたため、それに従った兵士の略奪が組織的に黙認されてきた結果が、南京での大規模な蛮行だったからである。
　つまり南京事件は、必然と偶発の混合である。ホロコーストとは違って戦争努力の一環という点では、原爆投下と同様に正当化可能な企画であるはずだったが、所期の企画からはみ出す個別的犯罪の頻発を抑えられなかった。しかも十分予期できた事態でありながら、予防措置がとられなかったのであ

る。全体としては戦争目的に貢献する行為だったはずのものが、その細目について、勝利という戦争目的とは無縁な、むしろ戦争目的に反する虐殺・暴行を招来してしまった。戦争目的に反するというのは、中国人民の反日感情を煽って宣撫工作を難しくするとともに、国際世論を敵に回して日本の戦争遂行を困難にしたからである。

　さらには、南京占領によって達成しようとしていた日本の「戦争目的」そのものが明確でなかったため、南京事件の倫理的評価はさらに引き下げられざるをえない。侵略戦争なら侵略戦争で、具体的な目的が設定されていればまだしも、日中戦争の場合は、ただ無目標に占領地域を拡大するだけで、正当化のしようがなかったのである。このような、上位の目的つまり日中戦争そのものの無目的性に照らすと、下位目的である南京占領全体が倫理的に正当化しづらくなり、その中での予定外の蛮行はさらに低く評価されるべきだということになろう。つまり南京事件は、ホロコーストと原爆投下の中間でありながら、ややホロコースト寄りに位置する倫理的評価を受けるべきだということになりそうだ。

　原爆投下は、南京事件のような侵略性はないにしても、非人道性は共有していると言われる。多くの人命を瞬時にして奪うという原爆の非人道性は、南京事件および日中戦争に比べたとき目的が明確であること（軍国主義の打倒と連合軍兵士の犠牲の防止）によってどれほど免罪されるだろうか。

　南京事件については、犠牲者数の上方修正と下方修正の綱引きなど、「途方もない悪だった、いやそれほどでもなかった」といった悪の度合に関する量的な論争が主である。つまり、「悪」であることには異論の余地がない。他方、原爆については、質的な論争——悪だったのかそれとも積極的な善（正義）だったのかという「賛否」の議論が中心になっている。戦後30年ほどで賛否両論の基本ラインはほぼ出尽くした感があり、あとは細部の洗練が続いているのが現状である。

　このように、戦争犯罪には「悪さ」の違いがある。この認識は重要である。**「完璧主義の誤謬」**と呼ばれる虚無的な態度を防ぐ役に立つからだ。

　「戦争そのものが悪なのだから、その悪しき戦争の中で何が悪だとか善だとか言っても意味がない」。これが「完璧主義の誤謬」である。問題の前提、そのまた前提……まで遡って、そのすべてのレベルで条件をクリアしていな

いと、当の問題について条件が成り立つかどうかという問いは意味がない、とする態度だ。

　完璧主義者は次のような主張をする。「原爆投下が是か非か、という問いが意味ある問いであるためには、原爆投下をもたらした戦争そのものが是であるという条件が満たされねばならない。行きずりの人を殺すのにナイフを使うべきか金属バットを使うべきかと問うのが馬鹿げているのと同じである。殺人そのものを肯定した上でないと、問いは成り立たない。同様に、原爆投下は悪に決まっている。その前提である戦争も人殺しも悪なのだから。逆に、戦争が起きてしまったという前提では、もはやどんな悪も同列だ。戦争が肯定されている以上、原爆投下をとくに非難する根拠も失われたのだ」

　このような完璧主義の態度は、**感傷的一元論**（悪はみな等しく悪である！）につながり、究極には、「人生に外から意味づけする原理などないのだから」「宇宙には目的などないのだから」善悪の区別も真偽の区別もナンセンスだ、といったニヒリズムに陥ってしまう。

　完璧主義は、不毛な立場である。戦争という文脈を認めても、その中の行為の正当性の度合に序列を付けることができることを私たちは見てきた。戦争の中でのより多くの被害を防ぐためになされる必要悪もしくは緊急避難的な行為よりも、戦争努力に貢献しないことがわかっていながら戦争の混乱に便乗してなされた残虐行為のほうが悪質なのは確かなことだし、同じ残虐行為でも、戦闘の中で偶発的に生じたものよりも計画されたもののほうに大きな倫理的重要性が認められることは間違いない。戦争努力とは無縁だということと政府レベルでの計画性という二つの点で、ホロコーストは悪質性の極端に位置づけられるのである。

　ちなみに、地雷やクラスター爆弾が非人道的とされるのも、戦争後に残って人を殺傷する確率が高いこと、換言すれば戦争努力に関係のない被害をもたらす度合が大きいことがその根拠となっている。これは「戦争努力との関連」が倫理的評価において重要とされる一例だろう。また、東京裁判判決に対する反対意見書を書いたラダ・ビノード・パル判事は、太平洋戦争においては原爆投下がナチスのホロコーストに唯一近似したものだと述べたが（「パル判決書」第6部）、それは無差別殺戮を政府が政策として指令した点で似ているという趣旨であり、原爆投下が南京事件やバターン死の行進よりも悪

質だという含意はない。しかしこの比較が成り立つこと自体、「政府レベルの計画性」という要因の倫理的重要性を物語っている。

　原爆投下は、計画性において重大な倫理性を帯びるが、それが戦争努力にきわめて大きなかつ功利的な影響をもたらす計画の産物だったために、ホロコーストなみの悪と見なすことはできない。多くの戦争犯罪について、その「悪」の度合を慎重に計測することは、戦争を前にしたときの感傷的一元論を防ぎ、感覚麻痺・倫理的思考停止に陥らないようにするために、重要なことである。

　　　　　　　　　　📖 ジョン・ラーベ『南京の真実』講談社文庫
　　　　　　📖 吉田一彦『1941.12.20 アメリカ義勇航空隊出撃』徳間文庫
　　　　　　　　　　　　📖 林博史『ＢＣ級戦犯裁判』岩波新書
　　　　　　　　　　📖 大澤武男『ローマ教皇とナチス』文春新書
　　　　　　　　📖 リチャード・ブライトマン『封印されたホロコースト』大月書店
　　📖 東京裁判研究会編『共同研究 パル判決書』〈上〉〈下〉講談社学術文庫
　　📖 Churchill, Winston S. *Memories of the The Second World War* (Mariner Books)

問題

01

無差別爆撃は悪だろうか？
定言三段論法　二重効果

　本書での基本語をまず次のように定めておこう。アメリカによる原爆投下は悪かった、あるいは控えることができたという意見を「**否定論**」、アメリカによる原爆投下は正しかった、あるいは避けられなかったという意見を「**肯定論**」と呼ぶ。否定論を唱える立場または人々を「**否定派**」、肯定論を唱える立場または人々を「**肯定派**」と呼ぶ。他の話題に関する肯定論・否定論と紛らわしい文脈においては、「原爆肯定論」「原爆否定論」「原爆肯定派」「原爆否定派」などと呼ぶことにしよう＊。

　否定派は、そもそも無差別爆撃が悪であると考える傾向が強い。一般市民を対象にした無差別爆撃は、「戦略爆撃」の一種である。「戦略爆撃」とは、戦場で敵の戦闘部隊を叩く「戦術爆撃」と区別して用いられる言葉で、戦術爆撃のように直接に戦局を有利にするためにではなく、大局的に見て敵の戦争遂行能力を減らすためになされる爆撃を指す。戦略爆撃は、戦場から離れた敵国領土や占領地を攻撃する場合が多く、工場や港、油田などの施設を破壊する「精密爆撃」と、住宅地や商業地を破壊して敵国民の志気を喪失させる「都市爆撃」とに分けられる。都市爆撃は、無差別爆撃、恐怖爆撃、地域爆撃などさまざまに呼ばれるが、無差別爆撃という呼び名が最も普及している。無差別爆撃は、精密爆撃に比べると敵の軍事力に偶然的にしか影響を及ぼさないので、効率が悪いとされ、アメリカ軍ははじめは精密爆撃にこだわった。ヨーロッパ戦域では、イギリス軍が無差別爆撃に専念したのに対し、アメリカ軍は精密爆撃を原則とした。しかしアメリカ軍も対日戦では、最初の数ヶ月で精密爆撃を放棄し、無差別爆撃へ移行した。民間人を攻撃することで工場労働力を奪い、敵国民の厭戦気運を煽る戦略を用いるようになったのである。

　原爆は、その威力からして工場などの施設に限定する精密爆撃には

> なりようがないので、必然的に無差別爆撃用であり、一般市民を殺傷する「目的」を持ったものと理解される。したがって当然、悪いということになる。
> この否定派の原爆批判に対して、肯定派はどう応じることができるだろうか。二種類の反論を考えてください。

答え：
AはCである、BはAの一種である、したがってBはCである、という三段論法が否定派の論証である。「無差別爆撃」がA、「原爆投下」がB、「悪い」がCに相当する。この形の三段論法は**「定言三段論法」**と呼ばれ、形式的には正しい論証だ。**「形式的に正しい」**とは、A、B、Cに具体的にどんな概念が代入されても、前提を認めれば、自動的に結論も認めざるをえなくさせるような論証という意味である。

この定言三段論法を使った議論に対抗するには、三つの方法がある。

1．AはCであることを否定する。
2．BはAの一種であることを否定する。
3．目下の議論が実は定言三段論法で書き表わせないことを示す。

否定派の原爆否定の論証の場合、定言三段論法であることに疑いはないので、「したがって」の前にある二つの前提のいずれかを反駁するのが肯定派のとる戦術となる。すなわち、AはCである（無差別爆撃は悪い）ことを否定するか、BはAの一種である（原爆投下は無差別爆撃である）ことを否定するかだ。

まずはじめに、無差別爆撃は悪いとはかぎらない、と反論するほうから検討してみよう。

無差別爆撃は悪いとはかぎらない、という説は、とくに日本への無差別爆撃に対して当てはまるとされてきた。重工業地帯がルール地方などにまとまっているドイツに比べて、日本の軍需工場の分布は、住宅地に隣接するばかりでなく住宅地内にも重要な中小工場が点在しており、一般市民の家屋内でも軍需生産がかなりまかなわれていた。住宅地への爆撃を除外しては日本

の軍需産業を叩くことはできず、戦略爆撃が結果的に無差別爆撃になるのはやむをえなかった——そういう反論である。

　戦争遂行能力破壊（軍事機能破壊）のような主目的と、市民殺傷のような副次的効果とがともに重大である行為は「**二重効果**」を持つ行為と呼ばれる。意図されない副次的効果で生じた惨害は、主目的に伴う誤差であり、意図的な殺人とは倫理的に区別されるべし、というわけだ。

　この「二重効果」による戦略爆撃擁護論は、日本自身が長らく主張してきた議論だった。1937年9月28日、国際連盟総会が23国諮問委員会の対日非難決議案を全会一致で可決した前日、日本政府は、外国人記者団に対して次のように説明している（外務省情報部長談話）。

　「……南京広東両市においては軍事施設および軍事関係建造物、換言すれば適性を有する建造物および施設が一般市民や営業者と截然分離された地域になく、それらと混在している。……これがため市中の爆撃は故意に非戦闘員を目標とする爆撃であると誤信し、日本軍を非難しているのは失当の非難といわねばならぬ」。

　さらには、日本では、女も子どももみな、国民すべてが戦争協力するのだという「総力戦」の思想が国民に叩き込まれていた。国家総動員法によって、兵士と市民の区別は建前上なくなったのであり、だからこそ、本土決戦（日本側の暗号名は「決号作戦」）では女は竹槍で戦えと指導され、実際に沖縄では多くの民間人が戦って死んだのである。このような国策をとる相手に対しては、戦略爆撃は、市民の殺傷を伴うのもやむをえないのではなかろうか。一般市民自身が兵士と同様の自覚を持たされていたのだから。（「総力戦では市民の被害もやむをえない」という考えは、広島で被爆したドイツ人神父ジョン・ジームスもアメリカ軍からのインタビューで述べている）。

　以上が、「無差別爆撃は必ずしも悪くない」論である。

　さて、第二の反論は、原爆投下は無差別爆撃ではない、と論じることだ。ただし、現実の原爆の広範囲の破壊力に照らすと、無差別ではないと言い切るのは難しいかもしれない。その場合は、「原爆投下は無差別爆撃だったとしても、悪いとされる通常の無差別爆撃とは違う」と論じる手がある。無差別爆撃の例外なのだ、と論じるわけだ。この論じ方は、「無差別爆撃は悪い」という相手の主張を自分が認めるかどうかにかかわらず、反論となりうる論

法である。たしかに、当時は原爆は特別な兵器だったがゆえに、原爆投下は通常の戦略爆撃とは性格が違う、とは言えそうである。原爆投下が無差別爆撃であり、無差別爆撃が**一般に**悪であるということをかりに示しても、原爆投下という**特殊**事例への批判にはなりえないというわけである。

☑ 立証責任　アプリオリ　立論と反論

＊　賛否両論ありうるテーマで議論する場合、とりわけ何の証拠もデータも与えられていない状態で（その原初状態を「**アプリオリに**」という）信じがたいほうの説を唱える側は、「**立証責任を負う**」とされる（**挙証責任**、**証明責任**とも呼ばれる）。

　立証責任を負う側は、自説の正しさを立証できない場合に、自動的に負けとされる。原爆投下については、立証責任を負うのは肯定派であろう。なぜなら、アプリオリに、つまり政治的・歴史的文脈を考えずに原爆投下を単独で見た場合、「正しいことがなされた」と信じるのはきわめて難しいからである。一般論として、30万人もの民間人に死と苦しみをもたらす行為が正しいものである確率は極端に低いはずだろう。そこで本書では、全62問のうち大多数の問いにおいて、否定派が**一般論で立論**し、答えにおいて肯定派が原爆投下に特有の諸事情を挙げて**反論する**というスタイルがとられることになる。肯定論は出発点において信じがたい説であるため、否定派の立論をことごとく論破して初めて自らの正しさを立証できたことになる。

　議論が進むにつれ、立証責任が移行することがある。政治的情報や歴史的データが増えてくるにつれ両論の「信じやすさ」が逆転し、立証責任を負うのはむしろ肯定派になるということもあるだろう。第二次世界大戦における日本の戦争犯罪も視野に収めた立場ではむしろ「原爆投下が戦争を終わらせた」という肯定論が主流を形作ってきたのはそのためだ。ただし本書では第二次大戦の経緯の検証も兼ねて、立証責任を肯定派に負わせるスタイルを通すことにする。

　なお、「立証責任」はもともと法律用語である。訴訟では、立証責任を負うのは「信じがたいほうの説」を唱える側とはかぎらず、弁護

> 側でなく検察側（民事では被告ではなく原告）ということになっている（「疑わしきは罰せず」）。したがって、もしも被爆者がアメリカ政府を相手取って賠償請求の訴訟を起こせば、本書での議論とは正反対に、原爆投下否定論のほうに立証責任が負わされることになる。ちなみに、日本政府が被爆者援護法を施行して補償していることは、倫理的というより政治的な措置なので、アメリカでなく日本が罪を負うべきだという〈原爆投下肯定論の是認〉には必ずしもつながらない。

📖 前田哲男『戦略爆撃の思想――ゲルニカ・重慶・広島』凱風社
📖 『凄戦 ガダルカナル ドキュメント 第2次世界大戦1』コスミック出版 [DVD]

02　/62

「罪のない一般市民」とは誰だろう？
事実と価値　アナロジーの誤謬

　前問で見た肯定派の二つの反論に対して、否定派としては、どう応じればよいだろうか。それぞれに対して、二つのやり方を考えてください。

答え：
第一の反論「無差別爆撃は必ずしも悪くない」への再反論としては、次の二つの方針が考えられる。

1. その理由である「軍需生産が住宅地で行なわれていた」「一般市民が兵士同然だった」という事実を否定する。
2. 「軍需生産が住宅地で行なわれていた」「一般市民が兵士同然だった」いう事実は否定できないにしても、生活のために働いているだけで、直接戦闘に参加していない一般市民に罪はないので、やはり都市爆撃は悪いと論ずる。

この二つのうち、第一の反論は、当時の日本の工場分布や法律など、**事実**を調べれば決着がつく。それに比べて、**価値判断**が入り込む第二の反論は扱いが難しい。

　まず、「一般市民に罪はない」という命題が難物だ。「罪のない一般市民」というフレーズは、都市爆撃への断罪としてよく持ち出される。しかし、「罪」を持ち出すのは見当違いだろう。なぜなら、国の命令によって戦場で戦っている兵士にも「罪」はなく、罪ゆえに殺されるべき理由がないという点では一般市民も兵士も違いがないからである。前線で撃ち合っている兵士の大多数は、召集令状で集められた工員や販売員や学生など、もともとは都市や農村の住民にすぎない。「罪」あるもの以外を殺傷してはならないとなったら、侵略戦争を指令した独裁者をピンポイントで狙撃する以外の攻撃は悪となる。戦場での発砲も爆撃もすべて犯罪行為となってしまうだろう。

　戦争で、ある人が殺傷行為の対象にされても仕方ないかどうかは、「罪」の有無によって決まるのではない。むしろ「危険性」の有無によって決まるのである。敵の兵士のうち誰一人罪ある者はいないとしても、こちらにとっては危険な存在であるがゆえに、戦争遂行上、敵兵は排除せねばならない。よって、敵部隊の集結場所や司令部を爆撃しても「悪い」とは言われない。

　一般市民も同様である。もしも危険な敵兵士の手にわたる銃や爆弾、またはその必須部品が敵国一般市民の住宅内で生産されているとしたらどうだろう。その一般市民も「危険」であり、戦争遂行上、排除せねばならないことになろう。

　攻撃して排除するべき理由が、攻撃対象の「罪」なのか「危険性」なのかの区別はきわめて重要である。罪ある者も危険な者もともに排除の対象になるからといって、その二つの性格付けを混同するのは**アナロジーの誤謬（類比の誤謬）**である。「排除の対象」という共通性質（メタ性質）を根拠に、「罪」と「危険性」という別個の性質を混同する誤りだ。アナロジーの誤謬は、美と快を混同したり、善と利を混同したり、愛と欲を混同したり等々、**価値概念**について犯されやすい。

　戦争の場合は、よほど極端な侵略戦争の指導者を除いて、「罪」ではなく「危険性」ゆえに相互に攻撃し攻撃されあう。東京裁判で25人の被告に有罪判

決が下されたが、「罪」ゆえに刑を与えるという原則に反対した判事もいた。オランダの裁判官B.V.A.レーリンクは、東京裁判の判決への反対意見書において次のように述べている。「戦勝国として、その後の平和と秩序に責任のある諸国は、国際法によれば、この新しく確立された秩序に対する脅威となる分子に対抗する処置をとる権利があり、……政治犯罪の場合には、決定的な要素は、有罪であることよりむしろ危険性であり、犯人は悪人というより、むしろ敵と見なされ、刑罰は司法上の懲罰より、むしろ政治的な処置に力点を置く」(プールヘースト、p.142)。

陣営を正義と悪に分け、危険性ではなく罪状にもとづいて敵を攻撃したり裁いたりしようとすると、戦闘行為も戦犯裁判もほとんど意味がなくなるばかりか、それ自体が悪となりかねない。東京裁判に対する批判者のほとんどは、戦犯裁判を法律問題で捉え、正義-悪の図式で見すぎているきらいがある。あの裁判はあくまで政治的処置であり、危険な者から力を奪った措置であり、軍国主義復活の根を断つという政略に法律的形式の保証を与えたものだった。そのことを認識すれば、25人の戦犯への「処罰」も合理的な措置だったことがわかるだろう（多くのA級戦犯容疑者の中からどうやって選び出したのかという恣意性の問題は残るが）。

同様に、罪の概念ではなく、危険な敵どうしの戦いという視点で戦略爆撃を見るならば、敵国軍需産業を支える市民を危険な存在として攻撃することは、戦争の原則に照らせば決して犯罪的ではないのである＊。

もちろん、「危険な敵」への攻撃という点では同じでも、戦場で戦闘部隊を攻撃する場合と、都市を爆撃する場合とでは根本的に事情が違うとは言える。戦場の敵はすべてが「危険な武器を持った相手」であるのに対し、都市の敵は、屈強な工場労働者だけでなく、子どもや年寄りなど、「危険でない相手」が大半だ。殺す必要はない。危険な敵と同じ区域に住んでいるからといって、危険でない敵にまで無用の死傷をもたらす必要があるのか。

これは、便衣兵（一般市民に扮したゲリラ）を排除するために一般市民を大量に殺害した南京事件などとも共通する難しい問題だ。この難問については、第59問で改めて考えることにする。いずれにしても、敵を「罪深い敵」と見る風習は、「聖戦」「正義の戦争」論をむやみに誘発して錯覚のもとになる。「罪深い敵」の観点からは混乱しがちな戦争観が、「単に危険である敵」

の観点から捉え直されることで整合的な戦争観へ仕立てやすくなるということを、ここでは確認しておきたい。

> ☑ **絶対的区別と相対的区別　二分法　二項対立　脱構築**
>
> ＊　「有罪・無罪」「悪・正義」「悪・善」という分け方と、「危険・安全」「敵・味方」という分け方の違いは、前者が**絶対的な区別**とされがちなのに対して、後者は**相対的な区別**として意識されやすいことである。ある一人の者が有罪でありかつ無罪だとか、悪でありかつ正義であるというのは奇妙に聞こえる。必ずどちらか一方でしかない、と普通考えられる。それに対し、ある一人の者が危険でもあり安全でもあるとか、敵であり味方でもあるというのは、理解しやすい。ある狙撃兵は、アメリカ軍にとっては危険な敵であり、日本軍にとっては安全な味方である、ということは可能だからだ。善悪は、固定した二つの領域のどちらに個々のものが入るかという絶対的区別であり、個々のものは一方の性格しか持っていない。敵味方は、個々のものが両方の側面をもっていて、視点によってどちらにもなるといった相対的区別である。絶対的区別を「**間での区別**」、相対的区別を「**中での区別**」と呼ぶこともある。
>
> 　敵味方のように相対的にしか区別できない対立を、絶対的区別であるかのように硬直させて考える誤りを「**二分法**」という。正確には、二分法には二種類あって、一つは、本問で見たような、相対的区別を絶対的区別と見なしてしまう誤り。もう一つは、連続的な変化の両極端にすぎないものを、二つの可能性しかないように見なす誤りで、「白と黒」「快と苦」「美と醜」「意識と無意識」「大と小」のような区別がその二分法に陥りやすい。中間の灰色を無視したり、美醜の言えぬ平凡な状態がないかのように扱ったりするわけだ。いずれの二分法も、しばしば「**二項対立**」と呼ばれて、ポストモダン思想のターゲットとされた。ただし、「真と偽」「陰性と陽性」「男と女」のような、視点によってどちらにもなるとは言いがたく、連続的中間があるとも言えない対立についてすら、無理に「**脱構築**（二項対立の解除）」をしようとして、

> 混乱に陥ったポストモダン思想も多い。絶対的区別と相対的区別との区別、不連続な相違と連続的な相違との相違、を正しく意識することが重要である。

📖 L. ファン・プールヘースト『東京裁判とオランダ』みすず書房
📖 Mavrodes, G.I., "Convention and the Morality of War" *Philosophy & Public Affairs*, Vol.4, No.2, 1975, *International Ethics*, (Princeton U. P., 1985).

03 /62

原爆投下はただの無差別爆撃ではない？
関連要因と無関連要因

では次に、「原爆投下は無差別爆撃ではない」という肯定論に対する再反論を考えよう。これも二つあるのだが……。

答え：
前問の要領で、二つの再反論を構成してみよう。

1．「原爆投下は一般の（普通の）無差別爆撃と違わず、普通の無差別爆撃そのものが悪なのだ」と主張しつづける。
2．「原爆投下が普通の無差別爆撃とは違うとしても、だからといって悪くないことにはならない」と指摘する。

「普通の無差別爆撃そのものが悪」と言い張る第一の道をとると、議論は同じところで停滞することになるが、無差別爆撃の是非または損得を論じ尽くすことができれば、決着がつくかもしれない。前問の答えの「罪と危険性の区別」を考慮に入れたうえで、一般市民の軍需産業への貢献度は大したものではなかったのだ、ゆえに市民は危険な存在ではなかったのだ、といった議論になるだろう。実際、戦争に勝つための努力として見た場合、無差別爆撃の効率については疑問の余地がある。アメリカが参戦後しばらくの間、ヨー

ロッパで精密爆撃に固執したのも、無差別爆撃は爆弾の無駄遣いであり、損だという見地に立ったものだった。もし損であるならば、市民を殺傷するという悪を埋め合わせる利点がないことになろう。罪とされても仕方あるまい。

　第二の反論は、原爆は普通の無差別爆撃とは違う、という肯定派の主張を認めた上で、その違いは善悪とは関係ない、と論ずる道である。原爆と通常爆弾の違いはいろいろあるだろうが、そのどれもが、善悪の判断には有意義に関わってこない「**無関連要因**」だ、と主張するのである。

　倫理的判断に影響をもたらさない相違というものは多い。殺人の審判では、被告の血液型や名前やテニスの腕前は罪の重さと関係ないだろう。容疑者が犯人であるかどうかの推測に、血液型その他のデータが影響を及ぼす場合は別だが、容疑者が殺人を犯したことに疑いの余地がない場合は、血液型その他のデータはふつう無関連要因である。同様に、爆発が化学反応によるのか核反応によるのかという違いは、人を殺傷し建物を破壊する点で同じ結果をもたらす以上、違いではあっても倫理的違いをもたらさない無関連要因だ、と言えるだろう。

　この反論をさらに推し進めると、防衛から攻勢に転じた次のような議論になりうる。すなわち、原爆投下と普通の無差別爆撃との間には確かに違いはあり、その違いは善悪の判断に関係する、と肯定派の言い分を認めた上で、肯定派の意図とは逆に、その違いゆえに通常の無差別爆撃よりも原爆投下はいっそう悪いのだ、と論ずることである。この切り返しがうまくいけば、「原爆投下は通常の無差別爆撃とは違う」という肯定派の原爆擁護論は、ヤブヘビだったことになる。違うがゆえに、原爆投下の悪をいっそう暴き立てるきっかけを作ってしまったことになるのだ。

　原爆が通常の無差別爆撃より悪いという論点は、次問で考えよう。

ロナルド・シェイファー『アメリカの日本空襲にモラルはあったか』草思社

04 /62

核兵器は通常兵器より悪いのか？
意図主義

　「原爆投下は通常の無差別爆撃とは違う」の一例として、「通常の爆弾と違って原爆は、化学兵器（毒ガス）や生物兵器（細菌、ウイルスなど）と同列なのだ」という指摘がしばしば聞かれる。核兵器は、現在ではＡＢＣ兵器とかＮＢＣＲ兵器と称される「非人道的兵器」の一つであるが、化学兵器や生物兵器は、すでに第二次世界大戦前から国際条約で禁止されていた（1907年ハーグ陸戦条約、1925年ジュネーブ議定書）。核兵器は第二次大戦前には存在しなかったため、禁止兵器とはされていなかったが、諸国際条約の精神からすると、当然、核兵器も禁止兵器の一種と見るべきである。毒ガスや細菌兵器なみもしくはそれ以上の被害と後遺症をもたらす核兵器（原爆）を使用したのは、当時の国際常識からして明らかに戦争犯罪と言わざるをえない。
　これに対しては、原爆肯定派はどう反論できるだろうか。

答え：
　ここでも二つの反論が可能だ。第一に、核兵器が、そして化学兵器や生物兵器も、通常兵器に比べてより非人道的だという根拠などない、と突っぱねることである。たしかに、爆弾、砲弾、銃弾などで殺したり傷つけたりするのはガスや細菌で殺傷するよりも「人道的」なのか、と逆方向に考えてみると、この反論は説得力を増す。マスタードガスの後遺症で苦しむ人よりも、銃弾で手足や視力を奪われた人のほうが被害が少ない、などと誰にも断定できないだろう。塹壕で絶え間ない砲撃を受け続けたことによる神経的後遺症の深刻さは、第一次・第二次大戦の傷病兵を撮った記録フィルムとして残っている。
　日本への原爆攻撃その他の討議のために米陸軍省の要請で設置された暫定委員会と科学顧問団が1945年6月12日に提出した「フランク報告（政治

的、社会的問題についての委員会報告)」には、次のような一節がある。

「われわれは大量の毒ガスを蓄積しているが、使用しない。最近の世論調査によると、たとえ毒ガス使用が極東の戦争の勝利を早めるということであっても、国民はその使用に賛成しないであろうことが示された。爆弾と弾丸による戦争よりも毒ガス戦のほうが「非人道的」だということは決してないにもかかわらず、集団心理の中の不合理な要素ゆえに、毒ガス戦は爆薬で吹き飛ばすことよりも嫌悪すべきだとされることは事実である」。

ヒロシマ以前にも原爆が毒ガスと同列と見なされていた証拠として、フランク報告は否定派を支持する根拠となりうるが、同時にフランク報告は、毒ガスを特別視するのは情緒的な偽善であるという戦争観をも表明しているのだ。実際、アメリカも日本も、ハーグ宣言、ジュネーブ議定書など、第二次大戦前の化学兵器禁止条項付きの多くの軍縮協定を、調印もしくは批准しない状態のまま戦争に突入した。

フランク報告の時点では、原爆の威力は大したものではないと考えられていた。毒ガスや細菌兵器にしても案外殺傷力は低い。同じ地下鉄の事件でも、韓国の大邱(テグ)地下鉄放火事件での死者が192人だったのに対し、オウム真理教のサリン事件での死者は12人だった。中国戦線で日本軍は毒ガス弾を多用したが、毒ガスだけで敵兵が死ぬことはさほど多くなく、煙を見せて守備隊を退散させるとか、降伏させるとか、毒ガスで苦悶している敵兵を片端から刺殺・射殺するとかいった目的に使われていた。もしも毒ガスが国際的に犯罪と見なされていなかったら、毒ガス使用を隠蔽する必要がないので戦闘不能の敵兵を殺さずにすんでいたはずだ。銃弾と爆弾による戦闘よりも、毒ガス戦のほうが生存率は高くなる見込みが大きい。

ではなぜ、戦争法規では銃撃や砲撃や爆撃が許されて、毒ガス散布や細菌散布が禁じられたのか。それは主として、毒ガスや細菌を使われると、伝統的な戦術が使えなくなり、軍人の能力を発揮できなくなるからである。戦争技術の体系が崩れ、軍事専門家の誇りが傷つけられる。「卑怯な兵器」というイメージがそこから生じ、一般民衆の「集団心理」にもそれが根付く。

核兵器も同様だ。あまりに巨大な爆発力と放射能は、前線で指揮する将軍たちのテクニックを無価値にしてしまう。アイゼンハワーやマッカーサーやニミッツら戦域司令官レベルがこぞって原爆投下に嫌悪を示したのも、人道

的な理由ではなく、原爆が軍の栄光と何ら関係ない「政治的道具」だったからなのである。

さて、もう一つの反論がありうる。この第二の反論は、かりに原爆が通常の兵器より非人道的だということに同意したとしても、成り立つ反論である。「倫理的価値は、客観的事実にではなく行為者の意図によって決まる」という原則に訴えるのである。これは、法学で言う「**責任主義**」の一変種で、「**意図主義**」と呼ばれる。倫理的価値だけでなく、美的価値、芸術的内容、言葉の意味、……等々を決めるさいにも意図主義が成り立ちうるが、倫理的価値については最も異論が少ないだろう。

意図主義の観点からはこうなるだろう——現在からみて原爆が客観的に非人道的であるか、化学兵器・生物兵器と同等かどうかよりも、当時、アメリカの政治家と軍人によって原爆がいかなる兵器として認識されていたかが重要である、と。つまり、当時は原爆は毒ガスと同列だとは考えられておらず、通常兵器に比べ「非人道的だ」と認識されていなかったのではないか、という反論が可能なのである。

製造時や実験時の関係者に対する保護措置の杜撰さなどを見ても、原爆がもたらす放射線障害に対するアメリカ政府の認識が薄かった、という証拠はたくさんある。ワシントン州ハンフォードのプルトニウム製造施設で働く労働者や周辺住民には、多くの癌や甲状腺病、乳児死亡が起きて戦後大問題になったし、原爆投下の1ヶ月後に長崎、2ヶ月後に広島に入って作業をしたアメリカ兵たちも残留放射能について何の防護措置も施されず、多くの兵士がのちに後遺症に苦しむことになる。戦後もアメリカ軍兵士は、核実験のときにキノコ雲の直近に整列させられたり行進させられたりした（広島に原爆投下したエノラ・ゲイを先導した気象観測機のパイロットで、翌年のビキニ原爆実験で被爆したクロード・イーザリーは、原爆投下部隊の中でただひとり罪悪感を表明し、原爆投下批判の使徒となった）。核実験で被爆した兵士を指す「アトミック・ソルジャー」なる言葉が流通したほどだ。その数は何万人にもおよぶ。さらには、戦中戦後を通じて、病院や刑務所で多くのアメリカ人に対して、プルトニウム注射やエックス線照射などの人体実験が無断で行なわれていたことも明るみに出ている。広島と長崎で被爆した捕虜や派遣兵士への補償法がアメリカにできたのはやっと1985年になってからの

ことだった。

　自国民や自国兵士に対してすらそのような実験動物的扱いをしていたとあってみれば、戦時中の原爆使用については、アメリカ側に「認識の甘さ」はあっても「非人道性」はなかった、あるいは非人道性があったとしても敵に対する特有の非人道的意図があったとは考えにくい、と言えるかもしれない。

　もちろん、軍部指導者の中に原爆投下反対者がいたことからもわかるように、原爆が「普通の兵器」ではないという認識はアメリカで共有されていた。しかしその見方というのは、通常兵器とはあまりに違うため、化学兵器・生物兵器とも違っており、従来の倫理的判断の拘束外にある「超・新兵器」といったものだったふしがある。当時は、核爆発を兵器に利用できるということは常識を超えており、規制の範囲外だった。ハイゼンベルクら、ドイツの原爆開発に関わった科学者たちは、広島への原爆投下の報に接したとき「ウソだろ！」と呆然としたという。その非人道性に驚いたのではなく、こんなに早い時期に核爆発が実現できるとは信じていなかったのである。原爆に関する倫理的考察が原爆使用そのものに追いつかなかったのも無理はない。

　いずれにしても、現在の基準で当時の「新兵器」を裁くことはできない、というのが原爆肯定派の一つの論拠となるだろう。

　　📖　アルバカーキー・トリビューン編『マンハッタン計画――プルトニウム人体実験』小学館
　　　　📖　マイケル・ハリス『ぼくたちは水爆実験に使われた』文春文庫
　📖　ギュンター・アンデルス、クロード・イーザリー『ヒロシマ　わが罪と罰――原爆パイロットの苦悩の手紙』ちくま文庫

05　／62

軍事目標としての広島・長崎の妥当性は？
意図（目的）の特定

　無差別爆撃の善悪に議論を戻そう。否定派は、広島・長崎の被害の大部分は住宅地や非軍事施設であり、犠牲者の大半が民間人だったこ

とを指摘することができる。対して肯定派は、広島・長崎は軍事的重要性が高かったと主張する傾向がある。トルーマン大統領も、原爆投下直後の声明で広島を「軍事基地」と表現し、破壊の正当性をアピールした。

　これは基本的には**事実の問題**であり、広島と長崎の軍事産業的地位について調べればその戦略的価値が解明できる。たしかに広島は、日清戦争以来大本営が置かれるなど「軍都」としての性格が濃く、当時も中国軍管区司令部があった。長崎には三菱造船所があり、軍需産業の拠点であった（現在でも自衛艦を多数建造している）。

　このように、広島・長崎は軍事的に重要な都市だった。そんな広島・長崎だったからこそ、原爆攻撃も正当化されるのだ。そう主張する肯定派に対して、否定派はどう応じればよいだろうか。

答え：
　前問の答えで見た「意図主義」をここでも持ち出してみよう。広島と長崎の軍事的重要性をアメリカ側がどの程度考慮しており、これらを破壊することがどれほど戦争完遂の上で有効だと信じていたのか、そしてこれら軍事的・産業的拠点を「主目標」と考えていたのか。この問いは、現実の広島・長崎の軍事的重要性とは別個に考えねばならない。軍事施設破壊は副産物でしかなかったのであり、むしろ多数の人命を抹殺することによって新兵器をアピールすることに主目的があったとは考えられないだろうか。

　アメリカの意図は、当時の大統領や国務長官、軍トップなどの「全員一致の総意」というものがなかっただけに、単純にまとめるのは難しい。ただ間違いなく言えることは、広島・長崎の軍事的重要性が、アメリカにとって「緊急に破壊を要する」ほどのものでなかったことである。それは、戦争末期まで両都市を本格的に爆撃せず無傷で保つ余裕があったことからもわかるだろう。原爆投下目標の５都市（京都、広島、小倉、新潟、長崎）を生かしたままでもアメリカは圧倒的に優勢を勝ち取ることができていた。アメリカにとって広島・長崎は、日本国内の破壊目標として決して上位ではなく、原爆の威力実験に使うため温存することが許されたいくつかの地方都市のうち二つだったにすぎない。

1945年8月の日本は、軍事的には壊滅しており、アメリカもそれは認識していた。したがって、原爆の客観的意義は、軍事的な狙いというよりは、政治的な目的のほうにあった。そのための投下目標は、軍事的に重要な場所である必要はなかった。要は、日本が戦争をやめる理由をアメリカが提供する、ということだった。その意味では、そもそも「広島と長崎が軍事的に重要だったとアメリカが認識していたかどうか」自体がとるにたらない問題となる。すなわち、戦略爆撃として最も大がかりな意図——「敵国政府そのものに直接アピールする」戦略上の意図——を持った爆撃が原爆投下だったことを考えると、単に無差別爆撃の是非という問題を超えた議論が必要となるのだ。議論の焦点は、軍事でなくもっぱら政治に絞られねばならない。

　概して、軍事より政治の比重が大きくなるのは、決着がついたも同然の戦争末期である。軍事の比重の大きな段階においては、政治的な戦略爆撃は、勝利をもたらす策としてさほど有効ではない。重慶爆撃では、空襲後の市民救護に国民党兵士が「助民隊」として活躍したことで、国民党への民衆の信頼を増して抗日で団結させ、蒋介石の権力を絶頂に押し上げた。ドイツによるロンドン空襲にしても、ロンドン市民の戦意が喪失させられたという事実はまったくなかったし、戦争中期までのドイツ諸都市への爆撃でも同様である。

　枢軸国軍の攻撃の大半をソ連が単独で被っていた1942年8月、初めてチャーチルがモスクワへ飛んでスターリンと会談したときの話。第二戦線★開設は本年度中は無理だと聞いてスターリンは怒り、きわめて険悪なムードになったが、チャーチルが「上陸作戦は無理であるかわりに、イギリス空軍が空爆でいかに多くのドイツ人を殺せるか」を語り始めたところ、スターリンは急に機嫌がよくなり、それから和やかなムードで会談は進行したという。しかし、無差別爆撃での都市破壊は、敵国を壊滅させるイメージが強いわりには、戦争遂行能力を奪う能率が低い。英空軍によるドイツ都市空爆は、むしろナチと反ナチを結束させる役に立ち、国内の反ヒトラー派の運動を抑える結果になってしまったと言われる。空襲後の市民救済措置においてナチスがきわめて能率よく働いたため、もともとナチスを快く思っていなかった人々も含めドイツ市民の信頼をますます勝ち取る結果となったのは重慶爆撃とまったく同様だ。チャーチル自身、2年前の英本土航空戦で、ドイツ空軍

が飛行場爆撃から市街地爆撃へと戦略を切り替えたとき、人命の損失は増えたが抗戦がやりやすくなったと安堵の心情を述べていたのである。

広島・長崎は、事情がまったく異なる。日本国民の厭戦ムードを煽ることよりも、日本政府の降伏の決意を後押しするのが目的だった。さらに言えば、天皇が政治に介入する大義名分を与えて、日本国内の抗戦分子を無力化するのが目的だった。この点では、戦争たけなわの頃の通常戦略爆撃よりも、戦争末期の政治的な原爆投下策のほうが、より合理的だったと言うことができる。

★**第二戦線**……ドイツ軍・東欧枢軸軍の攻撃を一身に浴びていたソ連が、米英に要求しつづけた軍事行動。米英軍は地中海方面で独伊軍と戦っていたが、西ヨーロッパ平野部でドイツ軍主力と戦わないことにはソ連の負担軽減にならなかった。1942年5月にルーズベルトはソ連に対し年内の第二戦線開設を約束していたが、チャーチルの意向で延期に延期を重ね、1944年6月にようやくノルマンディー上陸で実現した。「第二」戦線とは、地中海作戦の次に米英が作った戦線という意味ではなく、主戦場たる東部戦線（独ソ戦争）を支援する戦線という意味である。

📖 A・C・グレイリング『大空襲と原爆は本当に必要だったのか』河出書房新社

06 /62

〈目標・日本〉は人種差別だから許せない？
ポストホックの誤謬

前問では、否定論の地歩固めを試みながら却って肯定論の確認に近いところに落ち着くパターンとなったが、否定派の論拠はきわめて豊富である。否定派の好む主張として、こういうのがある。もともとマンハッタン計画はナチス・ドイツの原爆開発に対抗するためのものであって、ドイツ降伏後は必要なくなった。対日戦にあえて使用する必要はなかったのだ、と。

肯定派はこれに対して、原爆計画ははじめから日本を対象にしていたという事実を指摘するだろう。原爆攻撃の対象が初めて記録に登場

するのは 1943 年 5 月 5 日のマンハッタン計画軍事政策委員会の議事録で、投下目標は「トラック島基地の日本連合艦隊」だった。ドイツ軍が意気軒昂でイタリアも降伏しておらずヨーロッパ戦線の帰趨がまだわからないその時期から、アメリカ首脳はもっぱら太平洋戦域での原爆使用を予定していたのだ。原爆使用目標を日本と正式決定したのは、1944 年 9 月 18 日、ルーズベルト・チャーチル間の「米英原子力協定」においてである。

　否定派は再反論するだろう。ドイツでなく日本がはじめからターゲットだとしたら、人種差別意識が関与していたのであり、よけい悪質であると。たしかに、大日本帝国より大きな脅威と見られていたナチス・ドイツが投下目標になっていないのは一見不可解である。「有色人種を実験台に使うつもりだったから」という印象をもたらすかもしれない。しかし、その俗説は真実だろうか。原爆投下肯定派からの反論を考えよう。

答え：

　一般的には、大戦中のアメリカ国内に、根強い人種差別があったことは間違いない。日系アメリカ人の強制収容は顕著な例だろう。同じ敵国系住民でも、ドイツ系・イタリア系はアメリカの政治経済の中枢に融け込んでいた（たとえば連合軍総司令官アイゼンハワーはドイツ系、ニューヨーク市長はイタリア系だった）ので排除は不可能だったのに対し、日系はアメリカ社会への融合が不十分だったため排除が容易だった。しかも日系は、言語的にも居住区域からも諜報活動や破壊工作の疑いがかけられやすかった。戦争勃発の経緯からして、アメリカ本土への直接攻撃があるとしたら太平洋岸から来る可能性のほうが高いと思われていたからである。1942 年 2 月 25 日未明には、ＵＦＯを日本軍の空襲と誤認した陸軍が 1 時間にわたり 1,400 発の対空砲火を放つ「ロサンゼルスの戦い」なるものも発生している（市民 6 人が落下破片などにより死亡）。

　しかし、ルーズベルト、トルーマンをはじめ当時のアメリカ首脳の原爆関連の発言や記録に、人種差別という動機を仄めかす証拠は見られない。戦争遂行の現場においても、人種による手加減などがなされた形跡はない。米英

昼夜交代でのドレスデン空襲の例などを見ても、連合軍は日本よりもドイツに対していっそう残虐な空爆を行なったと言えるくらいだ。ドイツに投下された爆弾は日本への爆弾の約11倍、終戦直後のドイツ兵捕虜の扱いも日本兵捕虜の扱いとは比べものにならず、西側連合軍管理下のドイツ兵捕虜だけで100万人近く、もしくはそれ以上が戦後に死亡しているという。にもかかわらず、原爆攻撃の目標がドイツだったことは一度もない。たしかに謎と言えるだろう。

　占領地にウラン鉱石を有し、原爆開発ができるだけの重工業を持ち、量子物理学の世界的中心でもあったドイツが核開発でリードしていると連合国側に信じられたのは当然のことだった。ルーズベルト宛のアインシュタインの書簡（1939年8月2日）も、ヒトラーより先にアメリカが核兵器を持たねばならないと暗に訴えている。実際にはナチス・ドイツは、戦車や飛行機の生産に手いっぱいで、原爆開発のような不確かな長期的戦略に注力する余裕がなかった。ヒトラー自身が「ユダヤ的物理学」の応用に冷淡だったこともあり、早い時期に原爆開発は暗礁に乗り上げていた。しかし、マンハッタン計画に携わった科学者の多くがドイツから亡命してきたユダヤ人であり、彼らの主敵はヒトラーであって、「打倒ナチス」に燃えて原爆開発が進められたというのが現場の雰囲気だったことは疑いない。アインシュタインを動かしてルーズベルトに原爆開発の必要性を説得したユダヤ人物理学者レオ・シラードは、ドイツ降伏後、ちょうど原爆実験の直前頃に、原爆使用をやめるようトルーマン大統領に直訴する科学者の署名を集め始めている。

　シラードを中心に「原爆の存在を知らせて警告し、日本が拒否した場合にのみ使用する」ことを訴えた科学者70人の7月17日付署名は、マンハッタン計画製造主任経由で計画責任者レスリー・グローブズ将軍に提出された。そこには、7月12日にシカゴの科学者150人が行なった投票の結果も同封されており、150人中127人が原爆の無警告使用に反対する意思表示をしていた（「日本で軍事的デモンストレーションを行ない、降伏を拒否すれば原爆を使用」69人［46%］、「日本の代表を加えた公開実験をアメリカで行ない、降伏を拒否すれば原爆を使用」39人［26%］、「対日戦では使わず、公開実験だけ行なう」16人［11%］、「対日戦では使わず、原爆は極力秘密のままとする」3人［2%］、「迅速な日本降伏を勝ち取るため、無警告で最

も効果的に使用する」23人［15％］）。

　しかし、この嘆願書は陸軍長官の事務所で停滞し、トルーマンのもとに届けられることはなかった。マンハッタン計画そのものを動かす政治家の思惑は違っており、どのみち既定路線は変更できなかったのだ。真珠湾攻撃の前からすでに、アメリカ参戦後の戦略がルーズベルトとチャーチルの間で話し合われ、「ドイツ優先戦略」が確認されていた。世界の権力の中心はまだ当分ヨーロッパにあると考えられていたので、戦争に勝つにはドイツをまず全力で倒さねばならない。その間日本軍を釘付けにしておくに足る最低限の兵力をアジアに向け、ドイツ打倒後に全力で日本を破るという構想である。つまり、いつ完成するかわからない原爆は、ヨーロッパ戦域の作戦に組み込めるほど現実的ではなかった。緊急にヒトラーとムッソリーニを倒すのに主力を投じる予定なので、ヨーロッパの枢軸国を通常兵器で打倒するまでに原爆完成が間に合うことはなかろうと予想されていたのだった。逆に言えば、原爆などという不確かな兵器が完成するあやふやな未来の時点でまだナチスを敗北させていないようでは困る、という見通しがあったのである。

　「人種差別」という概念は感情に訴える力が強いので、原爆投下のような残虐行為を非難するときに持ち出されやすい。しかし、ある概念が自説擁護に有効な武器だからといって、事実を確かめることなく安易に適用するのは、典型的な「概念の乱用」である。ある事柄Ａにたまたま事柄Ｂが隣接または共存しているだけなのに、ＢをＡの原因とか理由と思い込んでしまう誤りは、**「ポストホックの誤謬」**と呼ばれる。アメリカ国内の人種差別と、有色人種の国への原爆投下とをただちに結びつけるのも、ポストホックの誤謬の一例だ。アメリカ人に有色人種への人種差別意識があったということと、人種差別意識が原爆投下目標選定の動機だったかどうかとは、まったく別問題なのである。

　ちなみに、原爆投下目標の選定に人種差別は関係していなかったとしても、「文化差別」の思惑は働いていた。第一目標だった京都が、直前になって陸軍長官スティムソンの強い反対で候補から外されたのである。京都に固執するグローブズ将軍らマンハッタン計画指導部とスティムソンとの間でかなり揉めて、ポツダムにまで説得の電報を送ってきたグローブズにスティムソンは激怒し、トルーマンに再三訴えて解決した。スティムソンの表向きの理由

は「京都を破壊すると日本人に反米感情を残して戦後政策が困難になる」というものだったが、戦前に京都を訪れたことのあるスティムソンの本音は、宗教と文化の中心地を破壊するにしのびないという感傷だった。建前と本音のいずれもが、京都よりも他の候補都市のほうが政治的・文化的価値が低く、それらが核攻撃されても日本人自身にとって許容されやすいはずという差別意識にもとづいている。

なお、京都を救うという人道的満足感が、原爆投下に代わる穏健な代案を探る試みからスティムソンやトルーマンの良心を逸らし、彼らの精神の平衡を保つ役に立ったと言われている。

　　　　　　　　　　ジョン・W.ダワー『容赦なき戦争』平凡社
　　　　　　　　　　ロナルド・タカキ『ダブル・ヴィクトリー』柏艪舎
　　　　　　　　　　大内建二『ドイツ本土戦略爆撃』光人社NF文庫
　　　　　　　　　　ジェームズ・バクー『消えた百万人』光人社
　　　　　　　　　　パウル・カレル、ギュンター・ベデカー『捕虜』学研

07 /62

原爆投下は戦後戦略の一部だったのか？
係留ヒューリスティクス

　原爆完成がかりにヨーロッパ戦に間に合えば、アメリカは、ドイツに対して原爆を使っただろうか？　間に合いさえすればドイツも原爆投下目標になりえただろうことは、ヤルタ会談に発つ前にルーズベルト大統領が、「原爆完成の時点で対独戦がまだ続いているようなら、ドイツに対し使用することを考えよ」とマンハッタン計画の責任者グローブズ将軍に言ったという事実が示している。

　しかし、それはドイツ降伏が間近いとわかっていたからこその口先だけのポーズであり、「原爆開発を急ぐように」という催促もしくは激励の意だったととるのが妥当だろう。というのは、「アメリカは、ドイツ降伏前に原爆を完成させたとしても、ドイツに対しては使わず、日

本に対して使っただろう。ただし人種差別ゆえではない」と推論すべき理由があるからである。しかも二つ。どういう理由だろうか。

答え：
　まず確認しておくべきは、「ドイツ優先戦略」というのはあくまで戦略的・政治的な立場であって、「最強力の兵器は対独戦に優先使用する」という意味ではないということである。たとえばB-29。最新の与圧システムと遠隔操縦の防御砲火を備え、原価がB-17の3倍もする最強の爆撃機B-29は、第1号機が1944年4月にヨーロッパ経由で初飛行したが、それは枢軸側を混乱させるフェイントで、インドから中国へと集結し、満州の鞍山（あんざん）製鉄所、九州の八幡製鉄所、スマトラのパレンバン油田、漢口（かんこう）の港湾地帯などへの爆撃が開始された。ヨーロッパ戦域で一度もB-29を使わないまま、12月に陸軍航空隊総司令官アーノルドは、B-29の対象国から正式にドイツを除外する。主な理由は、ヨーロッパ戦域の滑走路をB-29用に拡張するには経費がかかること、陸軍から独立した空軍を創設するための切り札であるB-29を集中使用してその実績を作ること。とくに集中使用の必要性から、世界中に展開していたアメリカ航空軍のうち唯一B-29の航空軍だけは陸軍航空隊直属となった。つまり、通常の航空軍のように戦域司令官に属すことはなかった。対日戦の指揮権を3分割していたマッカーサー、ニミッツ、スティルウェルの誰一人、B-29を1機たりとも使うことは許されなかった。
　同様に、原爆の使用対象国の選定についても、特別な考慮がさまざまに働いた。対象国としてドイツが不適当とされた一つの理由はよく言われていることで、ドイツへの原爆使用は、万が一不発だった場合、不発弾を研究され報復される怖れがあったというものである。これは、日本軍が中国に対して細菌兵器や毒ガスを使っていながら、対米戦では使わなかったのと同様の動機によるものだ（アメリカ攻撃用の風船爆弾に細菌兵器を積み込む案も検討されたが、報復として空襲時に稲に対する枯葉剤を散布されるという恐怖があり、東条英機は細菌兵器の対米使用を禁じていた）。
　不発警戒説は、かなり信憑性がある。アメリカが、原爆の不慮の不発をかなり恐れていたという記録がいくつかあるからだ。対日戦での使用についても、トラック島が目標とされたのは、不発の場合には海中に沈むから敵の手

に渡るまいという目算だった。

　もう一つの説は、もっと信憑性がある。アメリカが原爆戦略を単独で決定し、戦後核戦略をコントロールしたかったから、という説である。ヨーロッパ戦域で原爆を使うとなると、イギリスとの協議が必要になる。対日戦なら、イギリスは緒戦で敗れてインドへ退いていたため、ビルマ戦域以外ではアメリカはイギリスと相談する必要がない。つまり太平洋戦域でならアメリカがほぼ単独で戦略を決められる。アメリカは戦後の核爆弾の秘密をイギリスと共有する気はなかったので、はじめから原爆使用は対日戦でと決めていたというのである。

　米英の二国は、第二次世界大戦でつねに一致協力していたと思われがちだが、とんでもないことである。連合国の中ではむしろ、アメリカとソ連が意気投合し、イギリスと中国はまた別種の戦略で動いていた。イギリスと中国は、戦後の国際勢力図を構想しながら戦っていた。具体的には、イギリスも中国も、当面の勝利以上に、戦後の共産主義勢力の伸張を防ぐことを狙い、イギリスは大英帝国の維持を、中国も北アジアと東南アジアでの権益保持を目論んでいた＊。米ソはもっとマジメに戦っていた。米ソは、当面の戦争に一刻も早く勝つために戦っていたのである。

　イギリスはアメリカと同じ英語国であり、連合国の資本主義陣営にあり、アメリカの武器貸与法による援助の63％を受け、その他多くの利害を共有しているということで、任意の戦略について米英の利害が一致しているものと無条件に思われがちだ。先に与えられている知識に合わせて未知の情報も推測してしまうというクセは「**係留ヒューリスティクス**」と呼ばれる。既知のデータやヒントに繋ぎ留められて無批判に判断する習慣は、たいていは正しい答えを得る役に立つし、素早く判断するには必須だが、しばしば間違うこともあるので要注意である。

　一途に戦うアメリカは、戦後戦略に重きを置くイギリスを、余計な考えに惑わされすぎるとしてたえず批判していた。ヨーロッパ戦域の第二戦線開設ではイギリスが米ソと意見を異にし、ビルマ戦線では効率的に戦おうとしない中国軍とイギリス軍にアメリカが苛つくという光景が現出していたのである。

　そんなアメリカが戦後戦略を睨んで進めていた例外的なプロジェクトが、原爆開発だったと言えるだろう。それだけに原爆は、アメリカの戦争努力の

中で別格の配慮を要した。総じて戦後戦略優先に耽っているイギリスを、アメリカは信用できなかった。最も重要な同盟国とはいえ、イギリスとの機密共有を前提とする欧州戦線への原爆投入は、アメリカにとってはありえない選択だったのである。

1944年9月18日にルーズベルトとチャーチルは「米英原子力協定」を交わし、日本への原爆使用を正式に決定した。開発のために自国の特許を多数無償提供していたイギリスとしては本来ヨーロッパ戦線の解決のために使わせたい兵器だったろうが、対独戦終結までには間に合わないことはチャーチルも了解していたのである。

というわけで、アメリカの原爆戦略は、戦後の核兵器国際管理を妨げたといって批判されることはあるにせよ、ドイツでなく日本をターゲットにしていたことについては、第二次大戦の経緯をふまえるかぎり、倫理的に責められるべき点はないようである。

☑ 夷をもって夷を制す

* 国共内戦での国民党の主たる敗因は、蒋介石が兵力温存を図り「夷をもって夷を制す」（対日戦は米英に任せ、自分は国内の敵に備える）戦略をとったのがアメリカの不興を買ったことである。国民党は、抗日戦のかたわら共産党への白色テロを続けていた。抗日戦を真剣に戦ったのは共産党の八路軍であり、中国民衆の支持を集めて抗日戦後の内戦勝利に繋がった。国民党の「覇者の戦略」が裏目に出たわけだ。長期的視野に拘ると、短期的目標に専念した者に長期的には敗れるという、皮肉な教訓の典型例と言えよう。

なお、原爆投下は、「夷をもって夷を制す」戦略の模範であった。アメリカ大衆に対し軍国主義の権化として宣伝されてきた天皇裕仁を引きずり出して、日本国内の抗戦派を抑え込ませるのに成功したからである。

A. マキジャニ、J. ケリー『Why Japan ?——原爆投下のシナリオ』教育社

08 /62

ヨーロッパ優先戦略は正しかったのか？
行為と出来事の区別　条件付き判断

　英米の一致した「ドイツ優先戦略」が、ドイツでなく日本への原爆投下を決定づけたというやや逆説的な事情については、第6問、第7問でよくわかった。しかし考えねばならないのは、英米の「ドイツ優先戦略」はそもそも正しかったのか、ということである。これには二つの意味がある。

　まず第一に、ドイツ・イタリアに侵略された国々よりも、日本に侵略された中国のほうが、長い期間、苦難に晒されてきた。実際、1945年4月25日～6月26日に50ヶ国の代表が参加して国連憲章を採択したサンフランシスコ会議では、枢軸国の侵略を最も長く耐えたという理由で、中国代表が最初に署名する権利を得ているのである。そのような象徴的な罪滅ぼしではなく、連合国は実力によって中国を救助すべきではなかっただろうか。中国はアメリカの武器貸与法による援助のたった3.2％しか受けていない（イギリスが62.7％、ソ連が22.6％、フランスが6.4％）。援蔣ルート★が次々に日本軍に遮断されたため輸送が不自由だったせいもあるが、だからこそなおさら、援蔣ルート早期回復の努力を注ぎ込むべきだったと言えよう。

　戦略的に見ても、アメリカ参戦前にすでに、イギリスが単独で、ついでソ連がほぼ単独で、枢軸国軍の攻撃に十分耐え、戦線によっては優勢にすらなりえていた。アメリカが主力をヨーロッパへ向ける前に、世論に従ってまず日本を迅速に倒し、それからヨーロッパへ派兵しても間に合ったはずである。戦後にアメリカが同盟国として中国を失ったのは、対日戦を優先しなかったのが原因だという指摘も多い。

　第二に、かりにドイツ優先戦略の原則が正しかったとしても、その実施方法に疑問が残る。ドイツ優先戦略は正確には「ヨーロッパ第一戦略」と呼ばれるが、通称ドイツ優先とも呼ばれる理由は、ドイツを倒

せばイタリアも日本も自ずと倒れるだろう、という思惑に立脚していた。逆は真でなかった。ドイツ以外のいかなる枢軸国を倒しても、打倒ドイツには結びつかないと考えられていた。しかし、現実にヨーロッパ戦域で連合軍がとった戦略はどういうものだったか。まず北アフリカを制し、地中海を抑え、シチリア、イタリア本土へ上陸するというやり方だった。ドイツ軍を速やかに撃破するには極めて能率の悪い「対イタリア戦」が優先されてしまったのはどういうわけだろう？

　以上のように、1.ヨーロッパ第一戦略自体が間違っていたおそれがあるうえに、2.かりに正しかったとしてもそのやり方が大変まずかった。アジアの戦争を優先するか、または欧州戦争を優先するにしても正しくドイツ優先戦略をとっていれば、対日戦争もそれだけ早く終わったはずであり、原爆完成前に平和が訪れていた可能性も否定できない。その場合、結果的に原爆がヨーロッパで使われることになったかもしれないが、少なくとも原爆の対日戦使用は、間違ったシナリオに沿った不当な結果だったと言えよう。

　肯定派はこれに対してどう答えるべきだろうか。

★援蔣ルート……「蔣介石を米英ソが援助するための軍需物資補給路」の日本側呼称。中国沿岸ルート、仏領インドシナルートは日本軍の広州占領（38年10月）と仏印進駐（40年9月）で遮断。ビルマルートは42年5月に日本軍の全ビルマ占領で遮断。米英にとって対日戦が日本の宣伝どおり「人種戦争」になることを防ぐには、中国を連合国陣営に繋ぎ止めておくことが重要で、インドからヒマラヤ越えの空輸が続けられた。より効率的な地上ルートを求め、膨大な中国人労働力を使って米中軍が建設していたインド〜昆明の「レド公路（スティルウェル公路）」が1945年1月末、イギリス軍のビルマ奪回に合わせて開通した。

答え：
　まず、ヨーロッパ戦域でただちにドイツ攻撃を始められなかった経緯について考えよう。そこには、第二次大戦におけるイギリスの本音が深く関わっている。

　北アフリカ〜地中海は、基本的にイギリスとイタリアの植民地戦争の舞台だった。いわば帝国主義的覇権争いの場であって、反ヒトラー同盟の戦争としてはまったくの周辺戦域である。もしドイツ打倒を優先するヨーロッパ第

一戦略を忠実に実行するなら、イタリア攻撃よりもドイツ心臓部にまっすぐ向かうノルマンディー上陸作戦を速やかに企て、イギリス本土に米英軍を結集せねばならなかった。ところがチャーチルは、大英帝国の権益を守るために、イタリアが始めた周縁戦域である北アフリカ戦争を優先し、バルカン半島からの上陸作戦を主張する。

　この路線は、「ヨーロッパの柔らかい下腹部」を攻撃する戦略と呼ばれた。もっともらしい呼び名だが、アメリカはこれを愚策だとして反発した。ヨーロッパ第一主義に異存はないものの、地中海優先主義に同意した覚えはなかった。マーシャル将軍、キング提督らアメリカの参謀部は、「フランス上陸から一直線にドイツ心臓部へ攻め上がるのが筋。イギリスが地中海に固執するなら、アメリカは太平洋に専念する」とイギリス側へ再三通告した。論理の整合性ではアメリカに理がある。アルバート・ウェデマイヤー将軍などは、「イタリアを枢軸陣営にとどめておいたほうが、ドイツにとって負担になる」と語ったほどだった。しかし、ヨーロッパ問題についてはイギリスの判断を重んじなければならなかったのは当然である。ルーズベルトは「パールハーバーの仇を」という世論と海軍の声に直面しながら、冷静な計算にもとづいて、チャーチルの方針を支持することとなった。

　中心戦域であるヨーロッパを優先しながらその中の周辺戦域を優先するというちぐはぐ戦略に従った西側連合国は、第二戦線開設を無駄に遅らせ、主戦場を孤独に戦うソ連との緊張と相互不信をいたずらに高め、ヨーロッパの終戦を1年以上遅らせてしまった可能性が高い。

　ヨーロッパ第一戦略の進め方がまずかったことは、多くの方面から指摘されている。地中海優先に固執したチャーチルですら、戦後の回想録では、「私も早期のフランス上陸を望ましいと思っていた」と弁明している。イギリスの帝国主義気分が戦争全体の性格を歪めて弊害を引き起こしたことは間違いなかろう。英米軍は「タコを殺すのに足を1本1本ちぎってゆく」（ウェデマイヤー）ような無駄な戦いを続けたのである。西ヨーロッパでの第二戦線開設の遅れが、「米英はナチとソビエトの共倒れを狙っている」という猜疑心をスターリンに植えつけ、後に極東での性急なソ連軍侵攻の遠因にもなって、原爆投下促進へのプレッシャーをもたらすことにもつながった。

　ただしこれは、「原爆投下につながった事情は回避できた可能性が高い」

という論証にはなっているかもしれないが、原爆投下そのものへの批判にはなっていないと言うべきだ。原爆投下の判断は、その背景をなす環境を前提したうえで下されるべきだからである。石原莞爾は、東京裁判についてアメリカの判事に「日本の帝国主義的侵略の責任はもともとアメリカにある。ペリー提督がやってきて江戸幕府に開国を強要しさえしなければ、日本は平和的な国のままでいたはずだ」と語ったという。石原のこの言葉は、東京裁判で日本の罪状が日中戦争よりかなり前（1928年以降）に遡って問われている理不尽への切り返しであって、ウィットに富んだ反駁ではあっても、正論だとは受け取られがたいだろう。

　原爆投下批判も同様である。原爆投下を単なる「**出来事**」として捉えるならば、間接的な因果関係の鎖をたどって、その実現のメカニズムを批判的に見直すことが重要だろう。しかし、原爆投下を倫理的な「**行為**」として見るならば、その行為の実行が現実的な選択肢になったときにすでに固まっていた事情は背景的環境として前提し、その前提のもとでの「**条件付き判断**」を下さなければならない。「被爆者たちの死因は、彼らが生まれたことだ」と言っても、嘘ではないが、見当外れだ。被爆者たちが生まれて、正常な生活を営んでいたことを前提した上で、被爆当日以降の彼らの死因を特定せねばならないからである。同じく、原爆投下の倫理を問うためには、時空的に隣接したところでの、行為遂行を余儀なくした事情の可否を指摘しなければならない。

　こう考えると、ドイツではなく日本に原爆投下された事情をいくら探っても、この方面には原爆投下批判の有力な材料は見つかりそうにない。

　　　『第二次大戦に勝者なし――ウェデマイヤー回想録』〈上〉〈下〉講談社学術文庫
　　　　ウィンストン・S. チャーチル『第二次世界大戦』1〜4　河出文庫
　　　　K. R. グリーンフィールド編『歴史的決断』〈上〉〈下〉ちくま学芸文庫
　　　　黄仁宇『蒋介石――マクロヒストリー史観から読む蒋介石日記』東方書店

原爆投下は真珠湾攻撃の報復か？
自然主義の誤謬　逆ポストホックの誤謬　わら人形論法

　アメリカが原爆の投下目標を日本にしたのは、真珠湾の復讐という動機があったのではないか？　国内世論向けのパフォーマンスだったのではないか？　現にトルーマン大統領は、広島壊滅の直後のラジオ声明で、「われわれは真珠湾の報復を果たした」と宣言し、続くいくつかの機会にも、真珠湾への報復を強調している。しかし、報復などという理由が、重大な政策決定に反映されてよいのだろうか。同盟国もなく、空襲と海上封鎖によって追い込まれた日本を降伏させるのに、原爆がはたして「必要」だったのだろうか。国内世論の高揚を狙うという目的は「必要」のうちに入るまい。戦争より政治を優先しすぎた大統領および国務省の誤りだったのではないか。

　復讐のような悪しき目的、政権の人気取りのような重要でない目的のために、不必要な大量殺戮を行なったのだとしたら、まぎれもなく邪悪以外の何物でもないだろう。この原爆投下批判に対して、肯定派はどう反論できるだろうか。

答え:
　アメリカは世論を大切にする国である。民主主義国は国民の支持がないと戦争は遂行できない。ドイツ、ソ連、日本のような全体主義国家にはない余計な苦労をアメリカの戦争指導者は背負い込まねばならなかったのだ（もともと、工業生産力で10倍以上の差があり物理的には勝ち目のない対米戦争を日本が決意できたのも、世論に左右される民主主義国の弱点をあてにしたところが大きい）。

　しかし世論が重要であるだけに、国民向けの「理由づけ」が真の理由を表現しているとはかぎらないだろう。「真珠湾の報復」というのは、政治感覚も情報も十分に持ち合わせない庶民に対して、わかりやすい説明を提示した

ものと言える。「真珠湾の報復」という名目は、原爆投下の目的というより、むしろ逆に、原爆投下をわかりやすくする手段として使われたのである。いずれにしても、一度に万の単位で市民を殺した措置に対しては、即効的な辻褄合わせが必要だっただろう。

　表向きの理由として「報復」を掲げたのは、倫理的ならざる通俗的な名目を立てて、アメリカ庶民の洗練されない原始的本能にひたすら訴えかけたという意味では褒められたものではない。奇襲攻撃への報復の衝動は国民感情として自然だが、「自然である」ことが「善い」として認められるべきだとはかぎらない。「自然である」と「善い」を同一視するのは、「**自然主義の誤謬**」と呼ばれる錯誤である＊。

　たしかに、国民の報復欲に訴えることは正義とは関係ない。そればかりか正義に反してさえいる。が、だからといって、その良からぬ名目の裏に隠された真の戦略的意味までが悪だったことにはならない。原爆投下の宣伝的側面ではなく、真の政治的動機を探ることが必要である。

　原爆投下には、「真珠湾の報復」といったスローガン以外にも、さまざまな低俗な動機が勘ぐられた。人体実験のためだとか、アメリカの力を誇示するためだとか、あるいは第6問に見た「人種差別」というのもこのたぐいである。それらわかりやすい低級な説明は、賛否両サイド、とくに否定派サイドのうち無教養な層には訴えかけるところがあるだろう。しかし、そうした扇情的な動機をでっち上げられるからといって、あるいはあながちでっち上げではなく本当にそうした動機が付随していたと判明したとしても、メインとして高尚な実利的理由や理念的理由があったことを否定できたことにはならない。

　「人体実験」という批判は、実際に終戦後にアメリカの調査団が市街の破壊状況や被爆者の健康状態を大規模に研究したにもかかわらず治療はしなかった、という事実によって信じられやすくなっている。しかしたとえば、センター試験を受けた受験生が後で問題を解き直したからといって、浪人生活に備えた復習のためにセンター試験を受けたということにはなるまい。あくまで入学試験に合格するために受けたのであり、再挑戦に備えた復習は副産物である。同様に、すでに起きた原爆投下の効果を、臨床資料として転用したからといって、「そのために」原爆投下をした証拠にはならない。証拠

になると考えるのは、「**ポストホックの誤謬**」の一種である。

「ポストホックの誤謬」は第６問ですでに見たとおり、隣接した出来事にむやみに意味連関を読み込む錯覚である。通常は、ＡのあとにＢが起きたときに「ＡはＢの原因である」と即断してしまう誤謬（たとえば、毎朝、朝日が昇ると目覚ましが鳴ることから、日光が目覚まし時計作動の原因であると考えるなど）をポストホックの誤謬と呼ぶ。原爆投下の「人体実験」説は、ＡのあとにＢが起きたことを「ＢはＡの目的だった」と考えるものなので、「**逆ポストホックの誤謬**」とでも呼ぶのが適当かもしれない。

「人体実験」説は「逆ポストホックの誤謬」であるとともに、典型的な「**わら人形論法**」でもある。「わら人形論法」とは、対象の本質を脇に置いて、ことさらに批判しやすい側面を提示し、それが対象の本質であるかのように偽りつつ批判して、本当の本質を批判できたかのように装う詭弁のことだ。たとえば、満州国、中国南京政府、ベトナム、ビルマ、フィリピン、自由インド仮政府、インドネシアなど、太平洋戦争で日本に協力したアジア諸国の政権を一括して「傀儡政権」と呼んで批判したり嘲笑したりするのは、わら人形論法である。なぜなら、それらの政権の指導者たちの中には、独自の真面目な意図を持って対日協力していた者も確かにいたからだ。少なくとも満州国皇帝溥儀は清朝再興を真剣に夢見て関東軍を利用しようとしていたし、インドのチャンドラ・ボースとインドネシアのスカルノ、ビルマのバー・モウの祖国独立の思いも熱烈かつ誠実だった。結果的に日本に裏切られつづけたとはいえ、汪兆銘も独自の理想を抱いていた。にもかかわらず、軍事的に日本に従属していたという面だけを本質へ昇格させて傀儡と貶めるのは、矮小化のわら人形論法と言える。

むろん、逆のわら人形論法（ことさらに高く評価するための）もある。太平洋戦争が結果としてアジア諸国の独立をもたらしたことをもって、大東亜共栄圏という理念が本物であったと賛美するとしたら、戦争の侵略的な側面を覆い隠したわら人形論法にあたるだろう。

原爆投下についても同じことがあてはまる。あれほどの規模のプロジェクトだから、さまざまな側面を持つ。しかし、20億ドルの経費と膨大な労力を、単なる「真珠湾の報復」「人体実験」「力の誇示」を主目的として使うなどということはありえない。もっと実質的な、コストに引き合う動機があったは

ずである。「報復」「実験」だといって批判するのは、矮小化のわら人形論法であろう。

原爆投下の本当の理由は、後に少しずつ吟味してゆくことにしよう。

☑ **自然さからの議論**

＊　正しくは、自然主義の誤謬とは、何らかの**事実判断**と**価値判断**とを同一視してしまう誤謬のことを言う。価値を含まないナマの事実は哲学でしばしば「自然的事実」と呼ばれるからだ。事実（記述の対象）と価値（評価の対象）は論理的にレベルが異なるものとされる。赤いものはそれだけで美しいとか、甘いものはそれだけで美味であるとか、行為者が金儲けできる行為はそれゆえに善いとかいう判断は、赤、甘さ、金のような自然的事実を価値に直結させている点で、自然主義の誤謬を犯していることになる。とくにＡが「自然である」という性質を持つことを根拠としてＡは正しいと見なす論法を専用に指す場合は「自然さからの議論」とでも呼んで「自然主義の誤謬」一般からは区別するべきである（伊勢田哲治『哲学思考トレーニング』ちくま新書）。

ただし、「自然である」「遺伝的本能に合致している」という性質は、それ自体は価値を含まない自然的事実と言えるだろう。したがって、「自然さからの議論」は、数ある「自然主義の誤謬」の中の特殊例には違いない。社会生物学など、哲学以外の分野では、「自然はよい」「本能は是認すべきだ」という思い込みを専用に指すために「自然主義の誤謬」という用語が用いられるのが普通である。

深田祐介『大東亜会議の真実』PHP新書

10 /62

優れた将軍たちが反対したではないか？
権威による論証

　否定派は食い下がるだろう。原爆の本当の御立派な動機がなんであれ、アメリカの戦争指導者のほとんどが原爆投下には賛成していなかったという事実があるではないか。マンハッタン計画の責任者グローブズ将軍以外の軍事専門家、とくに戦域司令官クラスがこぞって反対していたのに、国務長官バーンズがほとんど一人でトルーマン大統領を誘導した感がある。トルーマンはバーンズに頭が上がらなかったらしい。戦争に勝つという究極の目的をよくわかっているはずの軍人が反対しているということは、専門的見地からして原爆投下は必要なかったということだろう。それでも原爆を国務省の政治的思惑ゆえに使用したというのは、戦争目的を逸脱した暴挙ではなかったか。
　さて、肯定派はこれにどう反論できるだろう。

答え：
　時々混乱している人がいるが、「原爆は必要なかった」と言うとき、何のために必要なかったと言いたいのかが肝要である。「勝つためには必要なかった」のか？　そんなことはわかりきったことだ。1945年の時点で、枢軸国が勝利する確率はゼロだった。原爆があろうがなかろうがである。問題は、連合軍が「勝つようにできるか」ではなく「どうやって勝つか」だったのである。具体的には、犠牲を最小に、政治的収穫を最大に、というのが目的だろう。
　この二つの目的の第二のものについては、マッカーサーはじめ軍人は専門家ではない。また、第一の目的については軍人は専門家だが、必ずしもその目的に叶った選択をするわけではない。たとえば、ヨーロッパ戦域終了後、ジョージ・パットンやオマル・ブラッドリーら指導的な将軍が太平洋戦域に移って戦いたいと希望を述べたとき、マッカーサーは冷たく断ったという。

パットンの機甲軍団が加われば日本本土上陸作戦も心強かったろうし、マッカーサーの部下の犠牲も軽減されたことは必定だが、マッカーサーは効率よりも自分の縄張りでの名誉を重んじたのである。マッカーサーは、比較的近い戦域である中国戦線を司っていたジョゼフ・スティルウェルが太平洋戦域に加わることにすら難色を示したのだ。（名誉を重んじたといえば、パットンは「太平洋で戦えるなら降格になってもかまわない」と言ったという。一流の軍人は、母国が勝つだけでは満足できず、他ならぬ自分が戦い続けたいのである！）。

マッカーサーが原爆に否定的だったのはなぜかというと、第4問・第7問で見たように、原爆およびB-29が自分の権限下になかったからである。そもそもマッカーサーが原爆なるものの存在を知らされたのは、原爆投下の一週間前だった。陸軍司令官マッカーサーは、何としても自分が指揮するダウンフォール作戦（オリンピック作戦［11月1日予定の南九州上陸作戦］＋コロネット作戦［46年3月1日予定の関東平野上陸作戦］）で決着をつけたかったのだ。戦争の決着はやはり陸戦である。今までは基本的に海軍の戦いだったので、戦争はこれからが本番だという認識を、マッカーサーは日本陸軍と共有していた。マッカーサーは、ダウンフォール作戦での連合軍の犠牲を極小に抑える自信があると主張した。

他方、これまで太平洋の戦いの主流を担ってきたアメリカ太平洋艦隊の司令長官チェスター・ニミッツ元帥は、ダウンフォール作戦も原爆も必要ないと主張した。これまでの延長で、海上封鎖を続ければ日本は干からびて降伏すると。

ヘンリー・アーノルド陸軍航空隊総司令官は、B-29による通常爆撃を続けることで日本は降伏すると主張した。陸軍から独立した空軍を創設する実績作りのためである。日本への無差別爆撃を推進した第21爆撃集団司令官カーティス・ルメイは、通常爆撃の成果をアメリカ国民の目から覆い隠した点で原爆投下は最悪だった、と戦後に述べた。

つまるところ、陸軍、海軍、航空軍の司令官がそれぞれ、自分の領分で決着をつけたがっていた。それだけのことなのである。とくにマッカーサーは、かつての部下で今やライバルであるアイゼンハワーがヨーロッパで華々しく成功させたノルマンディー上陸作戦を上回る大上陸作戦を敢行して英雄にな

らなければ収まらなかっただろう。原爆のことを自分よりも先にアイゼンハワーが知っていたのも、マッカーサーにとっては不愉快この上なかった。

このような個人的名誉と権力が主動機になっている状況で、軍人たちの判断に信を置くことはできない。異なる戦域管区どうしの対立は、陸海軍の反目が有名な日本軍だけの問題ではなかったのである。

というわけで、マッカーサーらが原爆投下に否定的な態度をとったことが、原爆投下に対する批判要因として有力だとは言えない。司令官クラスの将軍たちは確かに「戦争の権威」だが、原爆投下の是非の判断には政治の権威が必要である。権威を持ち出して特定の主張の是非や正誤を証明しようとする議論は、「**権威による論証**」と呼ばれる。もちろん、百科事典や教科書がだいたいにおいて信頼できるように、権威の語ることはたいてい信頼度が高い。しかしそれは、当該権威の専門分野について言えることだ。異なる分野においては、権威の語ることが正しい確率は素人同然なのである。

『マッカーサー大戦回顧録』〈上〉〈下〉中公文庫

11 /62

ポツダム宣言には何が仕掛けられていたか？
談話の規則

マッカーサー、ニミッツ、アーノルドら陸海空軍の専門家が、それぞれの「原爆以外の選択肢」を考えていたことを前問で見た。それでは、他にはどんな選択肢があったのだろう。「犠牲を最小に、政治的収穫を最大に」すると考えられる選択肢とは。

否定派は、原爆よりも賢い選択肢が少なくとも一つあったのだと主張せねばならない。対して肯定派は、原爆以外に選択肢はなかった、少なくとも原爆より賢い選択肢はなかったのだ、と主張せねばならない。

とりあえず、原爆投下批判のためによく出される例は、ポツダム宣言の文面である。ポツダム宣言にあのようなことを述べておけば日本

> はただちに降伏しただろう、あるいは降伏しやすかっただろうに、それを述べずにおいたために原爆投下が必要になってしまった、という批判が一般的なのである。
> 　ポツダム宣言に「述べるべきだったのに述べなかったこと」は、主に三点あった。どういう事柄だろうか？

答え：
　これはポツダム宣言の全文を読まないと答えられない問題かもしれない。じっくり考えたい人は、巻末・付録3の「ポツダム宣言」をお読みください。しかし、「これが予め伝えられていれば日本は抗戦をやめたかもしれない」事柄（少なくともそう信じられている事柄）は、ポツダム宣言を読まなくとも何となく見当がつくのではなかろうか。
　まず第一に、ズバリ、「アメリカは原爆を所有している」と明言することだ。原子力の革命性は当時は常識だったし、ウラニウム爆弾といえば学生でもどういうものかは知っていた。日本でも駒込の理化学研究所（陸軍の依頼）と京都大学理学部（海軍の依頼）とでほそぼそと原爆開発研究が進んでいたので、アメリカが原爆を完成させたと聞けば政府も軍も「全面敗北」を確信できたに違いない。
　ポツダム宣言の最後の第13項は、次のように述べている。「われらは、日本政府が直ちに全日本軍の無条件降伏を宣言し、この行動における同政府の誠意について適当かつ充分な保証を提供することを要求する。それ以外の日本の選択には、迅速かつ完全な壊滅があるのみである」。
　迅速かつ完全な壊滅があるのみ、という警告は、具体的には原爆を意味している。しかし日本政府はこれを、単なる決まり文句としての、深い意味のない脅しと受け取った。アメリカは「原子爆弾」を持っていることをあえて明示せず、わざと抽象的な紋切り型警告を発したことで、日本にポツダム宣言を軽視させた。原爆を落とすことができるよう仕向けたのだ。すなわちポツダム宣言は、日本を降伏させるための宣言というより、原爆を落としたあとに弁明できるための布石だったというわけである（「だからあれほど強く警告しただろう。降伏しなかった日本が悪い！」）。
　第二に、もっと重要なこととして、冒頭のポツダム宣言署名者の問題があ

る。アメリカ合衆国大統領、中華民国政府主席、グレートブリテン首相の三者が署名者となっており、ソ連のスターリンは入っていない。ポツダム会談に出席していたのはトルーマン、チャーチル、スターリンだが、ソ連はこのとき日本と交戦状態になかったので、降伏を要求する立場ではなく、署名者に入っていないのは当然といえば当然である。しかし、ポツダム宣言で日本政府と軍が真っ先に注目したのが、署名者にスターリンが入っているかどうかだった。日本の外務省は連合国との停戦調停をソ連に依頼していた最中だったので、ポツダム宣言にスターリンが署名していないということは、ソ連への停戦仲介依頼にまだまだ希望が持てるという意味に受け取った。

　日ソ中立条約は1946年4月13日まで有効だったため、日本は、ソ連の仲介で少しでも日本に有利な、米英に得をさせない条件での講和ができるのではないかと望みを繋いでいた。米英とソ連との間の潜在的対立を利用できると踏んでいたのだ。しかし当然のことながら、まだ中国と東南アジアの広大な面積を占領したままの日本は、米英にとってだけでなくソ連にとっても、第一の敵だったのである。米英に対してスターリンが「ドイツ降伏後3ヶ月以内に対日参戦する」と約束していたという事実を、日本の諜報網はキャッチしていなかった。駐ソ大使佐藤尚武は現地の感触にもとづき「ソ連に期待しても一切無駄」と本国に再三説いていたが、希望的観測にすがる外務省を説得することはできなかった。

　もしスターリンがポツダム宣言の署名に名を連ねていたら、日本は悟ったことだろう、これでソ連による仲介の希望が消えただけでなく、ポツダム宣言を拒否すればソ連の早期参戦すらありうると。ソ連参戦は日本が最も恐れていた事態だった。こう考えると、ポツダム宣言へのスターリンの署名を見るやいなや日本は降伏したかもしれない、という説には一理ある。（ただし逆の可能性もある。それについては第46問で見る）。

　さて第三に、最も重要な事柄がある。そのためにこそ日本が絶望的な抗戦を続けていた事柄だ。そう、国体の護持。具体的には、天皇の地位・大権の維持である。ポツダム宣言の第12項には次のような文言がある。「（第11項までの）諸目的が達成され、日本国民が自由に表明する意思に従って平和的傾向を有する責任ある政府が樹立されるやいなや、連合国の占領軍は、日本より撤収する」。ここには始めは、「右の〈平和的傾向を有する責任ある政

府〉の中には、天皇制も含まれてよい」という趣旨の文が入っていた。それが最終案で削除されたのだった（ポツダム会談へ向かう途上において国務長官バーンズによって）。

　天皇の安泰は、唯一、抗戦派と和平派が一致していた条件だった。天皇制護持の保証なしでは戦い続けるしかないというのが、両派共通の最低条件だったので、日本政府は原爆投下とソ連参戦を被ったあとになってさえ、皇室護持の確約を連合国から取りつけようとなお数日間足掻いて降伏を遅らせたのである。ましてやポツダム宣言の時点では、天皇制維持の確証なしでは、日本政府は宣言受諾には踏み切れなかったのだ。

　以上、三つの事柄——アメリカの原爆保有、ソ連の仲介拒否もしくは参戦準備、天皇制維持の容認——を明言せずに隠しておいたことは、嘘をついていないにもかかわらず、述べられて当然のことをあえて述べずにおいたという点で、「**談話の規則**」に反していたと言えよう。談話の規則については第60問でもう一度見るが、規則違反をして相手をミスリードする談話を仕掛けたのであっても、そうしなければならない重要な目的があったのなら、虚偽を述べていないかぎり正当化される可能性はある。

　いずれにしても、原爆保有、ソ連参戦、天皇制容認の三つすべて（または一つでも）が明言されていれば、日本は無駄に抵抗することなく早々に降伏したのではないか。この仮説は、もはや真偽を確かめようがない。しかし、蓋然的な確からしさを探ることはできる。以下の出題で、これら三つの要件を中心に、否定派、肯定派双方の言い分を検証していこう。

　　　　長谷川毅『暗闘——スターリン、トルーマンと日本降伏』中央公論新社

12　／62

インディアナポリス撃沈事件は原爆投下を正当化する？
メンテナンス効果

　前問で見た三つの選択肢は、日本を早期降伏させるための連合国側

の選択肢だった。連合国がとりうるもう一つの選択肢、というよりメインの選択肢——「マッカーサー、ニミッツ、アーノルドの言うとおりにする」という手はどうだったのか。すなわち、通常戦争の継続である。沖縄戦一段落のあと、海上封鎖・通常爆撃を続けて日本の弱体化を促し、それでも降伏しなければ11月1日オリンピック作戦（南九州上陸）実施、というプラン。原爆否定派は、このプランを支持することもできるはずである（つまり、このプランをとらなかったことで連合国を批判することもできるはずである）。

　実は、最もオーソドックスと言えるこのプランこそ、最悪の道だというのが定説である。ドイツ敗北はまさにこのシナリオに沿ったものだった。通常戦争で徹底抗戦してしまったドイツは、結果として日本の2倍以上、終戦後の死者も含めると約3倍の死者を出すことになってしまった。ヨーロッパでの米英軍の死傷者の大半も、ノルマンディー上陸後、最後の11ヶ月に生じている。その段階に相当するのが、対日戦においては1945年11月1日オリンピック作戦後の段階なのである。海上封鎖と通常爆撃だけで日本が11月1日以前に降伏した可能性はきわめて小さい。オリンピック作戦発動以後は、日本側はもちろん、連合軍にも空前の犠牲者が出る可能性が高かった。連合軍の上陸が始まれば、日本国内の連合軍捕虜がすべて殺害されただろうとも言われている。日本人民間人の犠牲者数はさらに想像を絶する。沖縄戦だけでも、2発の原爆に匹敵する民間人犠牲者が出ていることを忘れてはならない。しかもその多くは、敵にではなく日本軍によって殺されたのである。沖縄民間人の集団自決に軍命令があったかどうかが教科書がらみで論争になったが、軍そのものが手を下して民間人を殺害していた諸事例はすでに周知である。「沖縄語ヲ以テ談話シアル者ハ間諜トシテ処分ス」の通達が第32軍参謀長の名で公布されたばかりでなく、陣地設営に民間人を駆り出したため機密漏洩防止上、米軍の投降呼びかけに応じそうな民間人を射殺していた（久米島では、終戦後ですら、住民10人がスパイ容疑で日本軍守備隊に虐殺される事件が起きている）。本土決戦となれば、自国民を信用しない日本軍の体質が必ずや九州と関東地方で日本人どうしの怨恨を末永く残すという忌まわしい事態を生じてい

ただろう。

　オリンピック作戦発動前、たとえば8月中にソ連参戦がなされた場合も、天皇制の保証なしで日本がただちに降伏できたかというと、かなり疑わしい。一般に定説とされる「原爆よりもソ連参戦のほうが終戦の決定的要因だった」というのはまったく正しいのだが、原爆投下なしの日本降伏が1945年中に可能だったかどうかは大いに疑問なのである。

　ただし、別の有力な見解もある。戦後のアメリカ戦略爆撃調査団報告では、原爆投下もソ連参戦もなしで、しかも日本本土上陸を実施しない場合でも、1945年のうちに日本は降伏していただろう、という結論が出されている。

　第10問で見たように、これは通常爆撃の効果への身びいきが入っているので割り引いて受け取るべきだが、今かりにこの調査報告が正しいとしよう。つまり、原爆投下も本土決戦もなしで、1945年末までに太平洋戦争は終わりそうだったと認めてみよう。さてそのとき、原爆投下は間違っていたということになるだろうか。

答え：
　まず第一に、「原爆投下、ソ連参戦、ダウンフォール作戦（日本本土上陸作戦）がなくても、1945年のうちに日本は降伏していただろう」というアメリカ戦略爆撃調査団報告の結論が客観的に正しいとしても、それは戦後の調査報告である。1945年7月・8月当時のアメリカ首脳がその見解を抱くだけの**合理的な**根拠を持っていなければ、原爆投下という決断は責めることができない。「**意図主義**」という原則（倫理は事実より意図にもとづく。☞第4問）がここでも重要となる。

　第二に、トルーマン、バーンズ以下の首脳が「原爆投下、ソ連参戦、ダウンフォール作戦がなくても、1945年のうちに日本は降伏するだろう」と**合理的に**確信していたとしても、だから原爆投下は間違っていた、という結論はただちに導かれはしない。理由は次の通りである。

　11月1日まで海上封鎖と通常爆撃が続けられたとして、その「小休止」の間に連合国に生ずる損失はいかほどであろうか。もはや沖縄も占領されて

太平洋の制海権と制空権がアメリカのものなのだから、日本軍が対外侵攻する可能性はなく、被害はほとんどない、と考えたくなる。しかし、中国、ビルマ、フィリピン、ニューギニアではまだ戦闘が続いていたことを思い出してほしい。日本軍のまだ安泰な占領地であるマレー・インドネシアのうちボルネオへの米豪蘭軍侵攻も５月から始まっていた。組織的戦闘の終わった沖縄、硫黄島をはじめ、グアム島など太平洋の島々にすらゲリラ化した日本兵が潜んでいたことも忘れてはなるまい。驚いたことに、原爆搭載機が発進することになるテニアン島にもまだ無線機を持った日本兵が潜んでいて、原爆投下作戦のために到着した第509混成部隊の尾翼マークなどの情報を、近くのロタ島にいる日本軍部隊（約3,000人）を中継して日本本土に送っていた。日本国内からアメリカ軍に向けて発せられた戦意喪失を狙う謀略ラジオ放送（「東京ローズ」の放送など）は、尾翼マークについての日本側の知識を誇示した。テニアン島の日本兵らはときどき米軍基地に忍び込んで食料を盗み出す程度で、戦闘と言えるほどのものはなされていなかったが、「交戦状態」が終わっていないという意識は、戦闘以外での無用な消耗を生ずる。戦争継続のメンテナンスにはコストがかかる。わずかな油断も許されないのだ。
　重巡洋艦インディアナポリスがいい例である。太平洋で水上に攻撃目標がほとんどなくなり、アメリカの空母も潜水艦も暇に任せて日本列島の港に近づいて商船を沈めたりしていた余裕の７月末、重巡インディアナポリスが、伊号第58潜水艦に魚雷で撃沈されたのである（30日０時14分）。1,196人中880名が死亡。インディアナポリス撃沈事件が劇的なのは、救助の遅れから無用の犠牲者を増やした人災だったことに加え、この巡洋艦が、テニアン島に原爆の本体を運び込んだ直後だったことだ。テニアン島に原爆を下ろしてからグアム経由でレイテ島に向かう途上に撃沈されたのである。広島原爆リトルボーイには、「インディアナポリス乗組員の霊に捧ぐ」「ヒロヒトを葬れ」などと落書きされていたという。
　インディアナポリス撃沈事件は、日本降伏後にアメリカ国内で報じられ、海軍史上最大の惨事として大問題になった。救助された艦長は軍法会議で有罪判決を受け、遺族に責められ、自殺している。インディアナポリス撃沈事件は原爆投下準備中の出来事だったが、もしも原爆が完成しておりながら使わずにいる状態が何ヶ月も続いたら、あとでそれを知ったアメリカ世論がど

のような反応を示すだろうか。原爆完成から日本降伏までの間に死んだ兵士の遺族に、大統領は何と言われるだろうか。国民の命を預かっている戦争指導者として失格であるばかりでなく、道義的さらには法的な罪に問われるのではないだろうか。

　原爆は戦争終結には不要であったとしても、早期終結のためには必要だった。少なくとも政治的には必要だった。さらには同胞の命に対する倫理的責任の立場から必要だった。政治家は、**メンテナンス効果**の一刻も早い償却と、自国民の命を守ることが至上責務とされた。それらが、肯定派の主要論点となるだろう。

　📖ピート・ネルソン『少年が救った提督の名誉――原爆運搬艦インディアナポリスの悲劇』文藝春秋
　📖ウィリアム・L. ローレンス『0の暁』角川文庫
　📖太平洋戦争研究会編　森山康平『図説 沖縄の戦い』河出書房新社

13　／62

日本にはまだ反撃策があった？

構成的ジレンマ　前件肯定

　否定派はこう反論するだろう。前問の答えは、あくまで政治的な評価だ。1945年8月以降は、すでに見たように制海権のない日本軍からの大規模な反撃は不可能だった。日本にはもはや同盟国もない。爆撃を受けるまでもなく、原料が入ってこないから軍需工場もろくに稼働していない。1945年中にアメリカが被る損害など微々たるものだったはずだ。インディアナポリスの犠牲者にしても、原爆の死者より3桁も少ないではないか。いくら敵国民と自国民の命の重さが異なるからといって、何十万人の一般市民と数百人の戦闘員を同列に比べられるだろうか。国内政治の観点からはともかく国際倫理の面からすれば、やはりトルーマン大統領は原爆投下の罪悪を認めねばならないのではないか。

　この批判に対し、肯定派は何か反論できるだろうか。

答え：

　三つの反論ができる。第一に、日本にすでに有効な反撃能力がなかったことの強調は、それでも日本が抗戦を続けたことの愚かさを却って際立たせるだけだということ。第二に、政治的観点というのは国内的配慮だけでないこと。第三に、国際倫理や人道の面からしても原爆投下による早期終戦は正しかったというものである。

　第一の反論の趣旨は、絶望的な見通ししかない状態で愚かな継戦策を続けた日本政府の責任が何よりも問われねばならないということだ。戦争が続いて最大の苦難を舐めるのは日本国民なのだから。原爆投下も、罪とか罰とかではなくまず第一に日本政府の愚かさへの報いだったと考えられる。戦争継続は国内の日本人、戦場の兵士に膨大な犠牲を強いることになる。国内の空襲や食糧難・栄養失調はもとより、ニューギニアやフィリピンでは、山奥に逃げ込んだ大勢の日本軍兵士が捕虜の肉や互いの肉を喰らいあう生き地獄が展開していたのである。

　第二の反論。第一の反論に対し「いや、日本は完全に絶望的な状態ではなかったのだ」と再反論したとしよう。ならば今度は、日本のその根拠ある継戦希望が仇となる。日本はいまだ危険な存在ということだから、連合国にとって戦争のメンテナンスはそれだけ高くつき、一刻も早く片をつける必要性が高くなる。

　実際のところ、日本に継戦の希望はあったのだろうか。ドイツ降伏によって孤立したことは、一見、日本にとって不利なように思えるが、日本の継戦意志を却って高めた面があることを忘れてはならない。日本の首脳部はドイツ降伏を聞いて安堵したという。一つには、1940年の日独伊三国軍事同盟の延長上に、日独伊単独不講和協定（どの一国も、勝手に対米英休戦しないという約束。真珠湾攻撃後、12月11日調印）があり、これを破ったイタリアを日独が非難したという経緯があったからで、ドイツ降伏により、日本が第二の裏切り者にならずにすんだわけである。

　それだけなら、日本はむしろ戦争をやめる理由を得たようなものだろう。しかしそれ以上に、抗戦を続ける希望が高まってきたのだ。1944年9月21日という比較的早い時期において、日本の最高戦争指導会議（首相、外相、陸相、海相、参謀総長、軍令部総長の6人で構成）は、ドイツ降伏のさいに「国

民をして危惧の念を抱かしめざる」ための方針を決め、ドイツが脱落したとしても日本が楽観してよい根拠を次のように列挙している。「米英ソの確執が激化するので在欧英米兵力の東亜転用は不可能」「敵に和平気分が高まることによる戦意低下」「大規模な空襲は我が本土に対しては困難」。第三点については1945年5月の時点ではとっくに反証されていたが、他の二点については日本政府と軍はまだ希望を持っていた。

　ヨーロッパ戦争を終えて米英とソ連が共通の敵を失えば、両陣営の間に資本主義対共産主義という本来の対立が甦ってくるはずだという日本政府の目算は、あながち的外れとは言えなかった。米英ソの対立が深まれば、米英にとって太平洋戦争は二義的な問題となり、日本としてはソ連の好意を買うこともでき、連合国の戦争遂行は鈍り、日本に有利な和平が実現できるかもしれないと考えられたのだった。

　さらには、アメリカ国内の厭戦気運が期待できるようになった。ヨーロッパ戦域からは兵士が帰還できているというのに、太平洋ではまだ戦いが続いている。「お隣の息子は帰ってきたのにうちの息子はまだ命を賭けている。不公平だ」という不満が国民にじわりと拡がり始めたのは事実だった。

　しかも、ヨーロッパ戦域の兵士たちの相当数は、予期した故郷への帰還とはならず、そのまま太平洋へ転属となってしまった。これでは太平洋戦域の兵士にも欧州戦域の兵士にも不満が募るのは当然だろう。もはやアメリカ本土やオーストラリア本土が脅かされているわけでもないのに、ただただイギリス、フランス、オランダの植民地帝国復活を手助けしてやるためだけにアメリカ人が血を流すのは馬鹿げているのではなかろうか。……と、そんなふうにアメリカの厭戦気運が兆してきたことに、日本政府は期待したのである。

　戦争が長引いたとき、アメリカの世論においてヒロヒトへの反感と厭戦気運とのどちらが勝つことになるかは、大統領にとっても心配だったろう。万が一厭戦気運のほうが勝ってしまい、日本陸軍の主張する条件付き降伏（国体護持、軍の武装解除と戦争犯罪人処罰の自主性、日本本土占領は最小限）で手を打たねばならなくなりでもしたら、日本軍国主義の撲滅という戦争目的が達せられなくなり、アジアに平和がもたらされないことになる。アメリカ国内の世論支持獲得といった大統領都合を越えて、日本軍国主義の脅威を根絶できるかどうかは、もはや国際的な政治問題なのである。

以上、第一の反論と第二の反論は、合わせて「**構成的ジレンマ**」を作り出す。日本が有効な反撃策を持っていたのかどうかについて、まず持っていなかったと仮定すれば、日本はそれでも無謀な抵抗を続けた愚かさの報いを受けて当然だということになり、持っていたと仮定すれば、それなりの強力な攻撃で継戦意思を粉砕されねばならなかったことになる。日本が有効な反撃策を持っていたと仮定しても持っていなかったと仮定しても、いずれにしても原爆投下は日本自身の過ちによって招いた災禍だったことになり、原爆投下に責任を負うのは日本政府だ、という意味で肯定論を支持する結果となる。

　AかBかいずれかであって、AならばC、BならばC、いずれにしてもCなので、Cは無条件に正しい、と結論するこの論証法を「**構成的ジレンマ**」と呼ぶ＊。ここでは、「AかBかいずれかであって」の部分が「AかAでないかいずれかであって」となっており、前提の正しさがより確実になっている＊＊。「AならばC、AでないならばC、いずれにしてもC。したがってCは無条件に正しい」というわけだ。構成的ジレンマは、各々の前提が成り立つか成り立たないかがわからない場合でも特定の結論を導き出すための便利な論法である。

　さらには、「反撃」を広義に解釈すれば、日本に反撃能力があったという前提が信じられそうだ。「AかAでないかいずれか」としか言えなかった前提が「A」という断定へ絞られれば、構成的ジレンマはもはや必要なくなる。「A」「AならばC」「したがってC」という通常の三段論法で事足りる（この形の三段論法を「**前件肯定論法**」または単に「**前件肯定**」と呼ぶ＊＊＊）。そこで第三の反論は、広義での「A」つまり「日本に反撃策があった」という仮定についてもう一つシミュレーションするものとなろう。日本は通常の軍事的方法で米英軍に反撃する力は喪失していたが、日本の反撃策と呼べるものの中には、アメリカ国内の厭戦気運を掻き立てることに加えて、「アジア諸国の人質」を利用する策が含まれていた。日本が戦争をやめずにいるかぎり、アジア、連合国を含む全世界にそれだけ災厄が降りかかり続けるということだ。表面上の戦局の一方的展開とは裏腹に、ほぼ互角の根比べが続いてしまうのである。

　具体例を挙げよう。戦争末期は総合的に日本軍が圧倒的劣勢だったからといって、アジア各地の具体的状況を忘れてはならない。44年以降日本軍は、

インパール作戦や一号作戦（大陸打通作戦）などの大規模な行動を起こしており、45年に入ってすら、仏印武力処理（明号作戦）と称してインドシナのフランス軍を奇襲攻撃（東京大空襲と同日）し、ベトナム帝国・カンボジア王国・ラオス王国を独立させた。それらの結果として、日本軍の食料収奪などにより現地住民に大勢の餓死者が出始めた。日本と連合国双方の戦争行為により餓死に追い込まれたアジア人の数は、ベトナム、インドネシア、インドを中心に、アジア太平洋戦争のすべての犠牲者の4割近くを占めるのである。これも、前問で見た「戦争メンテナンスのコスト」の特殊な例と言えよう。

太平洋での日本海軍の壊滅や一方的な本土空襲に目を奪われて、私たちは、大陸の日本陸軍がまだまだ活発に動いていたことを忘れがちだ。事実、支那派遣軍の主観では、「米国式武装の中国軍が手強くなったとはいえ勝ちいくさが続いていることに変わりない」と思い込んでいたのである。8月15日に「無条件降伏」と聞いたとき、中国戦線では「やっと蔣介石が無条件降伏したか」と思った日本兵も多かったという。日中戦争以来、平均して毎月20万人のアジア人民が日本軍の軍事行動を原因として死んでいったとされ、45年中ずっと戦争が続いたならば、原爆犠牲者を大幅に上回る死者が中国やビルマ等で生じていたに違いない。

継戦中のそうした「人質」の中には、アジア各国民衆のほか、日本の国内・占領地にいる連合軍捕虜も含まれていた。約35万人（中国軍を除く）のうち、釈放されたり協力させられたりした植民地軍兵士を除いた米英人捕虜132,134人のうち終戦までの死亡者35,756人（27％）。これはドイツ・イタリア軍の捕虜となった米英人兵士（ソ連軍、フランス軍を除く）235,473人中死亡9,384人（4％）に比べてはるかに高率だった。

連合国が日本本土侵攻にあたって最も憂慮したのは、連合軍捕虜がすべて殺害されるのではないかということだった。そこで上陸作戦はせずに空爆と海上封鎖で締め上げるとしても、それによって日本人が相当数死んだことは確実であり、連合軍捕虜の犠牲も増え続けただろう（とくに強制労働での死は毎日生じており、洋上運搬中にアメリカ潜水艦の雷撃に遭って死ぬ捕虜も多かった）。ほかに、インドネシアで抑留された13万人のオランダ民間人（うち10万人は女性と子ども）のうち3万人が死亡しており、アジア各地から徴発された何十万人もの「労務者」の死亡率も高かった。それらだけでも、

8月以降に原爆犠牲者数を上回らないという保証はなかった。

いずれにしても、アジア大陸と太平洋の島々にいる日本軍の大部隊は、天皇の正式の命令がないかぎり、日本本土が占領されても抵抗を続けると考えられていた。日本の戦闘能力がもはや米英軍にとっては取るに足らないものであったとしても、日本が降伏を拒んでいるだけで、多様かつ大勢の「人質」が苦難を舐め続けることになる。こう考えると、原爆投下によって終戦を急いだのは人道的にも正しかった、と主張すべき十分な根拠があることになろう。

☑ **構成的ジレンマの一般形**

＊　構成的ジレンマのもっと一般的な形はこうである。
「AかBかいずれかである」「AならばC」「BならばD」「したがって、CまたはD」
本文の議論は、「B」＝「Aでない」、「C」＝「D」という特殊な例である。

☑ **排中律**

＊＊　「AかAでないかいずれかである」という命題は、Aにどんな命題を入れても真である。これを**排中律**という。

☑ **後件肯定の誤謬、前件否定の誤謬**

＊＊＊　「AならばC」が正しくて、さらに「C」も正しいとわかったときに、「A」が正しいと推論する誤りを**後件肯定の誤謬**という。
「AならばC」が正しくて、さらに「Aでない」とわかったときに、「Cでない」と推論する誤りを**前件否定の誤謬**という。

📖 クリストファー・ソーン『米英にとっての太平洋戦争』〈上〉〈下〉草思社
📖 早乙女勝元『ベトナム"200万人"餓死の記録』大月書店
📖 藤原彰『餓死した英霊たち』青木書店
📖 南部伸清『米機動艦隊を奇襲せよ！──潜水空母「伊401」艦長の手記』二見書房

14　原爆のデモンストレーションをするべきだったのでは？
薫製ニシン

　それにしても、原爆を無警告で本当に落とす必要があったのだろうか。しかも、純然たる軍事施設ではなく、住宅の密集する市街に。日本に対して戦略爆撃をするさいに多くの市民を犠牲にせざるをえないというのは第1問で見たところだが、原爆の目的は、戦略といっても通常の戦略とは違い、日本首脳にアピールして徹底抗戦を諦めさせることにあったはずだろう。通常の戦略爆撃ならば物理的に打撃を与えて敵の生産力・通信・輸送を破壊せねばならないが、原爆の場合はその目的の性格上、たしかな性能をアピールできさえすればよかった。人的損失を実際に与える必要などなかったのではないか。

　アメリカの目的は「敵と国際社会に最大限の心理的インパクトを与える」ことだった。そのためには、一般市民を殺戮せずに原爆の効果を実証する場を設ければよかったのだ。原爆の存在を日本政府に告げてから、無人の島で原子爆発のデモンストレーションを行なうとか、実験に日本代表を呼ぶとか、いくらでもやり方はあっただろう。

　さて、しばしばなされる否定派のこの主張に対しては、肯定派は応えるすべがあるだろうか。

答え：
　否定派の「原爆デモンストレーション論」は、かなり強力な議論である。無人の地でのデモンストレーションという案は、人道的な大義と政治的な目的とを両方巧みに満たしているからだ。なにしろ人を殺さずに敵の抗戦意志を挫くことができそうだという、うまい考えだからである。

　トルーマンに対して「原爆デモンストレーション論」を提言する政治家や科学者は実際何人かいたのだから、デモンストレーションというアイディアの欠陥を指摘できぬまま都市への原爆投下に踏み切ったのだとしたら、第9

問で見た「復讐」「力の誇示」という褒められざるべき動機がそれこそメインだったことになる。無用の殺戮を目的とした原爆投下は断罪されるべきだろう。

　しかし肯定派もそれなりの反論を持っている。第一に、デモンストレーションだけで日本を降伏させられただろうかという問題。第二に、不発だった場合取り返しがつかなくなるという問題。第三に、機密保持の問題。第四に、原爆が戦後世界で平和維持のために担う役割をめぐって。

　第一の論点。戦争に直接使わずデモンストレーションにとどめるというのは、弱腰であると見られはしないか、という懸念があった。天皇制の容認をポツダム宣言に明言しなかったことも同じ動機による。話し合いでの和平をアメリカが求めているかのようなポーズをとることは、これまでの勝利の意義を無にしてしまうことになる。ただでさえアメリカ世論の厭戦気運を期待している日本に対し、アメリカ政府の断固戦う決意を疑わせる余地を与え、日本国内の継戦分子を勇気づけるような「弱い態度」を見せることは、アメリカにとって厳禁だったのだ。

　第二に、実験失敗の可能性も深刻である。万一デモンストレーションがうまくいかず、不発だったり印象の薄い爆発にとどまったりしたら、逆に敵に侮られ、終戦を難しくしてしまう。現に、1946年7月1日、事前広報のされた初の原爆実験、つまり長崎後の初の核爆発であるクロスロード作戦（ビキニ環礁）では、1発目の原爆が風のために標的を大きく外れ、「この程度の威力か」と失望させるビジュアルしか提示できなかった。

　さらに、原爆が実力どおりの威力をもたらしたとしても、それが心理的効果に繋がっただろうか。たとえば原爆を予告とともに富士山に落としてみせたとしたらどうだろう。たしかに富士山は形が変わるほど破壊されるかもしれないが、だからどうだというのか。日本政府も軍も、「これがもし都市に落とされていたら……」と慄然として降伏するだろうか？　むしろ「敵は都市に落とす度胸がない証拠。国際世論というものがあるからな」と高をくくるのが関の山ではないだろうか。かりに破壊力を正確に認識したとしても、日本政府は少なくとも国民の手前、たかが山一つ壊されたくらいで降伏するとは言えなかったはずである。終戦の詔勅が「残虐ナル爆弾」「頻ニ無辜ヲ殺傷」と敵に人道的責任を負わせて「萬世ノ為ニ大平ヲ開カムト欲ス」と面

目を保ったような収束は難しかっただろう。

　世紀の新兵器の披露がこのような空振りに終わったら、科学技術革命が平和をもたらすはずだった大舞台にケチがつくという以上に、無条件降伏要求などのこれまでの宣言のたぐいがすべてハッタリだったと思われかねない。降伏を勝ち取る「心理的効果」を確実に得るには、主観的であやふやな「印象」に頼るデモンストレーションではなく、客観的な死傷者数を帰結する実戦使用しかなかったのではあるまいか。

　第三、機密の漏洩も深刻である。政治的に有効な原爆デモンストレーションは、日本だけでなく世界に向けて行なうことになるので、ソ連を含め各国の代表者を呼ばないわけにはいかない。これまでイギリスとカナダとのみ協力してきたマンハッタン計画の経緯が全世界に洩れかねない場をわざわざ設けるのは、アメリカとしては論外だったろう。今から振り返れば核の国際管理こそが賢明な道だったと私たちは考えるが、原爆完成の直後に、未来の見通しも定かでないときに「アメリカによる核兵器独占」という世界戦略の選択肢を早々につぶす勇気は、誰にもなかったはずだ。東欧でのソ連の覇権拡張のありさまを目の当たりにしてはなおさらである。

　第四、兵器としての意義について。核兵器は桁外れの破壊力ゆえに、抑止力として用いられるようになることはうすうす予想されていただろう。しかし、抑止力だからこそ、絶対に使わない兵器という印象を与えてはならない。いざというときには使うのだという証明が必要である。もし、総力戦がまがりなりにも続いているさなかに原爆を使わなかったということになれば、戦後に訪れるだろうさまざまな国際危機に際して脅しが通用しなくなり、抑止力として無価値になってしまう。原爆で威嚇しようにも「パールハーバーを騙し討ちしたジャップに対してすら使わなかったのに」と非難されてしまうので、少なくとも太平洋戦争を上回る危機のときでなければ使う名目が立たなくなる。結局、核兵器が戦争防止の役に立たなくなってしまう怖れがあるのである。ここでもまた、ソ連の拡張を抑える切り札という原爆の意義が喪失される。これでは何のために原爆が開発されたのかわからなくなってしまう。

　以上四つ、すべて政治的な理由ではあるが、デモンストレーションという案には、このように重大な難点がいくつもある。無警告で都市に落とせば、

これらの難点がすべて解決するわけだ。原爆の恐怖をアピールでき、不発や小爆発にとどまっても失敗とは気づかれず、機密も洩れず（不発弾を回収されても本土侵攻が近いので占領時に取り戻せる）、アメリカの堅い意志を証明しながら戦後の抑止戦略を確保できる。

　これだけのメリットを、敵国の市民数十万および連合軍捕虜数百名の被爆被害の可能性と天秤にかけたとき、戦争中という文脈を考えれば、原爆攻撃をデモンストレーションに代えろというのはとうてい無理な注文ではなかっただろうか。

　原爆問題を科学顧問団が討議して6月に陸軍省に提出したフランク報告（☞第4問）は、デモンストレーションが賢明かどうかについては結論を保留した。デモンストレーション実施の場合も、招待するのは連合国の代表のみとし、国際世論の同意のもとに原爆を実戦使用して、戦後の国際核兵器管理を容易にする、という構想を提起した。科学者も日本人へのデモンストレーションは否定したわけだ。

　ただし三つの留意点がある。一つは、このとき科学者は政治情勢について何も知らず、このままでは日本本土侵攻が必至、という説明しか受けていなかったこと。第二に、日本への無警告の原爆投下についてもフランク報告は否定的見解を述べていること（ただし、まもなく完成する初期の原爆は大した破壊力を持たないだろうから、国際世論と天秤にかけて戦略的メリットは小さい、という趣旨だった）。第三は、7月16日のトリニティ実験に立ち合って想像を超える威力を目撃した後では、科学者の幾人かは、デモンストレーションだけで日本は降伏するかもしれないと考えを変えたことである。

　以上の留意点にもかかわらず、フランク報告がデモンストレーション案に懐疑的だったという事実それ自体は、政治家に対し、うまく自らの良心を宥める機会を与えた。皮肉なことに、デモンストレーション案は科学者の熱心な検討対象になったことによって、日本本土侵攻・無警告原爆投下と並ぶ第三案への昇格を果たしてしまい、天皇制容認・ソ連参戦を待つといった他の選択肢（アメリカの手を汚さず血も流さないいっそう賢明な策）から議論の焦点を逸らしてしまった。

　本当の考察対象から人の注意を逸らすために、無関係の事柄やあまり重要でない論点を熱心に述べ立ててみせる詭弁を、論理学では「**薫製ニシン**」と

呼ぶ。薫製ニシンが、猟犬の嗅覚を鈍らせる臭いを発して、本当の獲物から注意を逸らすことからの比喩である。もちろん政治に無知な科学者が意図的に天皇制容認やソ連参戦を検討対象から外そうとしたわけではないが、結果としてデモンストレーション案は、無警告の原爆実戦使用を正当化する人々によって「薫製ニシン」として使われてしまったのである。

R. J. リフトン、G. ミッチェル『アメリカの中のヒロシマ』〈上〉〈下〉岩波書店

15 /62

原爆投下は「最大多数の最大幸福」をもたらしたか？
功利主義

前問の答えで納得する否定派は少ないだろう。前問の答えが示しているのは、「大統領がどう判断するのが**自然だったか**」ということであって、「どう判断する**べきだったか**」を示してはいないようにみえる。デモンストレーション案を拒むのが「自然である」というのは「善い」ということを必ずしも意味しない。このことは、国民感情について第9問で触れた。「自然である」という事実を「善い」という価値と混同するのは「**自然主義の誤謬**」の一種なのであった。

さて、肯定派はどう応じるべきだろう。

答え：
注目されるのは、否定派が持ち出した「自然さ」は、帰結の望ましさを勘案した上での「自然さ」だということだ。感情や本能や直観からくる自然さではなく、利害得失を比較考量した上で「こっちだ」と判断される自然さのことである。国民感情とか愛国心、復讐心、嫉妬心といった本当に「自然な」本能的衝動とは違う。感情や本能のままにまかせる「自然さ」は咎められるべきものだろうが、熟慮の結果湧き出る「自然さ」は、尊重に値するのではないか。

功利的判断の自然さと言うべきものが、原爆のデモンストレーションではなく実戦使用を選んだ政治的判断の根っこにあったのである。そのような「熟慮の上の自然さ」に従うことは、ちょうど「数学的論証の結果**自然**にもたらされた結論」に従うのと同様に、「論理に叶った自然さ」と言えるだろう。
　功利主義という倫理学説があり、「結果として**最大多数の最大幸福**を生む（効用を最大にする）」行為が倫理的に善い行為である、と主張する。功利主義は、「最大多数の最大幸福（最大の効用）」という「事実」と倫理的善とを同一視している点で「自然主義の誤謬」を犯しているように思われるかもしれない。しかし、「最大多数の最大**幸福**（最大の**利益**）」という概念自体に価値の要素が含まれており、純然たる「客観的事実」から成っていると言いがたい。むしろ功利主義は、当面の善悪を判定するさいに、長期的な広い視野で見たときの結果の総合的善し悪しを考慮に入れて判定せよ、という指令である。この功利主義にもとづいて戦後核戦略まで睨んだとき、原爆実戦使用はやむをえなかったということであるならば、広島・長崎を犠牲にした政治的判断は「自然主義の誤謬」を犯しているとは言えない。
　という次第で、否定派は「自然主義の誤謬」を持ち出すことはできないことがわかった。よろしい、と否定派は譲歩する。百歩譲って、広島への原爆攻撃はやむをえなかったとかりに認めてみよう。しかし長崎はどうなのだ？ 肯定派の言うアメリカの政治的目的は、一度原爆投下をすれば達成できたはずではないか？ ２発目の原爆はまったく必要なかったはずだ。広島原爆がかろうじて保持していた政治的・功利主義的メリットを、長崎原爆はまったく持っていない。少なくとも、何万人もの犠牲に見合うだけのメリットは持っていないはずである。
　しかも広島原爆の正体を日本政府が理解して間もないうちに、すなわち３日後に再び無警告で投下するという無法ぶりである。２発目の原爆はほとんど無意味な殺戮に他ならない。弁解の余地はないだろう。
　さらに言えば、長崎には捕虜収容所がいくつかあり、目標をそれた投下を行なうと、連合軍捕虜が被爆するおそれがあった。実際、広島ではごく少数だった連合軍捕虜の被爆が、長崎では200人以上にのぼったのである。
　第二の原爆（長崎）が第一の原爆（広島）よりも正当化しがたいことは確実のように思われる。アメリカは、広島壊滅のあと、なぜ日本にもっと考え

る余裕を与えなかったのか？
　広島に続いて、日本に降伏する隙を与えぬまま長崎に原爆投下したことによって、アメリカはさまざまな批判に晒されることになった。日本を降伏させるためというよりソ連に対する示威行動だったことがこれで明白だとか、ウラン型原爆（広島）とプルトニウム型原爆（長崎）の両方を実験して人体資料を得たかったのだとか、ルーズベルトの急死によって大統領に急遽昇格してしまった無名の小物トルーマンが「男らしさ」を見せようとして強硬策に走ったのだとか。どれも、数万人の命を一瞬にして奪うだけの価値のない目的である。功利主義的によい結果をもたらしてなどいない！

　　　　　　　　　アルチュール・コント『ヤルタ会談＝世界の分割』サイマル出版会

16 /62

少なくとも長崎への原爆投下は正当化できまい？

限界効用逓減の法則　相乗効果　マスキング効果

　経済学で言う「**限界効用逓減の法則**」によれば、一定の投資が効果を生むからといって、投資を２倍にすれば効果も２倍になるとはかぎらない。投資が増えれば増えるほど、効果の増加率は鈍ってゆく。一定の投資増加分が生み出す効果は少なくなってゆくのだ。主観的感覚の大きさにこれをあてはめることもできる（心理学で言う「**ウェーバー-フェヒナーの法則**」）。一発殴られれば何もなかったときに比べて計り知れぬショックを受けるが、もう一発殴られてもショックは２倍になるわけではない。少し増える程度だろう。
　こうした経済学と心理学の知見により、「一定の爆撃で敵国の戦意を挫く効果があるとしても、爆撃を２倍にすれば戦意剥奪の効果が２倍になるというものではなかろう」と当然推測される。長崎の原爆は、その人的犠牲の多さに見合った効果をもたらしたのだろうか。長崎効果は、広島効果のほんのトッピング程度にすぎなかったのに、人命の

> 犠牲は膨大だった。広島原爆ですでに相当の心理的効果をあげたのであれば、限界効用の逓減にもかかわらず長崎の人命は無駄に消費されてしまったことになる。
>
> 　さて肯定派は、長崎への第二の原爆投下を正当化することができるのだろうか?

答え:
　限界効用逓減の法則は、常にあてはまるわけではない。逆に、「**相乗効果**」によって、2倍の投資が2倍以上の効果を生むことがある。では広島と長崎はどうだったのか。

　相乗効果の有無を調べる前にまず認識しておかねばならないのは、トルーマンは、第一の原爆投下と第二の原爆投下を、それぞれ個別に命令したわけでないということだ。ポツダム宣言発信の2日前に、原爆投下命令がテニアン島に伝えられているが、その内容は、「8月3日あたりから以降、天候が許し次第、順次原爆を落とせ」という趣旨だった。準備できていたのはその時点で2発だけだったが、そのあと生産予定のぶんも含め、一つの命令ですべての原爆についての投下指令が一挙に出されていたのである。使用可能な原爆を順次使っていけというこの指令がポツダム宣言より**前**に出されていることから、ポツダム宣言は日本によって拒否されるとトルーマンが予想していたことがわかる。

　なお、第二の原爆投下が広島の3日後に実施されたのは、8月10日以降しばらく悪天候が続くという天気予報により、テニアン島の司令部で9日出撃と決められたからだった。トルーマンは、意外に早かった第二の原爆投下にひるんで、ただちに停止命令を発している(ただしこの時点では第三の原爆は完成しておらず、通常爆撃については停止命令は出されていない)。

　つまるところ、広島原爆と長崎原爆は、別々の行為ではなく、ひと繋がりの出来事の二つの部分に他ならないということである。複数形で指された「原爆」の投下という単一の命令を、現地で一括実行したその二つのパートなのである。

　もちろん、それによって長崎の原爆を正当化することはできない。トルーマンは長崎の後そうしたように、広島の直後に第二の投下は待てと指示する

16　少なくとも長崎への原爆投下は正当化できまい？

こともできたはずだからである。むろん、日本政府が広島の直後にポツダム宣言を受諾すれば第二の原爆投下はなかった。長崎壊滅の翌日にポツダム宣言受諾回答を発していることからわかるように、御前会議と閣議の決定そのものは迅速に行なえたのだから。

　実際には日本政府は、広島壊滅の直後にどのような行動に出たのだろうか。ポツダム宣言受諾への傾きは一切ない。むしろ外務大臣東郷茂徳は、駐ソ大使佐藤尚武に対してソ連への働きかけを急がせ、天皇の特使派遣受け入れを催促させた。これに対する外相モロトフの回答が、なんと「宣戦布告」だった。

　ソ連の対日参戦は実はやや準備不足だったのだが（上陸作戦の用意はできておらず、陸戦でも北樺太の部隊は作戦行動が遅れた）、ポツダムでアメリカの原爆完成を遠回しに知らされ、さらには広島への原爆投下を知って、スターリンは侵攻予定を繰り上げさせ、結果としてヤルタ会談での約束「ドイツ敗北後３ヶ月」ぴったりに進軍を始めることとなった（皮肉にも「ソビエトは同盟国への約束は厳守する」という美徳の誇示に役立つこととなった）。

　西側連合国がヤルタ密約を守るかどうかスターリンは疑心暗鬼だった。ヤルタでは対日参戦の見返りに千島列島のすべてを領有してよいと約束されていたが、しょせんは密約であったし、密約相手のルーズベルトとチャーチルの二人ともすでに政権の座にいない状況だった。対日勝利へのソ連の貢献をアピールし、とくに日本降伏前に千島列島まで軍事行動で確実に奪っておく必要があったのである。スターリンは、新たに北海道の北半分の領有をも要求した。

　他方、アメリカとしては当然のことながら、極東でのソ連勢力伸長を防止するために、アメリカ軍が日本の主敵であるうちに日本を降伏させねばならなかった。広島壊滅そして大統領声明の直後に日本が降伏すれば問題なかったが、ソ連が参戦を急ぎかねない状況では、第二原爆の投下中止命令は出せなかっただろう。実際には、ソ連軍侵攻開始の11時間後に長崎に原爆が投下された（ただし原爆搭載機のテニアン島発進時には、司令部にソ連参戦は知られていなかった）。

　長崎原爆は、結果的には、ソ連がピースメーカーとして目立つような展開を阻み（マスキング効果）、戦勝へのアメリカの貢献という印象を確実にした。主交戦国たるアメリカの地位を不動のものにして、戦後の日本占領政策

と東アジア戦略での優位が確保された。このアメリカ側の利害を強調すること。これが、肯定派が長崎原爆を正当化できる最大の根拠だろう。陸戦の主戦場だった中国戦線が膠着しているときに日本を一挙降伏に追い込んだ功績は、太平洋戦線の負担の大部分を引き受けたアメリカのものであることは確かであって、ソ連軍が満州方面から日本軍を追い落としたとしても軍事的にはダメ押しにすぎないだろうから、アメリカの東アジアでの権利主張は正当だと言えるだろう。

　さらに言えば、長崎に第二の原爆を落とされたことで、アメリカが複数の原爆を有していることが確実になった。8月9日の最高戦争指導会議で、陸相、参謀総長、軍令部総長は、アメリカが持っている原爆は1個だけ、と主張していたが、会議の最中に長崎原爆の報が入ったのだった。一発と二発の違いは大きい。原爆連続攻撃の脅威はいよいよ真実味を増した。皇族は宮中の防空壕の不備についてたえず陸軍省に苦情を訴えていたが、原爆の報で皇室の志気は完全喪失していた。広島の報を聞いた時点で「このような新兵器が使われるようになっては……」と観念していたヒロヒトはいよいよ政治介入を決意し、聖断で日本は降伏に踏み切った。

　以上のような長崎原爆の効果は、もはや「相乗効果」を超えたものと言いうるのではなかろうか。ソ連の軍事行動の脅威その他の事情により、原爆の限界効用を極度に押し上げられていたので、広島原爆だけでは限界効用に近づくことはなく、長崎原爆が独自の意味を付け加えるスペースが生じていたのである。広島効果に対して、長崎効果は単なるトッピングではなく、原爆投下の効果を2倍以上に増幅させた。

　マンハッタン計画の責任者グローブズ将軍は、当初から「確実な成功を得るには第一撃のあとにすかさず第二撃」というワンツーパンチ論を主張していた。逐次投入でショックを薄れさせてしまい、所期の目的が達せられなかったら第一撃が無駄になる。確実な量の衝撃を得て万全を期す戦術である。広大な戦線に兵力を分散させ、ガダルカナル戦などにみられる「逐次投入戦術」で人命を浪費した日本軍には耳の痛い正論に響くだろう。

　　　　　📖 ジョージ・ウェラー著、アンソニー・ウェラー編『ナガサキ昭和20年夏』毎日新聞社
　　　　　　　📖 レネ・シェーファー『オランダ兵士 長崎被爆記』草土文化

17 /62

結局はソ連への威嚇だったわけでは？
ポストホックの誤謬

　前問の答えはいくら何でもこじつけだ、と否定派は言うだろう。事実に即して検証してみよう。

　長崎への原爆投下が日本の首脳陣にどれほどの衝撃を与えたかというと、まったく与えなかったと言える。たしかに原爆の個数については陸相、参謀総長、軍令部総長の見込みが外れたとはいえ、長崎原爆の報を得ても最高戦争指導会議の意見が依然としてまとまらなかったところからすると、結果的に長崎原爆は余計だったと言うべきだろう。原爆が単数だろうが複数だろうが、同日の御前会議で天皇がポツダム宣言受諾の意思表示をしたことに変わりなかったはずである。

　つまり、日本の首脳部にとって真に衝撃だったのは、ソ連参戦であった。徹底抗戦を唱えていた陸軍にとっては、原爆は痛くも痒くもなかった反面、もろに陸上戦闘での壊滅を意味するソ連参戦は痛打だった。外務省にとってはそれ以上の衝撃だった。一縷の望みをかけていたソ連の仲介がなくなったどころか、その相手が牙を剥いてきたからである。こうして、政府も軍も、ソ連参戦で観念したと言ってよい。

　アメリカでも実は似たようなものだった。広島への原爆投下のときはもちろん、新聞の一面トップを飾ったのは広島のニュースだったが、長崎のときはどの新聞も二番手以下の扱いで、トップにはソ連の対日参戦を掲げたのである。長崎の原爆投下が、ソ連参戦に比べていかに重要でなかったかがわかる。

　こうしてみると、長崎はもちろんのこと広島に対しても、つまり原爆投下など一度も行なわなくとも、アメリカはソ連参戦を待てばよかったのではないか。もともとルーズベルトがスターリンに対日参戦を執拗に促したのもその効果を見込んでのことだったし、マッカーサーもしきりにソ連参戦を希望していた。日本にとってのソ連参戦の軍事的

> かつ政治的ショックが甚大であることを予期できたアメリカとしては、ソ連参戦のタイミングで「天皇制容認」のメッセージを発すればよかっただろう。日本は確実に降伏したはずだ。
> 　たしかにその場合、ソ連の貢献は大きく見積もられるが、もともと原爆に戦争終結の実質的効果がなかった以上、原爆投下は無用の殺戮に終わった。アメリカの外面的尊厳を保つための道具でしかなかった。そしてソ連への威嚇・牽制の道具でしかなかった。戦争を終結できる時期が変わらないならば、表面的な原爆の衝撃などではなく、もっぱら実質的なソ連参戦の力によって終戦に持っていくことが賢明だったのではないか。日本降伏とともにアメリカ軍を迅速に朝鮮半島へ動員すれば、現実がそうであったのと同様、ソ連の無制限の拡張はどのみち防げていたはずだ。
> 　この否定派の攻勢に対して、肯定派は反論できるのだろうか。

答え：
前問の問いかけは、結局、「アメリカ都合でソ連を牽制するために、日本に原爆被害を与えたとは許せない」ということに尽きるだろう。その苦情は、次の二つのことを前提している。

1．当時、アメリカにとって主敵はもはや日本ではなくソ連だった。
2．ソ連への威嚇は、アメリカの利益だけを考えてなされた。

この二つの前提は、しかしどちらも間違っている可能性が高い。ここでは第一の前提をまず考え、第二の前提は次問にまわそう。
　原爆の主目的は、日本を負かすことよりもソ連を牽制・威嚇することだったか？　アメリカがソ連を牽制しようとしていたことについては、大小諸々の証拠がある。マンハッタン計画の途中で離脱したただ一人の科学者ジョセフ・ロトブラットは（脱退はドイツ降伏より前）、計画責任者のグローブズ将軍から「原爆の本当の対象はソ連だ」と言われたことが離脱のきっかけになったと述懐している。国務長官バーンズも「原爆はソ連を扱いやすくする道具」としばしば語っていたという。たしかに、そのような対ソ威嚇説が戦

争中から一部で流通していたことは事実なのだろう。しかし、政策決定者が原爆使用に踏み切った**主な**動機が対ソ対策であったかどうかは別の問題である。

　ルーズベルト大統領にとっては、ソ連ははっきりと重要な同盟国であり、日本を破るためにはソ連に日露戦争で失った領土や満州権益、さらには千島列島まで譲ってよいと考えていた。問題は、後継者トルーマンにとってどうだったかである。とくにドイツ敗北後、対独戦争での同盟関係が解消してから、アメリカにとってソ連とはどういう存在だったのか。

　トルーマンは、スターリンをまじえた首脳会談の早期開催を説くチャーチルを尻目に、国内政治上の口実を設けて会談を延期した。延期の真の理由は、原爆実験の結果が出るまで待てば、原爆という切り札を懐に、スターリンに対し強い態度に出られることを狙ったからだった。

　しかし同時に、スターリンはいまだ強力な潜在的同盟者でもあった。トルーマンは、ポツダム会談に赴いた最大の目的は「ソ連の対日参戦の確認を得ることだった」と回顧録に述べている。回顧録は外向けの記述なので信頼できないとも思われよう。しかし日記や私信にも同様のことが読み取れるのである。トルーマンがポツダムでスターリンに会い、対日参戦の確約を改めて与えられたとき、トルーマンは日記に喜びを表わした。「これでジャップも終わりだ」というしばしば引用される文句（7月17日）は、対外的言辞でなく日記のメモであるがゆえに、心情吐露としての信憑性が高い。妻への手紙（7月18日）にも、「スターリンが8月15日に参戦する。これで戦争が1年早く終わる。多くの命が救われるのだ」と書いている。しかもトルーマンは16日に、原爆実験成功の報を得ていた。原爆を手にしてもなお、ソ連参戦はトルーマンにとって歓迎すべき展開だったのである。ポーランドをはじめとする東欧諸国の処理においてソ連の約束違反が目立ち、米英との対立が表面化してはいたが、アジア政策で反目するほどには対立は深まっていなかった。結果そのものは勝利とわかりきった対日戦の、残る十数ヶ月で無駄な出費と出血を強いられるよりも、ソ連の発言力増大を許す事態のほうがはるかに好ましく思われたのだった。

　トルーマンの態度が変わるのは、18日に原爆実験の第二報、21日にさらなる詳報を得てからである。その威力が予想を上回るものだったと知り、

トルーマンは、ソ連参戦はもはや不要だと考えるようになる。原爆の力だけで日本を屈服させられるだろうと感じたのだ。
　それでもトルーマンはポツダム会談中ずっと、ソ連に対し対日参戦を促す姿勢を崩していない。ポツダムでは米英の合同幕僚長会議が連日開かれていたが、その決定の中にはソ連の対日参戦奨励とソ連の軍事力向上を援助する旨が記され、24日にトルーマンとチャーチルの承認を得ている。しかも同日にソ連を加えた連合幕僚長会議が開かれ、米ソの間で、対日戦協力のためソ連軍事使節団のワシントンへの配置、シベリアの港と飛行場のアメリカ軍への使用許可、などが取り交わされているのである。
　したがって、トルーマンの気持ちが、日本を主敵とする姿勢からソ連を主敵とする姿勢へ180度転換したというわけではない。原爆の威力がはっきりしたため、主目標である日本打倒を成し遂げつつ、ついでにソ連の協力抜きでの一層好ましいアジア政策立案をも兼ねられると踏んだのである。ソ連参戦が望ましかったのは、ソ連軍の負担のぶんだけ西側連合軍の出血を抑えられるからだったが、連合軍部隊の大量動員を要しない原爆攻撃という方法が、ソ連参戦の代用になりうると考えられた。原爆の主目標はあくまで対日戦の安価な早期勝利であり、ソ連への威嚇は原爆の付加価値だったのだ。
　しかしトルーマンは読み違いをしていた。日本が原爆で屈服するという見通しは甘かった。アメリカと違って、大日本帝国は人命を尊重しない。原爆が都市に何発落ちようとも、前線の軍隊の戦闘能力に直接の影響が及ぶわけではない。その点、ソ連軍の地上侵攻は、直接に日本陸軍の崩壊をもたらすものだった。むしろ原爆で衝撃を受けたのはソ連だった。広島原爆の知らせにスターリンは、アジア政策からソ連が締め出されるのではと怖れ、ただちに満州侵攻を開始させたのである。こうして、結果としてソ連を威嚇・牽制する効果を持った原爆ではあったが、第一義的にはあくまで「安価に日本を降伏させるため」に使われたことを押さえておかねばならない。顕著な副産物を主目的と取り違える誤りは、**「ポストホックの誤謬」**（☞第6問）にあたる。
　付け加えると、戦中はもちろん終戦後ですら速やかに東西対立が国際政治の主軸となったわけではなく、しばらくの間、依然として旧枢軸国が国際連合にとっての主敵だという構図は保たれていたことに注意したい。東京裁判において、弁護団は日中戦争を正当化する動機として再三「国際共産主義の

伸張に日本が感じた恐怖」を挙げたが、アメリカにも中国にもまったく相手にされなかった。もし戦争末期に米英の主敵がソ連に変化していたとするならば、ましてや戦後においてはこの「日本の動機」をめぐる同情や意見対立がわずかなりとも見られたはずだろう。それが一切なかったということは、冷戦を経た私たちが思い込みがちなほどには、連合国対枢軸国の構図が東西冷戦の構図へと急速に移り変わったわけでない、ということが見てとれよう。

📖 ハリー・S. トルーマン『トルーマン回顧録』恒文社

18 /62

アメリカの国益追求って敵国日本にとっては……？
ノンゼロサムゲーム

　原爆攻撃がソ連参戦に代わる効果をもたらすとトルーマンが考えたとしても、ソ連参戦が「望ましくない」ことにはなるまい。安価な対日戦勝利が主目的だったならば、ソ連参戦は原爆と相乗効果をもたらすがゆえに、依然歓迎さるべき出来事だったはずだ。ところが、トルーマンはソ連参戦の日、緊急記者会見の席で憮然と「ソ連が日本に宣戦布告した。以上」とだけ述べて退席した（歴代大統領の記者会見の最短記録）。トルーマンが掌を返したようにソ連参戦を快く思わなくなった理由は、やはり、一貫してソ連を敵視していたことが最大の理由だ。広島に原爆を投下した政治的効果を確かめる暇もなく間髪入れずに長崎にも原爆を投下したのは、もはや対日戦勝利の節約というより、アメリカの力を見せつけてソ連を牽制すること以外の意図は考えられないのではないか。そんな利己的な国威発揚が、長崎の何万の人命に値したというのだろうか。

答え：
前問の答えで予告したうちの第二の前提を考える番である。「ソ連への威

嚇は、アメリカの利益だけを考えてなされた」という前提が正しいならば、たしかに、アメリカの利己的な意図によって何万の人命を犠牲にしてよいのかという批判が成り立ちそうだろう。

　連合国の間で、相互の牽制という不純な動機による残虐行為がなされたことはしばしば指摘されている。連合国間の敵対意識のとばっちりを枢軸国が被った例として突出しているのは、ドレスデン爆撃だろう。もう戦局の行方は決定している1945年2月13〜14日、軍事的重要性のない、難民ひしめく芸術の都を破壊し、3万とも13万とも言われる非戦闘員を虐殺した英米軍昼夜交代の執拗な爆撃。その真の目的は謎である。建前は、交通の要所を遮断することだったそうだが、実のところ、ソ連の作戦地域に近いドイツ東部の有名都市を壊滅させることで、西側連合国の無慈悲なまでのドイツ打倒の決意をソ連に知らせる示威的な狙いが大きかったとされる。

　また、最終局面のベルリン攻防戦で、ソ連軍は不必要なほどの破壊を行なったが、スターリン自らが現地部隊の暴走を黙認していた。これも、「ソ連への侵略国がどうなるか、覚えておけ」という、米英と東欧諸国への警告の意味が大きかったらしい。

　逆に、同盟国への誠意を表明するためだけに不要な戦闘に乗り出した例も珍しくない。東部戦線に近いドレスデンへの爆撃は、ソ連への威圧という以前に、対独戦の負担の大部分を引き受けてきたソ連に対する、米英の連帯・支援の誇示という逆の側面もあった（とくに、対ソ戦へのドイツ軍援軍移動を阻んだという理由で誠意をアピールできた）。ヒトラーがソ連を奇襲攻撃したとき、頼まれもしないのにムッソリーニが精鋭イタリア軍を送り込んだり、真珠湾攻撃の直後に、三国同盟の義務外なのにヒトラーとムッソリーニが対米宣戦布告したりしたのも不要な軍事行動の例であろう。とくに、イギリス救援のため欧州戦に加わりたくてうずうずしていたルーズベルトの大西洋での挑発行動に乗らず自重を重ねていたヒトラーが、真珠湾後あっさり方向転換してしまったのは、外交政略（三国同盟の有名無実化を防ぐ）のためにいかに戦争が利用されるかの好例と言えるだろう。

　原爆投下はたしかに、この一連の例の最たるものだったかもしれない。しかしここで考えるべきは、アメリカの意図はアメリカ自身の国益に焦点を据えていたというのがかりに正しいとしても、**結果的には**、アメリカがソ連を

18　アメリカの国益追求って敵国日本にとっては……？

牽制することこそ日本その他の国々の利益になっていた可能性はないか、ということである。国家の利益は互いに連動しているので、アメリカの利己的戦略が、日本その他の国々をも利する、ということは大いにありうるからである。

　実際、ソ連がアメリカを侮って、北海道分割を主張し続けたらどうだっただろう。満州の権益を余計に主張したらどうだったろう。朝鮮半島すべてを占領していたら。ソ連がヤルタ会談の取り決めを破っていたら、日本、中国、その他のアジア諸国に災いが降りかかっていただろう。とくに日本が、米ソによる分割の憂き目を見ずにすんだのは、アメリカがしっかりと威信を確保しておいたおかげであるかもしれない。東欧と違って東アジアではソ連が約束をいちおう守ったのは、原爆の威圧が効いていたせいかもしれないのだ。

　威圧だけでなく、信用の問題もある。もし原爆の連続投下がなかったら、ソ連参戦と日本降伏との直接の因果関係が世界中にバレてしまい、ソ連に対日勝利への貢献度の自覚を与え、東アジア権益での強気な主張を西側へ突きつける姿勢をもたらした可能性もある。ソ連参戦と長崎原爆の前後関係は偶然の産物だったが、まがりなりにも長崎原爆がソ連参戦の後にきたことで、実質的にはるかに重大要因だったソ連参戦の意義がカムフラージュされた。原爆のほうが決定的要因だったかのような印象を国際世論に、そしてソ連そのものにすら与えることに成功したのである。

　占守島の戦い（8月17日〜21日）でソ連軍が日本軍の守備を突破できず実質的に敗れていたことからもわかるように、ソ連軍は上陸作戦の準備はできていなかった。しかしもし原爆投下がなく、たとえ一週間の戦いであれソ連参戦が日本降伏を実現したという印象が広まりでもしていたら、ソ連は自力で占領できずとも北海道を得られた可能性がある。早期終戦の手柄が国際世論に明らかになれば、米英としても千島列島を超えた領土割譲をソ連に認めねばならなかっただろうからだ。とりわけ東欧問題でソ連に少しでも譲歩させる代償として、日本領土が生贄にされた可能性はある。

　ソ連参戦が日本降伏の決定打だったことは紛れもなく真実であるだけに、原爆投下は、ソ連の真の貢献度を掻き消してソ連の正当な権利主張を削減するのに大いに役立った。それはアメリカのみならず東アジア諸国の、とりわけ日本の国益に叶っていた。

交戦国だからといって、アメリカの国益と日本の国益とが必ずしも矛盾しない、ということに気づけば、ソ連牽制というアメリカの利己的動機が、付随的に日本の利益をも保証したと悟ることができよう。その限りでは、日本としては原爆投下に必ずしも異を唱えることはできない。

　日本とアメリカが敵同士だからといって、両者の利害が常に対立しているとはかぎらない。つまり、一方の利益が必ず他方の損失を意味するわけではない。ともに利益を得ることがありうる。対戦者の一方が勝てば（得をすれば）他方が負ける（損をする）という形で、両者の利得の総和がゼロになるゲームを「**ゼロサムゲーム**」という。囲碁や将棋、多くのスポーツはゼロサムゲームである。対戦者の両方ともが得したり損したりしうるゲームは、**ノンゼロサムゲーム**である。株式は経済状態によって参加者が全員得したり損したりしうるという意味で利得の総和がゼロでないため、ノンゼロサムゲームである。戦争も、勝者と敗者がはっきり損得に分かれるわけでなく、両者が得したり損したりすることがある（多くの場合、勝者も敗者も損するが）という意味で、ノンゼロサムゲームである。

　この認識は、和平を決意するさいに重要である。敵に勝たせれば自分は損する、という偏狭なゼロサム的な錯覚から脱して、真に有利な妥協の道を探るためには、ノンゼロサムゲームとしての戦争の本質を知らねばならない。日本が、スイスやスウェーデンではなくソ連を通じて和平交渉をしようと目論んだのは、米英と利害対立のある国を立てたほうが自分の得になる、というゼロサム的錯覚に囚われていたからだった。かりに米英の利得を減じることができたとしても、日本の利得が増えるわけではない。とくに戦争で敗勢に陥っている側は、自分が一刻も早く戦争に負ける（降伏する）ことが自分と敵の両者にとって最大の利得になることを悟らねばならないのである。ノンゼロサムゲームの意識は、世界平和の鍵なのだ。敵対国アメリカの戦略的利得は、同時に、日本自身にとっても将来的利得を意味しうるということを意識するやいなや、よく言われる「原爆投下はソ連への威嚇だった」が原爆投下批判として成り立たないことがわかるだろう。

　ちなみに、旧ソ連とその勢力圏では、原爆投下に否定的な見方が大勢だった。単にアメリカへの敵視の一端ということもあろうが、それよりも、原爆投下が西側の結束を強め、ソ連の戦後戦略を妨げたことが理解されているか

らである。米ソの関係もゼロサムゲームではなかったのだが、両国ともゼロサムに近いものと認識していた。ゼロサム冷戦ゲームのバランスシートをアメリカ側に常時傾かせる上で、黎明の原爆の象徴的効果は絶大だった。生粋の原爆投下否定論者であるジューコフ元帥のようなソ連要人ですら、赤軍の平和創出寄与率に完全な確信を持てなくなっていたことは事実なのだ。8月16日のソ連政府機関紙『イズベスティヤ』は「原爆だけを対日戦勝の原動力と見なすのは不条理である」という論説を掲げたが、その否定的言辞自体が、原爆の圧倒的効果に敬意を表した証しになっている。日本がソ連の影響を強く受けずにすんだのは、終戦の真の決定的原因であったソ連ファクターを原爆連投ショックが曖昧化してくれたおかげなのである。

📖 ゲ・カ・ジューコフ『ジューコフ元帥回想録――革命・大戦・平和』朝日新聞社
📖 大野芳『8月17日、ソ連軍上陸す――最果ての要衝・占守島攻防記』新潮社

19 /62

一億玉砕を撤回させる決め手は？
パラダイム変換

　ソ連参戦の重要性を強調する前問の答えは、肯定派にとっては両刃の剣である。たしかに、終戦をもたらすのに真に重要だったソ連参戦の影を薄くするのに長崎原爆は役立ったのだろう。しかし逆に言えば、ソ連参戦さえあれば日本は降伏したということだろう。アメリカとしてもそれはわかっていただろうから――ポツダムで最初にスターリンから対日参戦の保証を得たときのトルーマンのメモ「これでジャップも終わりだ」を思い出そう――、原爆投下という非人道策以外の手段によって、東アジアの戦後戦略を固めておくべきではなかったか。日本の降伏を見越して、中国国民党軍に早期の北上を促すとか、それこそスターリンの意図を日本政府へ伝えて早期降伏を促すとか。当時、近衛文麿をはじめ、日本国内に共産革命が起こることを最も恐れてい

た人は多かったから、降伏に応ずるだけでなく速やかにアメリカに協力する気運も盛り上がっただろう。蔣介石が共産党を主敵と見なしていたのはもちろんのことなので、日中米、地域協同で反共防衛線を張る企画も立てられたはずだ。つまり原爆よりも人道的な対ソ防衛の手だてがいくらでも考えられたはずなのだ。それを怠って原爆投下などにかまけていたからこそ、アメリカは戦後、かつての同盟国・中国と朝鮮半島で戦わねばならなくなったのだ。

さて、ソ連参戦を決定的要因と認めることから組み立てられる、このような原爆非難に対して、肯定派はどう反論できるだろう。

答え：
日本を降伏させるのにはソ連参戦だけで十分だったかどうかは、実は、疑わしい。日本降伏の第一の決定的要因がソ連参戦であることは間違いないが、**十分条件**だったとは言いがたい。決定的だったが不十分というのは矛盾しているようだが、そうではない。区別しなければならない二つのレベルがあるのだ。物理的要因と、心理的・象徴的要因である。

物理的には、ソ連参戦が圧倒的かつ十分な決め手となって日本降伏をもたらしたことは間違いない。しかし当時の日本は、「ソ連が攻めてきたので戦争やめます」がミエミエのタイミングで降伏できたろうか。政府が軍に対して、軍が政府に対して、そして政府が国民に対して、ソ連参戦が降伏の理由です、と簡単に言える状況だったろうか。

ソ連参戦というのは、かなり専門的な事件なのである。軍人と政治家にとっては原爆よりはるかに痛い出来事だったが、一般国民にとっては原爆のようなわかりやすい破局ではなかった。日本軍の中でも最強の関東軍が守っている満州を、対独戦で疲れきった赤軍が攻撃してきたからといってナンボのものか。それが国民向けの建前だったのである。そもそもソ連が仮想敵国なのは20年以上も前から周知の事実だった。原爆のような青天の霹靂ではなく、日ソ中立条約延長を4月に拒否された段階で参戦も十分予想できていた。確かに日本のマスコミは、ソ連を刺激しないよう反ソ的な言辞を制限されてはいた。独ソ戦報道もあまり親独に偏らず、むしろソ連と米英との潜在的対立を強調する記事が目立った。が、たとえば44年11月6日、革命記

念日前日にスターリンが「日本は侵略国」と明言した演説は、日本の各新聞がほぼ全文を掲載していたのである。こうして事実上、敵国に等しいと国民に認識されていたソ連が攻めてきたからといって今さら、「一億玉砕」の音頭をとった大本営があっさり「ポツダム宣言受諾します」と国民に言えただろうか？　本土決戦の時間稼ぎのため沖縄で20万以上の尊い犠牲を払わせた直後に？　房総沖のアメリカ機動艦隊に向かって、日の丸のハチマキをした若者たちが帰らぬ攻撃に次々飛び立っている最中に？

　ソ連参戦のような、あくまで通常戦争の継続としての打撃をいくら受けても、戦争終結に踏み切る素地が当時の日本にはできていなかった。絶望的とわかっていながら、ドイツと同じように国土が征服され尽くすまで徹底抗戦せねばならないシステムで動いていた。ところが、原爆となると話は別である。通常戦争の延長上にあるのではなく、核戦争への**パラダイム変換**を示す出来事だった。原爆は戦争の「枠組み（パラダイム）」を変えてしまったのだ。「一億玉砕」「総特攻」も、原爆が相手では敵に出血を強いるという目的が達せられず、無意味になった。

　原爆が実質的威力より心理的効果（パラダイム変換のアピール）を与える兵器として目論まれていた証拠は多い。空襲被害を受けていない無傷の都市が投下目標として選定されたのは、原爆そのものの威力を印象づけるためだった。同じ理由で、原爆投下のあと通常の焼夷弾絨毯爆撃を行なって完全破壊を目指すという案も却下された。原爆そのものの威力を掻き消すような真似は避けられたのである。

　ただ一発で空前の被害を生ずるという心理効果、戦争の新段階を痛感させる革命性のアピールがとにかく重要だった。実際に「一億玉砕」戦術で戦い続ければ敵に相応の出血を強いる結果になっただろうが、事実よりも心理こそが現実に影響をもたらすことが多い。切羽詰まった段階ではとくにそうである。原爆は、実際上のインパクトはソ連参戦にはるかに及ばないとはいえ、象徴的な意義はソ連参戦よりはるかに大きかった。政治、経済、心理、軍事の四つの要素から戦争は構成されると言われるが、〈政治〉と〈心理〉という二つの要素において、原爆はソ連参戦を凌ぐ威力を発揮したのだ。

　思えば、カサブランカ会談で「無条件降伏」が宣言され、次に特攻開始により日本の「降伏よりは死」という徹底抗戦姿勢の具体化がなされたことに

より、従来の戦争からはすでに二度もパラダイム変換を経て未知の総力戦へ突入していた第二次世界大戦である。この取り返しのつかない二段階変換を解除できるのは、革命的な第三変換である「原子爆弾」しかなかったのだと言えるかもしれない。

📖 アナトリー・コーシキン『大国の攻防』大阪経済法科大学アジア研究所
📖 ジョゼフ・マッカーシー『共産中国はアメリカがつくった』成甲書房

20 /62

天佑が戦争モードをリセットしてくれた？
コントラスト効果

　一般大衆にもわかりやすい「一発で一都市消滅」の恐怖もしくは理不尽が〈心理〉の面で甚大な効果を持つというのは認めることにしよう。しかし、〈政治〉についてはどうなのか。〈政治〉についても原爆はソ連参戦を上回る意義を持てたのか。軍人だけでなく政治家にとっても、ソ連参戦こそが致命的な打撃になったということを前問で見たばかりだ。米英中との休戦調停をソ連に期待していたのだから、その構想が崩れたことが外務省にとって大打撃だったのは当然である。それでもなお、原爆投下が政治の面でもソ連参戦を凌いでいると言えるのはなぜだろうか。

　肯定派はとくにこれを証明する必要がある。原爆が早期終戦の決定因子だったと言えなければ肯定論は成り立たず、終戦はまさに戦争の政治的側面に属するからだ。原爆投下は核戦争へのパラダイム変換を示すとか、戦争の「枠組み」を変えたとか唱えるだけでは不十分だろう。日本の政治家も、アメリカが原爆を多数保有しているとは信じていなかったのだから、ソ連参戦を別にすれば、原爆投下によって戦争継続が一挙に難しくなることはなかったはずだ。それでもなお、原爆投下は政治的に重要なインパクトをもたらしたと言えるのか？

20　天佑が戦争モードをリセットしてくれた？

答え：

「原爆投下によって戦争継続が難しくなったか」と考えていると、袋小路にはまる。逆の発想をしなければならない。「原爆投下によって戦争終結をしやすくなったか」と考えるべきなのだ。ソ連に終戦の斡旋を頼んでいたことからもわかるように、日本政府は、なんとか戦争をやめたがっていた。ソ連に派遣される天皇の特使を引き受けたのが近衛——つねづね親ソ共産革命を敗戦そのものより怖れていたあの近衛文麿だったということからして、政治家サイドでいかに状況が絶望視されていたかがわかる。

軍人ですら、本音は戦争をやめたいと思っていた。神風特攻隊を発令し「特攻の父」と呼ばれた大西瀧治郎軍令部次長のような、徹底抗戦派の権化と考えられている人も、1944年10月に特攻を開始した動機は「このような外道の作戦を始めれば、天皇陛下がそれほどまでせぬと勝てぬのかと、慈悲の御心で停戦を命じてくれるだろう」と思ったからだったと、周囲に話しているのである。なんとも甘えた話だが、天皇自らの命令以外には戦争を終わらせる手だてはない、という大西の洞察は正しかったと言える。いずれにせよレイテ沖海戦で敗れてからは、日本の政治家・軍人は、いかにして「少しでもマシな敗北」により戦争を終わらせるかに腐心していたと言ってよい。常に、降伏する口実を探し求めていたのだ。もっと具体的に言うと、政府と海軍は国民に対して、なぜ降伏せざるをえないかを説明し納得させるきっかけを探していたのである。

大西が期待した「天皇の直接介入」を引き出したものは結局、特攻の理不尽と隊員への慈悲ではなく、原爆の恐怖であった。しかも単なる恐怖ではなく、状況の刷新だったことが重要である。新型爆弾による戦争モードのリセットだ。リセットされては継戦放棄もやむをえないではないか。原爆は理想的な口実になった。「戦争のパラダイムが変わり、今までの徹底抗戦論は無効になった」のだから。ソ連参戦だけでは、このようなパラダイム変換論を弄して陸軍を説得することは無理だった。通常戦争の続きにすぎないソ連参戦を理由として日本が降伏するとなれば、精鋭を誇った関東軍の崩壊によって降伏することになり、陸軍の責任で日本は一転敗北主義に陥ったことになるからである。陸軍がそんな不名誉に甘んじるとは考えられない。

そもそも日本が大戦争に突っ走ったのは、満州事変以降の関東軍の策謀、

そして陸軍中央の意思に引きずられたからだった。対米英戦争開始も、避戦を望む海軍に対し、対米交渉に反対する陸軍の強硬な意思が原動力だった。いざ対米英戦が始まるや主役は海軍となったが、その海軍の予想以上に早い敗北と、その後の補給戦の劣勢によって陸軍は力を発揮できずじまいという憾みがあった。つまり陸軍は、自分が始めた戦争の責任を海軍の不甲斐なさゆえにまだ果たせていないというフラストレーション状態にあったのである。陸軍の負い目と沽券に賭けても、「最後の一撃」をアメリカに与えて自らの蒔いた戦争政策の収穫を少しでも刈り取るチャンスが、本土決戦だったのだ。

日本軍は、兵士個人の降伏はしばしばあっても、部隊単位での降伏を一度もしていないという、世界中に類を見ない特殊な軍隊だった。捕虜になるくらいなら自死を選べ、という精神論が、組織レベルでは完全に行き渡っていたのである。ニューギニアやビルマ、フィリピンで未だにその精神を貫いて絶望的な抗戦を続けている諸部隊をさし措いて、日本帝国そのものが降伏するなどという真似がどうしてできようか。日本が負けるのは、全員が戦死したときであるはずだった。

ソ連参戦が、質的に事態を変えぬままの量的に膨大な災難だとすれば、原爆投下は、質的に事態を変えてくれた。軍に対する直接のダメージはほとんどないにもかかわらず、いや、ないがゆえにこそ、降伏に同意する絶好の口実を軍に与えたのである。原爆が理由で、天皇が国民の苦難に忍びず停戦命令を発したとあれば、少なくとも陸軍は面子を失わずにすむ。国体護持および軍の面子という、尊厳と名誉に関わる象徴的要因こそが日本降伏を妨げていた最大の障害だっただけに、原爆というこれまた象徴的な出来事が必要とされた。ソ連参戦は、いわば、力ずくで日本軍を潰そうとする〈北風〉であり、日本降伏を遅らせて本土決戦に等しい惨害をもたらしただろう。原爆はその逆で、原子力らしく〈太陽〉の役割を果たした（いみじくも長崎原爆投下機長チャールズ・スウィーニーが子どもの頃父親から学んだ寓話のうち最も好きだったのが「北風と太陽」だったという）。日本国内の和平派の主張に説得力を与え、陸軍の懐柔に大いに役立った、いや初めて可能にしたのである。

ちなみに、大半が無傷の陸軍とは異なり、連合艦隊を失って惨敗した自覚のある海軍は、説得されるまでもなく、ポツダム宣言受諾には賛成だった。

20　天佑が戦争モードをリセットしてくれた？

　当時の海軍大臣米内光政は、原爆投下とソ連参戦を「天佑」と呼んだ。近衛文麿、木戸幸一、迫水久常ら多くの要人が同様のことを述べている。政府高官はこのとき、ソ連参戦のような実質的な要因だけでは降伏できないことを知っていた。原爆投下のような、傍目に派手でアピール度の高いシンボリックな「口実」の存在は、確かに日本首脳部にとって歓迎すべき「天佑」だったのである。徹底抗戦派の面子を立てるパラダイム変換をもたらすとともに、戦争が長引いて共産革命が起こるのではないかという（とくに近衛のいくぶん誇大な）危惧をも一掃する見込みが立ったのだ。

　天皇の玉音放送として流れた「終戦の詔勅」が、原爆のこの効果を証明している。

　「……世界ノ大勢亦我ニ利アラス　加之　敵ハ新ニ残虐ナル爆弾ヲ使用シテ　頻ニ無辜ヲ殺傷シ　惨害ノ及フ所　眞ニ測ルヘカラサルニ至ル……」

　「世界の大勢我に利あらず」のところは日ソ中立条約破棄とソ連参戦を意味していると考えられるが、明言はされていない。「敵は新たに残虐なる爆弾を使用して」——ここが国民に降伏を説明するさいのポイントであった。惨害と慈悲の**コントラスト効果**なしでは降伏は困難だったことがわかる。

　九割九分の国民が、玉音放送と聞いて、「陛下がいっそうの奮励努力を促されるのだ」と思っていたという。大本営のウソの戦勝報道を信じていた国民はもはや多くなかっただろうとはいえ、国民の継戦心理と現実とは甚だしく乖離していたのだ。本土決戦もせず突如降伏というのは、原爆の報があっても大半の人にとって寝耳に水だったという。後付けの納得理由である原爆投下がなかったらなおさらである（第14問で触れたが、単なるデモンストレーションで原爆の威力を見せられた場合、「敵は新たに**残虐なる**爆弾を使用して」という、敵の非道に責任転嫁するアピールが不可能になり、惨害と慈悲のコントラスト効果が得られず詔勅の神通力は弱まっただろう）。

　翌16日に天皇が軍に対して発した停戦命令では、ソ連参戦に言及し、原爆への言及はない。軍隊に対しては実質的に戦闘不能になった理由を説明しながら、国民に対しては本音の降伏理由を隠して象徴的な建前を強調し、軍の面子を守ったのである。ちなみに、当日の新聞報道の見出しも、「新爆弾の惨害に大御心」（朝日）、「新爆弾・惨害測るべからず」（毎日）などと、もっぱら原爆の被害と「新しさ」を強調した表現になっている。翌日の中国新聞

には「非道狂暴の新爆弾、戦争努力を一切変革」「残忍狂暴な新兵器原子爆弾はついにわれらの戦争努力の一切を烏有に帰せしめた」とある。弁明の気まずさを声高に搔き消すように「新爆弾、新爆弾」のオンパレード。新爆弾の「新」とは、爆発原理の新しさはもとより、戦争の意味の新しさ、抗戦精神の古さを物語っているのである。

　忘れられがちだが、戦争末期の日本は、連合軍との戦いだけでなく、むしろそれ以上に、和平派と継戦派との内戦が深刻だったことに注意しよう。そしてさらに、国民に事態をどうわからせるかも政府にとって大問題だった（ポツダム宣言の新聞発表をどうするかについても一苦労だった）。この国内政治の難局を一挙に打開したのが原爆投下だったというわけである。いうまでもなく、対ソ政策の崩壊という外交政治的破局を一挙解決したのも原爆だった。というわけで、原爆は、その実質の乏しい象徴性ゆえにこそ、実質的な政治効果をもたらした逆説的兵器だったと言えるだろう。

　皮肉なことに、軍事的名誉とは無関係であるがために原爆投下に反対したマッカーサーやニミッツらアメリカの軍人と同じ理由によって、つまり軍事的に重要でない事件だという理由によって、日本の徹底抗戦派の軍人も、原爆を降伏の理由として受け容れることに同意できたのだった。

　いずれにしても、原爆が戦争の文脈を一新して、現行の軍民の常識をひっくり返すということがなされないかぎり、日本は、通常戦争をひたすら続行して、ドイツの二の舞になっていたことは間違いなかろう。ドイツ国民は原爆のような派手な攻撃は受けなかったが、公平に見て、日本国民より遥かに酷い目に遭っているのである。

　　　　　森山康平著、太平洋戦争研究会編『図説 特攻』河出書房新社

21／62 むしろ不必要なのは広島原爆のほうだった？
必要条件と十分条件

21　むしろ不必要なのは広島原爆のほうだった？

> 広島が原爆で崩壊した直後に、陸軍が降伏に同意しなかったことは事実だ。ソ連参戦によってこそ、陸軍も観念した。前問では「原爆という口実さえあれば陸軍も説得できた」と言わんばかりである。その考えは、原爆を過大評価し、ソ連参戦を過小評価しているのではないか。原爆投下とソ連参戦の相対的重要度の関係について、肯定派は混乱しているように見受けられるのだが……。

答え：
肯定派としては、原爆投下**だけ**が陸軍を観念させたと主張する必要はない。単に、ソ連参戦だけでは不可能だった速やかな降伏が、原爆投下によって初めて可能になった、と言えればよい。つまり原爆投下は、本土決戦にいたる前にポツダム宣言受諾ができるための、**十分条件**であったと主張する必要はない。**必要条件**だったと主張できれば十分である*。

同じことはソ連参戦についても言える。ソ連参戦は、前問で見たように、ポツダム宣言受諾の十分条件ではなかった（原爆投下が加わる必要があった）が、必要条件だった（原爆投下だけでは日本はおそらく降伏できなかった）。

こう考えると、日本政府が、広島原爆だけではなぜポツダム宣言受諾に踏み切れなかったかがわかる。前述のとおり、広島の直後に外務省は、ソ連への調停要請を強めていたのだから、ポツダム宣言を受諾する気はさらさらなかった。ソ連参戦で観念し、続く長崎の原爆によって、ソ連参戦の衝撃に素直に従う名目が軍にも与えられたのである。

広島原爆とソ連参戦はたった3日違いなのだから、ソ連参戦後に第二の原爆投下がなくとも、広島原爆が主因で降伏したポーズはとれたはずだ、よって長崎原爆は不要だった、などと安易に考えてはならない。広島原爆後2日半の間に日本政府は対ソ依存を強めるばかりで、ポツダム宣言受諾への傾きはまったく見られなかった、という事実は戦後に必ずや明るみに出る。すると、ソ連参戦の決定因子ぶりが明白となり、日本の敗戦処理においてソ連の発言力増大が必定になってしまうのである（これはソ連が「悪」だと前提した議論ではない。日本の占領統治がアメリカ一国でなされることが日本の国益に適っていたという意味である）。

つまり通説とは逆に、広島原爆のほうが不必要であり、長崎原爆さえあれ

ば、日本は降伏できたのである。都市名抜きで正確に言い直すと、ソ連参戦の前でなく後に原爆を一発落とされただけで、日本はスムーズに降伏できたのだ。アメリカがソ連参戦を待ちさえすれば、参戦前の殺戮は起こらずにすんだのだ。むろん第18問で見たように、ソ連参戦を防ぐことがアメリカひいては中国や日本の利益にも直結していたという事情を考えれば、ソ連参戦前の原爆投下を非難し去ることはできない。結果論的に理想を言うならば、原爆投下より先にソ連参戦がなされ、ついで一発だけ原爆が投下されて、日本の抗戦派が譲歩する口実が与えられ、終戦、というシナリオが最善であったろう。

　原爆投下とソ連参戦とはともに、手遅れにならぬうちに日本が降伏できるための必要条件だったが、どちらかというとソ連参戦のほうが決定的なファクターであったことは間違いない。とはいえ、どちらが欠けても本土決戦に雪崩れ込んで地獄を見た可能性が高い。ソ連参戦は陸軍の強気を挫いた。しかし面子がそれを認めることを許さなかった。原爆は、陸軍が面子を失わずに強気を放棄する口実を与えた。原爆投下を肯定するにはそのことだけで十分である。

　ちなみに、10日のポツダム宣言受諾の暫定回答の後、通常の無差別爆撃も一部停止されたものの、日本政府の反応が鈍いのですぐにペースが戻された。終戦の詔勅が作られていた8月14日以降にも、B-29約150機による大阪空襲をはじめ各地の都市爆撃で多くの犠牲者が出ている（14日以降に初空襲を受けた熊谷、伊勢崎、小田原の3都市だけでも死者約300人、被災者25,000人以上）。これらの被害は、戦争の趨勢になんの影響も及ぼしていない。市民は意味のない損害を被ったことになる。長崎原爆よりもこれらの空襲のほうがはるかに理不尽だったわけだが、問題視されることはほとんどない。象徴的インパクトに富み効果的だった事件が追及され特権化され、象徴性がないため真に理不尽だった事件が無視されるという逆説がここに仄見えている。

☑ **必要十分条件**

* 「PならばQ」が正しいとき、PはQの**十分条件**、QはPの**必要条**

件という。「PならばQ」と「QならばP」がともに正しいとき、PとQは互いに**必要十分条件**である。異なる必要条件をたくさん列挙してそれらを「かつ」で繋いでゆくと、いつかは十分条件となる。同様に、異なる十分条件をたくさん列挙してそれらを「または」で繋いでゆくと、いつかは必要条件となる。必要条件↔十分条件が転化する瞬間のちょうどぴったりの条件が、必要十分条件である。

第13問の注で見た**「後件肯定の誤謬」「前件否定の誤謬」**の源には、必要条件と十分条件の混同があることがわかる。

歴史教育者協議会編『幻ではなかった本土決戦』高文研

22　／62

超自然頼み、そもそも無条件降伏要求のせいでは？

マッチポンプ　循環論法

　日本が「一億玉砕」の決意を固めていた、少なくとも国民に対して国家がそう装っていたことは事実だった。よほどの超自然的出来事が起こらないかぎり、にっちもさっちも行かなくなっていた。原爆は、ちょうどその窮状を打開する「超自然」だったのだろう。超自然に対してはもう一つの超自然、すなわち聖なる天皇が呼び出され、神の一声（デウス・エクス・マキナ）によって一挙に終戦が実現したのである。

　原爆投下は、天皇の介入を誘い出して窮状を一挙打開したという意味では、「日本国内の和平派に働きかけて終戦をもたらす」というアメリカ国務省の基本戦略の極端な形と言えるかもしれない。

　しかし、超自然力を二つも必要とするような窮状を招いたのも、もとはといえばルーズベルトが掲げた「無条件降伏」という要求のせいだ。無条件降伏が頑固に要求されつづけたせいで、敗戦の場合に日本の意思が尊重される保証がなくなり、国体消滅の怖れが出てきて、やむなく日本は徹底抗戦の道を選ばざるをえなくなったのだ。その責任はア

> メリカにある。したがってアメリカは、自ら招いた日本側の徹底抗戦の打開のために、原爆投下したことになる。いわば「**マッチポンプ**」だ。原爆投下の必要性を自ら捏造したにも等しく、したがって、原爆投下は悪以外の何物でもない。
>
> これに肯定派はどう応えられるだろうか。

答え：

マッチポンプとは、マッチで火を点けて自分で消してまわることを言う。つまり自作自演である。「神は全知全能全善なのに、なぜ世界には悪や悲惨があるのだろう」という謎Aは、マッチポンプ論法の産物である。全知全能全善の神が世界を創ったという前提を認めればAは謎だが、全知全能全善の神などを認めなければ、謎は生じない。神と謎とを宗教が自ら創り出しているわけである。

倫理的議論のマッチポンプも多い。「売春は倫理的に悪い。売春している人々が実際に罪悪感を感じていることが多いのはその証拠だ」という主張Bは、マッチポンプ論法である。罪悪感を生じさせる最大の（もしかすると唯一の）理由は、「倫理的に悪い」と決めつけられる風潮かもしれないからだ。主張Bそのものが売春否定の風潮を作り出し、罪悪感を生み出して自らの根拠を作っているのである。マッチポンプは、行為レベルでの**循環論法**と言えるだろう＊。

無条件降伏要求と原爆投下をセットとして見ると、これは行為としてのマッチポンプを形成している。「日本が無条件降伏を拒んで抗戦し続けるから原爆投下で解決した」という原爆投下理由は、無条件降伏要求さえなければ成り立たなかったはずなのだ。

「無条件降伏」の要求は、1943年1月24日、ルーズベルトとチャーチルが話し合ったカサブランカ会談の最終日に「ドイツ、イタリア、日本に対しては無条件降伏以外の休戦を認めない」とルーズベルトが報道陣に向かって宣言したことに発する（最初の案は、イタリアには無条件降伏要求を適用しないという「枢軸国の分裂を図る案」だったが、イギリス戦時内閣の反対で、イタリアへの例外扱いは撤回された）。無条件降伏要求は悪名高い戦争政策で、これによって第二次大戦は少なくとも1年は長引いたと考えられて

22　超自然頼み、そもそも無条件降伏要求のせいでは？

いる（第8問で見た地中海戦域優先戦略の誤りを加えると、戦争は計2年延びたことになる！）。連合国の無条件降伏要求を意識して、すぐ後のナチス党大会で宣伝相ゲッペルスはヒステリックな徹底抗戦の演説をしているし、いまいち戦果の乏しかったイタリア軍ですら俄然必死に戦いだしたという。

とくに、ドイツ国内には反ヒトラー派が少なからず存在していたのに、無条件降伏要求によって、反ナチも戦争に協力する気運ができてしまった。反ナチ・親ナチ問わずドイツ人すべてを一蓮托生に追い込んでしまったのだ。実のところ、1943年春という早い段階から、後にヒトラー暗殺未遂に携わることになるドイツ国防軍一派により、西部戦線での和平が打診されていた。条件は、非ナチス化したドイツ軍と米英軍が合同で、ソ連軍の西進を食い止めること。ナチス打倒のこの絶好の機会を、無条件降伏にこだわるルーズベルトは蹴ってしまう。つまり、政治、経済、心理、軍事という四つの要素のうち、特に重要な「政治的手段」によって敵国の内部分裂を謀る理想的な戦略があったというのに、それは顧みられず、もっぱら軍事によって枢軸国を撃破する方針を連合国は明言してしまったのである。これは、いたずらに選択肢を狭めた姿勢であり、無駄な出血を双方に強いることになった。

無条件降伏の要求は、ほとんど必然性も必要性もなく発せられた。もともとドイツも日本も、アメリカやイギリスを占領する意思などなく、全面勝利を目指す意図もなく、戦況有利な段階で適当な講和を結ぶつもりだった。東部戦線と日中戦争に関しては事情は異なっていた（とくに独ソ戦では民族絶滅戦が唱えられていた）が、いかにルーズベルトが親ソ派かつ親蔣介石派とはいえ、ソ連や中国のために枢軸国と無用な流血を続けることを望んだとは思われない。無条件降伏という、枢軸国側としては要求することもされることも考えていなかった厳しい声明があの段階で突如ルーズベルトの口から発せられた理由は、まことに謎なのである（一つの仮説は第41問で示す）。

日本においては、太平洋戦争末期にこの無条件降伏要求の悪影響が表われてきた。アメリカは日本国内の和平派と継戦派の対立を利用して、和平派を激励するような外交攻勢をかける手があったのに、それをせずに無条件降伏の要求をひたすら繰り返した。こうして天皇制保持に言質が与えられなかったために、日本国内では継戦派が「国体が護持されない」との理由を掲げて継戦論に説得力を持たせることができたのである。和平派の巻き返しのため

には、原爆とソ連参戦という本来無用だった二大惨禍を経なければならなかったのだ。

さて、無条件降伏要求の誤りを弾劾して原爆投下を非難する否定派に対して肯定派が出せる主張は、次の二通りある。

1. 無条件降伏の要求は正しかった。
2. 無条件降伏の要求が間違っていたとしても、その要求によって形成された文脈のもとでは、原爆投下はやむをえなかった。原爆投下を支持するにはそれで十分であり、無条件降伏要求そのものの罪は原爆投下に転嫁されてはならない。

> ☑ **論理の循環論法、行為のマッチポンプ**
>
> ＊ 「わが軍がA地区を爆撃したのは、A地区が軍事基地だからである。A地区が軍事基地だと言えるのはなぜか。それは、わが軍の爆撃対象は軍事施設に限定されているからである」のように、二つの主張がそれぞれ互いの理由を提供しあっているような論法が**循環論法**である（必ずしも二つではなく、もっと多くの文が循環連鎖を形作っている場合もある）。それに対して**マッチポンプ論法**は、循環論法の行為バージョンで、行為の理由と行為の原因が互いに互いを作り出しあうような論法である。「A地区は軍事基地である」という主張の理由として「A地区には多数の対空砲があるからだ」という事実が挙げられる一方、「A地区には多数の対空砲がある」ようになったのはなぜかといえば「A地区に爆撃がなされる」という事実に対処するため、といった場合。爆撃が原因となって対空砲を備えさせ、対空砲の存在が爆撃の理由となっている。マッチポンプを一つの文に圧縮して「わが軍がA地区を爆撃したのは、A地区が軍事基地だからである。A地区が軍事基地だとわかったのはどうしてか。それは、爆撃のさい多数の対空砲火で応戦してくることからわかる」と書き直せば、ほぼ循環論法と同じ文になることがわかる。

🔖 吉田一彦『無条件降伏は戦争をどう変えたか』PHP新書

23 /62

なぜ「国家」に無条件降伏を要求したのか？
分割の誤謬

前問末尾で提示された二つの主張に即して、具体的に議論を組み立ててみよう。

答え：

まず第一に、無条件降伏の要求は正しかった、と論ずることは可能だろうか。

あながち不可能でもない。たとえば、当時ナチスがユダヤ人を迫害していることはよく知られており、強制収容所でのホロコーストのありさまも、うすうすではあるが察知されていた。中国で日本軍が毒ガスと細菌兵器を使っていることも知られていた。勝者によって枢軸国の軍および政府そのものを解体できるほど完璧な敗北に追い込まないかぎり、世界平和は実現できないという決意を連合国が固めたとしても責めることはできまい。単なる条件講和で済ませてしまうと、ナチもファシストも日本軍閥もそのまま残って、次なる侵略戦争を企てないともかぎらないからである。とくにナチスのホロコーストは、戦争努力とは何の関係もない超大量殺人であり、容認の余地はない。無条件降伏の要求は、枢軸国の死に物狂いの抵抗を誘って当面の戦争を遅らせはしたが、長い目で見れば、とくに枢軸国の占領地で虐げられている人々の観点からすれば、正しかったということにもなるだろう。

しかし、ナチスの蛮行が許しがたいものだったとしても、無条件降伏を「ドイツ」に対して、つまり国家に対して要求する必要があったのだろうか。対象を制限して、「ナチス政権」の無条件降伏を要求するという方法もあったはずだ。そうすれば、無条件降伏要求によってドイツ国民がナチ・反ナチ問わず結束するようなことは起こらなかっただろう。戦局の悪化に伴って急速

に反ナチ的気運が高まり、ヒトラー政権打倒、戦争の早期終結といった流れも期待できたはずだろう。ちょうど、南京陥落後も蒋介石が降伏しないことに苦慮した近衛内閣が、1938年1月に「爾後國民政府ヲ對手トセズ」と声明発表し、中国人の政治的分断を図ったのと同じ戦略である。日本が、中国全体を敵とするのではなくあくまで蒋介石政権と戦っているのだという態度を表明したやり方は、その効果のほどはともかく、ルーズベルトにとって手本になったはずである。

　ナチも反ナチも一緒くたに徹底敗北に追い込もうとする姿勢は、「**分割の誤謬**」を犯していると言える。分割の誤謬とは、全体の性質がそのまま部分もしくは構成要素にもあてはまると考える誤謬である。下手くそなオーケストラの構成メンバーがみな下手くそな演奏者だとはかぎらない。みな一流の演奏者なのだが、音楽観が違うとか、人間関係上の原因でチームワークがバラバラだとかで、全体としてはひどいオーケストラになってしまっているのかもしれない。国家の代表（政府）と国家のメンバー（国民）の関係も同様である。ドイツ政府が憎むべき性質を持つからといって、国家を構成するドイツ国民にその憎むべき性質を無条件で移し替えてはならない。国内の和平的分子を信じて働きかけ、政府の邪悪さを解体する分断策は、ヒトラー暗殺計画が幾度も企てられた風土を考えると、ドイツに対しては功を奏した可能性がある。

　ただし、日本に対してはどうだったろう。分断策の効果は疑わしかったのではないか。日本人も確かにさまざまな性格の個人から成ってはいたが、ドイツ国民とナチス党との分離に相当するような潜在的裂け目は日本には存在しなかった。日本に対して分離策をとるとしたら、日本国家の無条件降伏のかわりに「日本の軍閥」の無条件降伏を要求するというポツダム宣言方式をカサブランカの時から公表することになるだろうが、軍を相手どって蜂起できるような勢力は日本には存在しなかった。ドイツ国防軍がナチスに反旗を翻しかけたのと同様な事態は、日本では起こりえなかったのである。そのような反軍的事態を呼び起こすためには、それこそ原爆投下によって天皇という究極の力が動かされ、軍を抑え込むことが必要だったのである。

　まとめるとこうだ。枢軸国に対する無条件降伏要求は、間違っていたとすれば、要求そのものではなく、降伏を求める対象だった。ドイツに対しては

はっきりと「ナチスの降伏」を求めるべきだったのに、ドイツ国全体を対象としたために終戦を遅らせた罪がある。しかし日本に対しては、いかなる有効な対象を無条件降伏要求の対象として名指ししようとも、結果に大して違いは生じなかったと言えよう。依然として原爆投下は必要だっただろう。

📖 グイド・クノップ『ドキュメント ヒトラー暗殺計画』原書房

24 /62

今さら無条件降伏要求を責めても仕方ないだろう？
演繹定理

　それでは前々問の第二点、「無条件降伏要求が間違っていたとしても、その要求によって形成された文脈のもとでは、原爆投下はやむをえなかった。無条件降伏要求そのものの罪は原爆投下に転嫁されてはならない」についてはどうだろうか。

答え：
　無条件降伏の要求が正当化できないと仮定した場合、原爆投下は正当化できるのだろうか。1943年の段階で明言されてしまった無条件降伏の要求は、1945年にはもはや訂正はできない。訂正することは後退と見なされ、敵に弱みを見せることになって、戦争継続のための世論の維持ができなくなる可能性があるからだ。
　その考察には、いくつかの要因が絡んでいる。三つほど挙げよう。
　一つは、ドイツが降伏したことで、日本が却って希望を抱いたということがある。第13問で見たように、米英の世論が厭戦に転ずる可能性があった。そこへ無条件降伏の撤回などということになれば、日本は降伏するどころか、嵩にかかって和平条件を吊り上げてくる可能性もある。ソ連が参戦すればアメリカは焦って、講和条件を日本に有利に変えてくるかもしれないと考えていた日本軍人や政治家もいたくらいなのである。

そのような弱みを今さらアメリカは見せるわけにいかないだろう。一度ルーズベルトによって敷かれた無条件降伏要求の路線は、いかに悪法であろうとも、後継者トルーマンとしては遵守せざるをえなかったのである。
　ここにもう一つの要因が加わる。トルーマンは、ルーズベルト急死によって就任するまで、無名だった。自分よりはるかに有名な国務長官バーンズや陸軍長官スティムソンに囲まれて、弱気政策に転ずることなど絶対にできなかった。内政的に見ても、国民の支持を取りつけねばならない新大統領としては、可能なかぎり強気な姿勢を崩してはならなかった。もしルーズベルトが生きていれば、もはや今の日本には無条件降伏を要求しなくてよかろう、などと柔軟な態度を示すこともありえただろう。彼自身の責任における熟慮だと認められたはずである。しかし、新米大統領トルーマンがルーズベルト路線を引っ込めでもしようものなら、弱腰大統領として戦時の貴重な国民的支持をたちまち失ったに違いない。トルーマンが大統領就任演説で「われわれの要求は無条件降伏だったし、現在もそれに変わりない」と述べたとたん、議会は満場の拍手で包まれたのだった。
　そして、三つめの要因。日本に対して無条件降伏の要求を弛めようかという案が出たとき、ヨーロッパ問題の部署から、ドイツに要求して呑ませたことを日本に適用しないのは不公平である、との苦情が寄せられたという。政策のバランスということは意外に重要であり、アジアでのアメリカの姿勢がヨーロッパに悪影響を及ぼすことが懸念されたのだろう。
　以上の三つはそれぞれ過小評価できない要因であり、連合軍の勝利は100パーセント揺るがないながらも、中途半端な講和で対日戦を終わらせていたら、アメリカ、日本、中国、アジア諸国にとって決して好ましい戦後秩序はもたらされなかった可能性が高い。天皇訴追を免れたために日本の反省が生ぬるく、近隣諸国の不信を払拭できていない弊害を考えると、無条件降伏撤回という譲歩までも日本が勝ち得ていたらどうなったことか、おおよそ察しがつこうというものだ。
　無条件降伏要求を宣言したという既成事実のもとでは、その宣言を撤回することはきわめて難しく、デメリットが大きすぎるのである。無条件降伏要求から逸れることが難しいのであれば、倫理的にも、原爆投下に限った評価をするべきであって、その前提を形成した無条件降伏要求の是非を原爆論議

に持ち込むことはフェアでない、と言えるだろう。当面の文脈内の問題解決として原爆投下が正しかったかどうか、だけを論ずるべきである。重病の人を治療するために大手術をする場合、病気という前提が嘆かわしい状況だからといって、手術も否定されるべきだということにはならない。病気は今さら撤回できないからである。同様に、「無条件降伏要求」がもたらした悪しき状況を打開するために、原爆という荒療治しかないならば、無条件降伏要求という今さら撤回できない状況の是非を原爆投下の倫理的評価に読み込んでも意味がないのである。無条件降伏要求政策は原爆投下の遠い原因であり、背景であって、行為としての原爆投下の是非に無条件降伏要求の是非はもはや影響しない。無条件降伏要求が与えられた上での**条件付き判断**によって原爆投下の是非を評価せねばならない（「条件付き判断」の重要性は、ヨーロッパ第一戦略の実施法の矛盾を考えた第8問でも確認された）。

　いきなり「P」とだけ述べると疑わしいとしても、Qという文脈下では「P」が正しいと認められる場合、「QならばP」という命題を正しいと認めるべきだ、という論法は、論理学で「**演繹定理**」と呼ばれる。その逆も同様。「QならばP」が正しいならば、Qという条件下では裸の「P」が真と認められねばならない。Pを原爆投下、Qを無条件降伏要求と読めば、本問での「条件付き判断」推奨の議論が「演繹定理」に即したものであったことがおわかりだろう。

　以上、①そもそも無条件降伏の要求は正当だったと考えるべき理由があること、②無条件降伏要求の文脈が設定されればそこから外れることは至難なので、かりにその文脈が間違った前提に立っているとしても（無条件降伏を要求すべきでなかったとしても）、原爆投下にはもはや罪を転嫁できないこと、この二点を確認すれば、肯定派にとってはとりあえず十分だろう。

　　　　　　　　　📖 ロナルド・タカキ『アメリカはなぜ日本に原爆を投下したのか』草思社
　　　　　　　　　　　📖 福田和也『第二次大戦とは何だったのか』ちくま文庫

25 日本国民の自由意思なら結構ではないか？
寛容の原則

　無条件降伏の要求を緩和すれば、日本は嵩にかかって和平条件を吊り上げる、などというのは本当だろうか？　当時の日本にそんな余裕があったとは思えない。現に、1943年12月1日のカイロ宣言で「日本の無条件降伏」が目標に掲げられたのに対し、ポツダム宣言では「日本軍の無条件降伏」と変わっていることに、日本外務省は降伏しやすくなったと喜んだくらいである。条件緩和によって喜びこそすれ、アメリカを侮るなどという心理状態には程遠かったことがわかる。

　つまり、「無条件降伏要求の文脈が設定されればそこから外れることは至難」などということはなく、連合国側から天皇制の容認を告げることによって、日本にポツダム宣言受諾を促すことはできたのではないだろうか。第20問等で見たように、大きな突発的事件なしに急に戦争をやめることは、国民にとって確かに理解しがたく、政府は国民の信頼を一時失うだろう。しかし、天皇が安泰ということならば、一時的な混乱を通過した後に国民も納得するに違いない。なにより、連日の激しい空襲から解放されるだけでも、国民は終戦を大歓迎したはずである（事実、終戦を喜んだ日本国民の声の圧倒的多数は「これでもう空襲を受けずにすむ」だった）。アメリカ側も、戦争終結さえ勝ち取れれば、無条件降伏要求修正というトルーマンの「弱腰交渉」も一時的な反発を乗り越えて、広くアメリカ世論の納得を取りつけることができたはずだ。

　肯定派はどう反論できるだろうか。

答え：
　肯定派は、論理学に訴えてアメリカを擁護することができる。すなわち、ポツダム宣言はすでにこのままで天皇制を認めているではないか、と主張で

きる。ポツダム宣言の全文、とくに第12項を素直に読んでみよう。

「(第11項までの) 前記諸目的カ達成セラレ且日本国国民ノ自由ニ表明セル意思ニ従ヒ平和的傾向ヲ有シ責任アル政府カ樹立セラルルニ於テハ聯合国ノ占領軍ハ直ニ日本国ヨリ撤収セラルヘシ」

　第12項が認める政体の種別は特定されておらず、「日本国民の自由意思に従って樹立された責任ある平和的政府」とだけ言われているのだから、「天皇制を除外する」と明記されていないかぎり、天皇制維持は可能だと読まれるべきだろう。論理的には、除外が明示されていない事柄は禁じられていないと考えられる。それが**寛容の原則**」と呼ばれる談話のルールである*。もちろん、天皇制の廃止は**自明の前提**であると連合国が考えているのだとしたらこの言い分は通用しないだろう。自明の事柄は明言されないのが普通だからである。とくに、第10項にある「厳重なる処罰を加えらるべき戦争犯罪人」に天皇が含まれているかどうかがはっきりしない以上、ポツダム宣言が天皇制維持を認めたものとして読めるかどうか日本の指導者らは確信できなかったのである。

　しかしこれも論理的に考えれば、心配には値しない。天皇裕仁に責任が認められて、かりに罰せられたり退位させられたりしたとしても、それは裕仁個人に対する対処であり、天皇制が廃止されることは必然化されないだろう。実際、東条英機や広田弘毅が戦犯として罰せられることが、ただちに日本の内閣制度廃止に結びつくと心配した日本人はいなかったはずだ。天皇制についても、個人の訴追と制度の弾劾とは切り離して考えるべきである。そして第10項も、天皇制については何も述べていないのである。となれば、第12項の素直な解釈が優先され、「日本国民の自由意思に従って樹立された平和的政府であれば、天皇制であっても、認められる」と考えるべきなのである(「責任アル」という修飾句も付いているが、「国家を正式に代表する」というほどの意味で、天皇制の場合はこの条件が当然付与されるだろうから、略しても同じである)。

　こうして論理的にはポツダム宣言は、反天皇制的な含みは一切持っていない。天皇制について述べていないという理由でポツダム宣言に回答拒否したことを日本が自己正当化できるような論理は成り立たない。勝手に気を回して、容認が含意されていた天皇制が実は否認されているかもしれぬとことさ

らに不利に解釈してポツダム宣言を拒絶（黙殺）してしまった日本に全面的な非がある。そう言われて当然だろう。

のみならず日本政府は、ポツダム宣言を天皇制への脅威と考えたことによって、天皇制に対する自らの疑念——自信のなさを露呈してしまった。すなわち、第12項の認めた「日本国民の自由意思に従って樹立される平和的政府」には天皇制が該当しない可能性が高い、と日本政府が考えていることを白状してしまったのだ。ということは、日本政府の認識では、天皇中心の国体は「日本国民に自由意思で選ばせたら選ばれないであろう」政体であるか、または、「平和的」ではありえないか、いずれかだったということである。専制的であるかまたは好戦的であるか少なくともいずれかである政体。日本政府のこの国体観は、天皇制＝国体なるものが〈自由と平和〉という国際基準に合致しない政体であることを吐露していることになろう。ならばまさしく、廃止されねばならない政体だということである。ますますポツダム宣言を呑んで反省すべき道理だろう。

こう考えると、国民の自由と世界平和に敵対した日本の国体なるものを守るためと称して降伏を遅らせた日本政府にこそ、原爆被害の責任があるということになるだろう。

☑ **無制限変項の原則**

＊　寛容の原則は、通常は、「相手の発話をなるべく真となるように解釈せよ」という指令として提示されるが、本質的な趣旨は、「条件が明示されていなければすべて含み入れるべし」ということに帰着する。寛容の原則は、常識の一部として当然視されている。ｘｙ座標のグラフで、「$x \geq 0$を塗りつぶせ」と言われたら、誰でも、図1のように塗るはずだ。ここで、$y \geq 0$かどうか確信が持てないから図2のように塗りました、というのではもちろん不正解である。そのような塗りかたでは、「$x \geq 0$」が真となる範囲を意地悪く狭めてしまっており、寛容ではない。$y \geq 0$かどうかについては述べられていないのだから、寛容に、ｙはどんな値でもよいとすべきなのである。

図1 図2

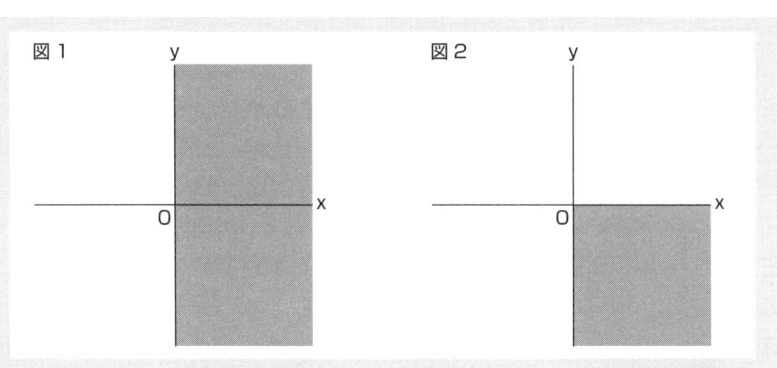

xを政体の性格とし、x≧0を「日本国民の自由意思に従って樹立された平和的政府」とし、yを政体の種別とし、y≧0を「天皇制」と考えよう。「x≧0を選べ」というポツダム宣言の指示を、「図2のように塗れ」という指示としてあえて受け取る必要はない。図1のように、y≧0の天皇制を当然のように含み入れ、塗られた領域の中の任意の箇所から戦後政府を選べばよい。

x、yのような「変数」(論理学では「**変項**」という)は、特別な条件が付記されていないかぎり、すべての値にまたがっているという原則は、論理学では「**無制限変項の原則**」と呼ばれる。無制限変項の原則の日常談話バージョンが、寛容の原則である。

半藤一利、湯川豊『原爆が落とされた日』PHP文庫

26 /62

「国体護持」の論理とは何なのか?
「認める」という関係

しかし、ことはそう簡単ではない。ポツダム宣言第12項が天皇制を禁じていないとしても、そして天皇中心の政府が「日本国民の自由意思に従って」選ばれるという自信を日本政府が持っており、しかもそ

> れが平和的政府でありうる確信を抱いていたとしても、第12項は認められない、という反発が日本の指導層の中にあったのである。それはなぜだろうか、そしてそれは正当な反発だろうか。

答え：
　当時の枢密院議長だった平沼騏一郎は、かりに「日本国民の自由意思に従って樹立された平和的政府」に天皇制が含まれるとしても、国民の意思によって天皇が認められるなどということ自体、許し難いことだと主張した。天皇は、国民の意思なんぞによって選ばれる俗な存在ではない。神意によって日本の統治を定められたのが天皇でなければならないのである。
　ポツダム宣言が天皇制を認めているとしても、第12項のような形で天皇制が再認されるというのは国体破壊も同然だ、という見方がこうして成り立つことになる。平沼のようなオカルト国体論者によれば、単に天皇制が形だけ保たれればよいというものではないのだ。
　ちなみに、今から見ると奇異に感じられるこの平沼的こだわりは、当時の日本においては異端ではなく、むしろ政治的に主流の考えだった。たとえば、1928年パリ不戦条約（ケロッグ・ブリアン条約）に日本も署名したが（8月27日）、その第1条「締約國ハ國際紛爭解決ノ爲戰爭ニ訴フルコトヲ非トシ且其ノ相互關係ニ於テ國家ノ政策ノ手段トシテノ戰爭ヲ抛棄スルコトヲ其ノ各自ノ人民ノ名ニ於テ嚴肅ニ宣言ス」について、翌年6月27日、「政府宣言書」として次のような但し書きを付けている。
　「帝國政府ハ千九百二十八年八月二十七日巴里ニ於テ署名セラレタル戰爭抛棄ニ關スル條約第一條中ノ『其ノ各自ノ人民ノ名ニ於テ』ナル字句ハ帝國憲法ノ條章ヨリ觀テ日本國ニ限リ適用ナキモノト了解スルコトヲ宣言ス」。
　この保留は、主権は天皇にあるという原則が守られねばならぬという理由によってだった。つまりポツダム宣言第12項が大日本帝国の論理と相容れないのは、17年前にパリ不戦条約第1条が忌避されたのと同じ理由によるのである。
　ただしこの天皇中心の国本主義を潔癖に貫くと、連合国もしくはポツダム宣言によって天皇制を容認されることが天皇制存続の根拠である、ということ自体、国体の本質に反することになってしまうだろう＊。日本の政体に外

国が許可を与えるなどという事態にはとうてい応じられまい。つまりは、日本が戦争に勝って、日本の意のままに天皇制を継続するのでないかぎり、天皇制維持には意味がなくなることになってしまう。このような立場がゆきつく先は、徹底抗戦あるのみだろう。

　平沼騏一郎も、神がかり国本主義ではやってゆけないことに気づいたのか、国体護持ができそうだという感触が得られた時点でポツダム宣言受諾に賛成するようになった。

☑ 外的関係、内的関係

＊　AがB「を認める」「を好む」「を知る」「より大きい」「に似ている」などの関係は、AとBとの間の「**外的関係**」と呼ばれる。外的関係は、因果関係を必ずしも伴わない論理的な関係である。それに対し、AがB「を壊す」「を濡らす」「から生まれる」「を運ぶ」「に焼かれる」などの関係は、「**内的関係**」と呼ばれる。内的関係は、因果関係を伴う関係で、それが成り立つかどうかによってAやBそのものの性質を変えてしまう関係である。

　外的関係の多くは単に名目的な関係であり、AやBそのものの性質とは独立なので、実利的には重視しなくてもよい場合が多い。外的関係の過度の重視から、さまざまな魔術的拘束が生ずる。戦没者と靖国神社との関係――たとえば「に祀られる」という関係――は、被祀者の遺骨や遺品が靖国神社に置かれているわけではないため、典型的な外的関係であり、単なる名目的・制度的な関係なのだが、その存否が戦没者の遺族や愛国主義者にとっては重要な意味を持つことがある。

半藤一利編『日本のいちばん長い夏』文春新書

27 /62

面子と面子の衝突は腹芸で妥協？
暗示的意味

　前問で見たように、日本政府は結果としての国体護持さえできる保証があれば、ポツダム宣言を受諾する用意ができていた。むろん、平沼らがポツダム宣言受諾に賛成したのも、原爆投下とソ連参戦の背景あってこそではあろう。とはいえ、国体護持が最重要の要因であることに変わりない以上、アメリカは、原爆投下の前にその保証を与えるべきだった、という否定論それ自体は依然正しそうではなかろうか。

　つまり、原爆投下前に天皇制の保証を与えることに、日本国内の和平派を力づける相当の効果があったならば——国本主義者と抗戦派を説得する論拠を和平派に持たせる可能性が少しでもあったならば——、当然、アメリカは天皇制の保証を与えるべきだった。天皇制の保証にかりに幾ばくかの害や損失が伴うにせよ、早期終戦の可能性はそれを補ってあまりある潜在的利益ではなかっただろうか。

　肯定派としては、これにどう応じるべきだろう。

答え：
　なるほど、アメリカ政府と日本政府との駆け引きならば、アメリカが無条件降伏要求を弛めて天皇制維持を認める通告をすれば、外務省は喜んで応じ、首相も同意し、日米両国民の一時的な戸惑いはたちどころに終戦の喜びにとって代わられることだろう。原爆投下などよりよほど喜ばしい結果になったに違いない。

　しかし忘れてはならないのは、日本の戦争方針を左右していたのは、政府よりも軍、とくに陸軍だったことだ。ポツダム宣言発表直後に「これを拒絶するとしたら愚の骨頂」と主張する外務次官松本俊一に東郷茂徳外相は同意しながらも、陸軍が納得しないだろうこともわかっていた。陸軍は、和平派との共通条件「天皇の安泰（国体の護持）」に加えて、「武装解除は日本軍自

身の手で」「連合国による日本占領はなし、または最小限」「日本の戦争犯罪人の処罰は日本自身の手で」という計４項目に固執していた。これは、連合国がとうてい呑める条件ではなく、徹底抗戦すると言っているに等しい。

　日本の軍が無条件降伏を拒絶している以上、そして陸軍大臣の辞職によって内閣を自由に倒し、軍の意に添わぬ政策はことごとくつぶす権限を陸軍が握っている以上、かりにトルーマンが捨て身で無条件降伏要求を引っ込め「弱腰提案」をしたとしても、日本政府はそれを受け容れられなかっただろう。弱腰提案をするだけでも冒険なのに、それを拒絶されたとあっては、アメリカの立つ瀬がない。完璧な勝ち戦なのに、そのようなリスクを冒さねばならない必然性はアメリカにはさらさらなかったのである。

　無条件降伏要求を引っ込めて国体維持を認めれば、確かに日本国内の和平派を元気づけることはできただろうが、継戦派を抑えさせることはきわめて難しかった。トルーマンが無条件降伏要求を貫徹したのは、無理なかったのである。

　さらにもう一つ、アメリカ政府と日本政府との駆け引きでは済まないというべき要因がある。アメリカ以外の連合国の意思である。アメリカは、戦後戦略を睨んで天皇制を認める用意ができていたが、東京裁判でオーストラリアのウェッブ裁判長が天皇の訴追を主張したことからわかるように、アメリカ以外の連合国が1945年７月の時点で天皇制容認に同意できたかどうかは怪しい。日本と交戦中のすべての連合国を代表する宣言であるためには、意見の相違がありうる事項については沈黙せねばならないのは当然のことだろう。ポツダム宣言に天皇条項は書かれてはいけなかったのだ。

　ちなみに、８月10日に日本政府が「天皇の国家統治の大権を変更するの要求を包含し居らざることの了解の下に」ポツダム宣言を受諾すると回答したのに対する「バーンズ回答」（11日）は、「降伏の瞬間から、天皇および日本政府の国家統治権は連合国最高司令官に従属することになる（shall be subject to）」と述べ、「日本政府の最終形態は、ポツダム宣言に従い、日本国民の自由に表明された意思によって確立されるものとする」と、「国民の自由意思」を繰り返している。天皇の大権がどうなるかについては直接答えていないが、この煮え切らぬ答え方には、アメリカの苦慮が滲み出ていると言えよう。国内の強硬派や中国、オーストラリアをはじめとする連合国の不

確定の意向を尊重しつつ、日本に対しては「国民の自由意思だよ、わかるだろ、だから早く降伏しろ」と合図を送っているわけである。

　日本の外務省は、継戦派を刺激しないようにsubject toを「制限のもとに置かれる」と軟らかく訳した。これに対し陸軍は「隷属する」と強く訳し、国体の護持ができないとして連合国への再照会（事実上のポツダム宣言拒否）を主張した。制限か隷属かの水掛け論が14〜15日の陸軍クーデター未遂（宮城事件）までもつれ込んでゆく。

　土壇場まで日米双方が「腹芸」を使って自陣内部の対抗勢力を宥めなければならなかったところに、日本降伏の難しい状況が見てとれる。腹芸は、明言した事柄において責任を問われることなく、非公式の**暗示的意味**を頼りに不利な収束を避けようという知恵である。戦後占領政策に天皇を利用する方針をアメリカ政府はほぼ決めつつあったとはいえ、実際の戦後政策はどう転ぶかわからない状況ゆえ、とてもではないがアメリカが独断で「天皇制もOK」と明言などできなかった。そこで言質を互いに取らせないまま日本とアメリカの間で、双方の「阿吽の呼吸」で妥協点を暗黙に探り当てたといったところだろうか。

　　　　　　　　　　　半藤一利『日本のいちばん長い日』文春文庫

28 /62

単独不講和を協定しておいて降伏などできない？
心理的拘束と論理的拘束　多重決定　選択効果

　否定派は、まだまだ原爆投下を非難するための切り札を持っている。肯定派は、それらにすべて答えなければならない（**立証責任**。☞第1問の注）。ひとつでも弁明できない要因があれば、否定派のほうが正しいということになる。よって、どんな些細なまたは強引な理屈に見えようとも、否定派が提示する原爆投下批判論に対してはいちいち答えておく必要がある。

28　単独不講和を協定しておいて降伏などできない？

　たとえば、否定派のさらなる理由として、「日本はすでに和平の申し入れをしていた。それを知りながら原爆投下の警告を与えなかったのは人道にもとる」というのがある。これに対しては、「日本政府は連合国に対して直接に和平を申し入れてはおらず、ソ連に対して調停を要請していることが米英に暗号解読されたり、スターリンから米英にこっそり伝えられたりしていたにすぎない」と答えられよう。日本陸軍が、米英との直接交渉に猛反対していたのである。

　米英の観点からしても、戦後に敵となることが予想されるソ連のような国と秘密交渉しようとしている日本に対して、率直な和平交渉など期待できなかっただろう。日本が、米英とソ連の利害対立を利用して少しでも有利な対米英講和を狙っていることは明らかだからである。原爆の完成についてはポツダムでトルーマンがスターリンに非公式かつ漠然と伝えはしたが、日本に原爆の存在を教えるなど論外だった。

　日本政府は、1945年夏の土壇場までもつれ込まずとも、1944年のサイパン失陥とか、レイテ沖の連合艦隊壊滅とか、1945年5月のドイツ降伏といった各節目を捉えて和平交渉をすることもできたのではなかろうか。そして、軍を抑えるために天皇を和平交渉の主体に担ぎ出すこともできたのではないだろうか。この可能性の考察は、原爆投下の主責任を日本政府に負わせることが正しいかどうかの議論となる。

　原爆投下は日本政府のせいだとする立場は、実質的に、肯定派と同じことになる。肯定派は、アメリカが日本に原爆投下したことについて正しかったと肯定する立場なので、日本政府の責任だったということであればアメリカがそれだけ免責され、肯定派に寄与するからである。肯定派と否定派の対立について、投下の主体に言及せず「原爆投下はやむをえなかったかどうか」とだけ解釈しても同じことである。日本政府の失策で原爆投下に至ったという指摘は、肯定派に与するものとなる。

　さて、原爆投下がなされなくとも、日本が自主的に降伏する可能性、あるいは少なくとも、本気で休戦工作を進めている形跡はあっただろうか。

答え：
　これは、第22〜24問で見た「無条件降伏」論の補足にあたる。「無条件降伏要求」という厳しい要因が日本の降伏を心理的に遅らせたことは事実だが、もう一つ、論理的に日本政府の降伏を不可能にしていた事情があったのだ。1941年12月11日、真珠湾攻撃の直後に急遽、ベルリンで調印された「日独伊単独不講和協定」である。この協定は、日本、ドイツ、イタリアのいずれも「相互ノ完全ナル了解ニ依ルニ非サレハ『アメリカ』合衆国及英国ノ何レトモ休戦又ハ講和ヲ為ササルヘキコトヲ約ス」としたもので、ムッソリーニ失脚後のバドリオ政権が1943年9月に単独講和したときに日独から裏切り者呼ばわりされたのは、この協定に反したからである。
　日独伊単独不講和協定が結ばれた理由は、日本がアメリカと戦うにあたって、ドイツとイタリアにもアメリカと戦ってもらおうとしたことが第一である。すでに結ばれていた日独伊三国軍事同盟には、一国がある国（現ニ欧州戦争又ハ日支紛争ニ参入シ居ラサル一國）に攻撃された場合に他二国が参戦する義務は記されていたが、一国がある国を攻撃した場合に他二国がどうすべきかは記されていない。よって、日本の攻撃によって始まった日米戦争は、独伊の参戦を義務づけはしない。これは、独ソ開戦のとき日本が中立を守ることができたのと同様の理屈である。
　しかし日本は、独ソ開戦時にイタリアが「義務でなく好意から」対ソ参戦したのと同様、対米戦争への独伊の参戦を期待した。ヒトラーはそれまで、慎重にアメリカとのトラブルを避け、対米開戦を防いできた。しかし、アメリカはすでに交戦国も同然だとヒトラーは見なしていた。アメリカは派兵こそしていないものの、武器貸与法でイギリスとソ連に軍需物資を供給し、独伊の戦争遂行を間接的に妨害していたからである。よってヒトラーから見れば、アメリカ軍が日本軍によって太平洋に釘付けにされるなら、むしろ事態は好転すると考えられた。そこで、三国同盟の「精神に従って」日本を支援することに決めたのである。
　ただし日清・日露戦争のときのように、日本が戦局有利な段階で勝ち抜けする中途半端な休戦を結んでしまっては意味がない。よってドイツが対米宣戦するためには、「決して途中で戦線を離脱しない」という約束を日本から取りつけることが必須だった。こうして、日本からの対米参戦要請に対して

ヒトラーが返した要求が、単独不講和だったのである。これで日本に対する疑念を晴らして、ドイツは対米宣戦に踏み切ることができた（ヒトラー自身は条約や協定を破る常習犯でありながら、他国の条約遵守の意思は信用するという——しかもこのときの相手は対米交渉中背信行為を犯したばかりの日本——ヒトラーとはつくづく不思議な人格である）。

　こうして日本が自らの利益のために、単独不講和の義務と引き替えに独伊を対米戦に引き込んだという構図が成り立つ。ヒトラーとムッソリーニは個人的に日米開戦を歓迎し狂喜していたが、彼らの周囲の政治家や軍人はほとんど全員が対米宣戦は自殺行為だと認識しており、この意味で、枢軸同盟における日本の責任は重いと言える。ドイツ・イタリアの惨敗の責任の一端は、日本にあるのである。

　そのような論理に束縛された日本が、ドイツより先に降伏することは信義上、ありえなかった。山本五十六は、緒戦の勝利の後、「これまでの占領地を放棄することを条件に、ただちに対米英講和を結ぶべきだ」と言ったという。それが最も賢い「日露戦争パターン」だったに違いなく、中国問題も日本に有利に解決するよう米英を促すことも可能だったかもしれない。が、単独不講和協定の存在は、同盟国へのそのような背信・抜け駆けは許さなかったのである。かりに政府が天皇を擁して軍を抑えようとしても、徳義に聡い助言者を多数有する天皇自身が首を縦に振ることはなかっただろう。

　結局のところ、ヒトラーの対日疑念とは裏腹に、皮肉にもドイツが先に単独不講和協定を破る羽目になってしまった。ドイツが日本との協議なしで無条件降伏したとき、日本政府は東京のドイツ大使館に正式抗議している（ただし抗議は的外れである。ドイツは政府としては降伏しておらず、というより本国政府が消滅状態だったために降伏すらできず、国防軍代表が降伏文書に調印しただけだからである）。単独不講和協定は、連合国の無条件降伏要求のネガだったと言えよう。枢軸国を**心理的に**後戻りできなくしたのが無条件降伏要求だったとすれば、枢軸国を**論理的に**拘束したのが単独不講和協定だったのである。その視点で見ると、連合国の無条件降伏要求が正当化できるかどうかという前問までの考察に対しては、「枢軸側が単独不講和協定などという結束をしているかぎり、容易な休戦は望めず、個別の講和も望めず、よって日独伊の徹底抗戦を前提した無条件降伏要求は正しかった」と論ずる

こともできる。

このように、単独不講和協定の存在に照らせば、「無条件降伏要求が戦争を長引かせた」という批判は実質的には成り立たない。心理的には連合国の無条件降伏要求は日独の降伏を遅らせてしまったが、その悪しき効果はすでに、枢軸側の単独不講和協定によって論理的に先取りされてしまっていたのだ。第二次大戦が長期戦となることは、複数の原因によって「**多重決定**」されていたわけである。

ちなみに、日本政府の和平申し入れなるものは、第二次大戦を通じて、たえず何らかの形で行なわれていた。盧溝橋事件勃発後、早速さまざまな筋を通して日本政府は何度も国民政府との休戦を模索した。日本から和平解決条件をいくつも提示し、駐華ドイツ大使トラウトマンにも仲介依頼をし（1937年7月）、「國民政府ヲ對手トセズ」の近衛声明にもかかわらず日中交渉をさかんに続け、汪兆銘の重慶脱出（1938年12月18日）のような結果ももたらした。他にも桐工作、松岡・錢永銘工作など無数の試みがなされ、日中戦争は戦闘より和平工作のほうが主だったとすら言われる。泥沼に入り込んで主要仮想敵（米英ソ）との戦争準備の妨げとなること必定の日中全面戦争をなんとか収拾しようという軍の危機感は、対米英戦末期に劣らぬものだった。実際、国民政府相手の休戦工作は、1945年の対ソ仲介依頼よりもはるかに活発に、政府と軍の両面ルートで、しかも交戦相手との直接交渉によってなされていたのである。なおソ連への仲介依頼といえば、対米英戦争が不利になってからは対ソ仲介依頼による日中戦争休戦も幾度となく模索されている（日本は自らの戦争を終わらせる試みだけでなく、独ソ戦争調停役まで買って出ていた）。

それでも日中戦争和平工作は実を結ばなかった（失敗した根本理由は第35問で見る）。その先例に照らしても、「日本は和平の申し入れをしていた」という単にそのことが日本の誠実な休戦意思の証明として薄弱であることはおわかりだろう。大義名分のない日中戦争ですら終結させられなかった日本政府が、ましてや大東亜共栄圏という大義名分を掲げた対米英戦争を外交で解決することなどできようはずがなかった。

対米英戦争でも、1943年から和平の模索が活発になされ、とくに44年6月サイパン失陥後には東条内閣打倒工作が岡田啓介、木戸幸一、近衛文麿、

高松宮などとくに宮中グループを中心に進められ、同時に「聖断」による和平が画策されて、ポツダム宣言受諾のときのモデルとなった。天皇の東条に対する信任の厚さと、これまた天皇の継戦への固執（陸軍の「一撃論」への心酔）に遭って工作は難航したが、東条内閣辞職は7月18日実現した。もしも原爆投下に匹敵する大ショックが44年8月にもたらされて日本が降伏していたとしたら、その場合もまた「そんなショックは必要なかった、東条内閣更迭からもわかるようにすでに和平工作は進み日本は降伏寸前だった」と後知恵で言い立てられたことだろう。しかし当時の和平工作は、近衛上奏（45年2月14日）など活発な国内工作を生みつつも周知の通り日本降伏の原動力には程遠かった。45年のソ連への仲介依頼もその程度のものではなかっただろうか。

戦争末期のソ連への働きかけが有名なのは、ソ連参戦という事件による破綻の劇的効果ゆえである。同じ時期にバッケ工作、リスボン工作、小野寺工作（スウェーデン工作）、藤村工作、バチカン工作、ヤコブソン工作など、主に中立国を舞台としたさまざまな和平工作がなされたが、この夥しさは、どれも実を結びそうな形跡すらなかったがゆえに、却って日本の指導者層の頑迷さ、徹底抗戦気運の堅固さを際立たせるだけと言えよう＊。

「和平の試み」は日本政府によって戦争中常時、数限りなくなされていた。しかしソ連への工作以外は忘れられ、記録もおおかた破棄された。終戦に隣接しかつ劇的な破綻を遂げた和平申し入れだけが、印象と記録による「**選択効果**」によって結果的に際立ったものになっているにすぎない。1945年7月以降の対ソ工作のとりえは、それが終戦間際に最悪の方向に向けてなされていたため人々の記憶に残ったという一点だけである。それは多数の無益な埋もれた工作と同質のものにすぎず、他に比べて切羽詰まってはいたかもしれないが、とりたてて真面目なものとも有望なものとも思われないのである。

盧溝橋事件以降なされた無数の終戦工作、とりわけ対米英開戦後の和平工作のほとんどは、海軍と宮中を中心とする保守勢力が戦後の支配権を得るために陸軍勢力を捨て石にしたアリバイ工作だった。戦後にも戦前の既存体制（国体）を保つことを唯一の課題とした政治的工作について、沖縄・広島・長崎のような多大な犠牲を避けようとした「下万民の為め」（45年6月9日、木戸幸一「時局収拾対策試案」）の和平工作だったと言いくるめるほどの偽

善はない。歴史の偶然によってたまたま終戦直前に位置することになった和平工作を原爆投下非難の弁明として使うのは、議論の一ステップとしては有用かもしれないが、日本支配層の和平工作なるものの実態を直視したとき、下万民の為めに原爆終戦よりもましな未来をもたらしえたとはとうてい思えないのである。

☑ ハンディキャップ原理　独立の証拠

＊　この種の逆説的説明は「ハンディキャップ原理」と呼ばれるメカニズムにもとづいており、取り扱い注意である。「ハンディキャップ原理」は進化生物学の用語で、「明らかに生存に不利な性質を持っている者のほうが、異性にモテて子孫を増やす」という一見不合理な現象を説明する理論だ。ツバメの中でも尾の長いオスほど、ウグイスの中でも啼き声の派手なオスほど、メスにモテる。栄養やエネルギーを浪費するだけでなく、捕食者の注意を惹いて襲われやすいのにである。ハンディキャップ原理では次のように説明する。「ハンディを負っていても立派に生きているという事実は、その個体が通常より強い生命力を持っている証しである。だからモテるのだ」。男が女の前で気前よく金を使うのは、「浪費できるのはそれだけ余裕がある証拠」という本能的アピールの名残であるという。浪費そのものは不利な性質だが、それが他のいっそう有利な一般的性質の一証拠となっているのである。

　実際、20世紀前半までは、戦争のような明らかに不利な国家事業を熱心に行なう国家ほど、経済・学芸など一般に国家的機能の高い第一級国家だという傾向があった。戦争もハンディキャップ原理の例だったのである。現在も、戦争とはいわずとも、スポーツや芸術のような「浪費的な」文化に多くの費用と労力を費やす国ほど、経済や教育など「実利的な」機能も高い傾向があることは否めない。

　しかし、ハンディキャップ原理の逆説的説明を使えば、どんなデータも、任意の事柄の証拠として解釈できてしまう。幸運の壺を高額で購入した人が立て続けに不運に見舞われ、「壺が幸運を呼ぶというのはウソだった」と悟るかわりに「この壺がなかったらもっとひどいことに

なっていた」と安堵するような例は、日常よく見かける〈ハンディキャップ原理の誤用〉である。「日本が和平工作をたくさん行なったということは、それほど工作があっても戦争を続けた日本に和平の意思が乏しかった証拠」というのも危うげな逆説的説明である。が、一定の信憑性はある。というのも、各々の和平工作に対し、本国が非協力的だった形跡が多々みられるからである。たとえばスウェーデン工作に携わった公使館付武官・小野寺信少将自身が、参謀本部から「中央ノ方針ニ反シ和平工作ヲスルモノアルヤノ情報アリ。貴官ニオイテ真相ヲ調査ノ上一報アリタシ」（6月24日）という警告の電報を受け取っているし、小磯内閣の重光葵外相からスウェーデン駐日公使に和平工作依頼したバッゲ工作にしても、鈴木内閣に計画が引き継がれていなかったためスウェーデン外務省も動けなくなり立ち消えになってしまった。対ソ交渉と同様、どの和平工作も場当たり的・博打的で、継戦意志の回転運動から漏れ出た廃熱のようなものと見なすのがおそらく正しいのである。

　このように、日本の和平工作については、ハンディキャップ原理は一応適用できそうである。逆説的な仮説に対して、ハンディキャップ原理の単なる適用とは**独立の証拠**がある場合にのみ、ハンディキャップ原理による補強的説明が発動されるべきであろう。

マルティン・ボアマン『ヒトラーの遺言』原書房
小野寺百合子『バルト海のほとりにて──武官の妻の大東亜戦争』共同通信社
小林英夫『日中戦争と汪兆銘』吉川弘文館
纐纈厚『日本海軍の終戦工作』中公新書
竹内修司『幻の終戦工作』文春新書

29　ドイツ降伏は絶好のチャンスだったか？

大東亜共栄圏　ダブルスタンダード　天災論

　ドイツが降伏して（正確にはドイツ政府が消滅して）、日本に同盟国

がなくなった時点で、単独不講和協定は失効した。ならば、その時点でなら、日本はただちに降伏してもよかっただろう。南原繁ら「東大法学部七教授の和平構想」でも、終戦の最善のタイミングはドイツ降伏のときだとしている（その他にも、アメリカと直接交渉すべきでありソ連を仲介に頼んではならない、終戦後は天皇は退位すべきである等の卓見が列挙されている）。

　たしかに、単独不講和協定失効と同時に降伏すれば、沖縄での流血は半減され、満州の悲劇も原爆投下もなかった。なぜそれができなかったのだろうか。

答え：
　ドイツ降伏は、原爆投下やソ連参戦とは違って、何ら日本に精神的打撃をもたらした形跡がない。その理由は、何ヶ月も前からドイツ降伏が時間の問題であることがわかっており、正式に降伏調印された５月８日が特別な日として認識されなかったことが大きいだろう。当のドイツ人にとっても同様で、国内が順々に米英軍とソ連軍に占領されていったため、占領地の人々にとってはその時に戦争は終わったのであり、日本人にとっての８月１５日に相当するような「国民共通の劇的な日」はドイツには存在しなかったのである。

　前問で見た単独不講和協定の経緯を考えると、単独不講和協定を守る義務が最も大きかったのは、その協定で最も利益を得た日本だったことがわかるはずだ。連合国のヨーロッパ優先戦略のおかげで、結果的に枢軸国の中で日本の降伏が最後になったのは、日本の信望・名誉にとって幸運なことだった。

　ドイツ降伏が何ら劇的な突発的出来事ではなく虱潰し通常戦争の果てだったことに加え、ヨーロッパの戦争とアジアの戦争は利害の連動もなく（とくに枢軸国側にとっては）ほぼ完全に分離していたので、ドイツ降伏が日本にとって降伏のきっかけとなることはなかった。それでも、ドイツ降伏を「口実」として日本はただちに降伏することはできたのではないか。ちょうど、原爆投下を実質的な衝撃以上に誇張して「口実」に使えたように。

　もしそうしていたら、日本の戦争は、全面的にドイツに依存した戦争だったと表明することになる。ひいては、対米開戦時に必ずドイツを対米参戦させることが日本の決意だったことになり、枢軸国の相互依存を旨とする単独

不講和協定に対する日本のイニシアティブが誇張されることになろう。現実には、相互依存戦略のイニシアティブはむしろヒトラーが握っており、対米開戦に踏み切るための「保障」として日本に提案したのが単独不講和協定だった。日本は、ドイツの対米参戦の有無にかかわらず、そして単独不講和協定の有無にかかわらず、独自に対米開戦に踏み切っていたはずである。実際、真珠湾攻撃前には日本側によって単独不講和協定は想定されていなかった。

　以上の経緯にもかかわらず、ドイツ降伏の直後に日本が降伏していたら、アジアの戦争がヨーロッパの戦争に寄生していたことの公言になる。1945年5月当時の日本の戦況は、降伏直前のドイツに比べればかなり余裕があったので、その時点で日本が降伏するとなれば、ドイツ降伏以外の理由がないことが明らかだからである。実際には米英も蒋介石も、対日戦争の勝利は1年半先のことだと考えていた。その見通しが中国国民党軍の北上を遅らせ、共産党軍に東北の要地へ先着される原因となったほどである。日本の戦争がドイツ降伏によって無意味化するような戦争だというのは、ヨーロッパ戦より2年も前に始まっていた日中戦争の延長に他ならない大東亜戦争の本質に反しているだろう。

　単独不講和協定の失効により、日本の抗戦は完全に自由意思でなされうることになった。拘束がなくなったことで降伏しやすくなったことは確かだが、だからといって即時降伏するとなると、大東亜戦争独自の意味が無化されてしまう。ドイツ降伏の時点で、日本はまだ広大なアジア地域を占領統治したままの状態である。占領地のアジア人民への政治宣伝の手前、欧州戦終結などという疎遠な理由によって日本軍が降伏することは許されまい。欧州戦終結は、日本の徹底抗戦の義務を解除したと同時に、逆に早期降伏への牽制にもなった。「大東亜共栄圏」の真摯度、すなわち大東亜戦争の政治的真価が試されることになったのだ。

　ちなみに、大東亜共栄圏の理念がまやかしであったことは多くの証拠によって裏付けられる（ただし第9問で触れたように現地政権にとって独立は真剣だったが）。最も明白な例は、日本のインドシナ政策に見られよう。日本軍は緒戦において英米蘭勢力を東南アジアから駆逐した反面、仏領インドシナ進駐以降ずっと現地フランス植民地政府と共存しており、戦線拡大後もインドシナでのフランスの主権を認めているのである。フランス本国のヴィ

シー政権がドイツに協力していたからだ。大東亜共栄圏のスローガンとは裏腹に、日本に利益がある場合はヨーロッパ帝国主義のアジア支配を認めたのである。日本によるフランス植民地統治の容認は、1944年6月以降のフランス解放後ドゴール派の圧力が植民地政権におよぶにつれて揺らぎだし、1945年3月9日「明号作戦」（☞第13問）でフランス軍を武装解除・抑留したときまで続いた。日本都合によって帝国主義植民地政策を認めたり認めなかったりする**二重基準（ダブルスタンダード）**の欺瞞があからさまに見てとれるだろう。

　それだけに、日本は大東亜共栄圏思想の誠実性を表面上繕うのに躍起だった。日本のラジオがヒトラーの死を報じた5月2日、鈴木貫太郎首相がラジオで語った言葉が、それを物語っている。「わが戦争目的が大東亜、ひいて世界において道義に基づく共存共栄の真の秩序を建設せんとする人類正義の大本に立脚するものであるので、欧州の戦局の急変によって、わが国民の信念はいささかも動揺するものではない」。かりに「動揺」が生ずるとしたらあくまで東亜で起こる劇的事件によってのみ。仏領インドシナ進駐や明号作戦に見られるように実際にはヨーロッパの戦局によって日本の東亜戦略は大いに左右されたのだが、「大東亜共栄圏」の名目にとっては、ヨーロッパの戦争は無縁でなければならなかった。ドイツ降伏を、原爆投下に匹敵する口実として戦争終結の好機とする理屈は成り立ちようがなかったし、事実どの政治家の頭にもそれは思い浮かばなかった。のみならず第13、24問で見たように、ドイツ降伏は連合国の厭戦気運のきっかけとして日本の休戦工作（降伏ではなく）にとって好機と考えられさえしたのだ。

　前問と本問の考察を合わせるとこうなる。1945年5月8日以前には、日本は道義上、継戦せざるをえなかった。そこまで継戦した以上、5月8日以後も、ただちに大東亜共栄宣伝を放棄する名目は立たなかった。となると結局、原爆投下への道は、1941年12月11日の単独不講和協定調印のときに決定してしまったことになる。日本政府とアメリカ政府の自由意思が効かないところで、不可抗力として原爆投下という劇的終結が決定されてしまったのである。ここから、あの戦争の推移からして原爆投下は必然であり誰が悪いのでもない、という一種の「**天災論（宿命論）**」が帰結する＊。

　日本政府にも原爆投下を阻む政策が残されていなかったとなると、アメリ

カの原爆投下政策の是非ではなく一般的な「原爆投下の是非」を問う意味での論争においてすら、肯定派に分があることになるのである。

> ☑ **天災論、天罰論、天佑論、天命論**
>
> ＊　原爆投下肯定論には、大まかに四類型があるように思われる。
> 　１．**天災論**……物理主義（戦争機械の必然的帰結）、歴史決定論、ニヒリズム、諦念にもとづく立場で、1975年10月31日、訪米後の日本記者クラブ主催公式記者会見における天皇裕仁の言葉「遺憾だが戦争中であるから、やむをえないことである」が典型例。被爆地の復興努力に人間的価値の実現を見る大江健三郎『ヒロシマ・ノート』の基調もこれに属する。
> 　２．**天罰論**……契約説、因果応報説（神秘主義・宿命論・報復論）にもとづく立場で、原爆投下直後のトルーマン演説や、アメリカ大衆の多数意見がこれにあたる。
> 　３．**天佑論**……当時に関する功利主義（原爆投下によって戦争が終わった。助かった）にもとづく立場で、アメリカ政府の公式見解や、米内光政、近衛文麿、木戸幸一、久間章生の発言がこれに属する。
> 　４．**天命論**……現在に関する功利主義（国際協調をめざすために、一方的な被害者意識は捨てようではないか）、契約説（正義論、自覚的倫理志向）にもとづく立場で、元長崎市長・本島等「広島よ、おごるなかれ」、栗原貞子「ヒロシマというとき」など。本島の発言は、しばしば自虐的な天罰論と誤解され、「怒りのヒロシマ　祈りのナガサキ」というイメージにトッピング色を添えた。
> 　天命論が極端化すると「みんながそれぞれ責任を負う」ニヒリズムへ移行しがちである。天佑論と天命論を区別することは、原爆投下そのものの是非と、原爆投下を容認することの是非の区別を際立たせる手がかりとなろう（☞第53問）。

立川京一『第二次世界大戦とフランス領インドシナ──「日仏協力」の研究』彩流社

30 /62

ポツダム宣言とハルノートはそっくりだが……？
構造的同型性

　否定論の理由として、こう言われることもある。「ポツダム宣言への鈴木首相の「黙殺」声明（7月28日）より前に原爆投下命令が出されていた。7月24日にテニアン島に出された原爆投下命令（文書命令は25日）は、準備指令ではなく、無条件の指令だった。これは、日本の返答とは無関係に原爆投下が前提されていたことを物語る」。

　この指摘は、「ポツダム宣言を日本政府が「黙殺」したためにアメリカの世論が激昂し、トルーマンは原爆投下を命ぜざるをえなくなった」という俗説を否定するには有意義だが、「ポツダム宣言への日本の返答がかりに受諾だったとしても原爆を落とす気だったのだ。とんでもない話だ」という批判に繋げるとしたらいかにも無理である。常識的に言って、日本がポツダム宣言を速やかに受諾すればアメリカは原爆攻撃をする名目が立たず、原爆投下命令は撤回されていたことは間違いないからである。実際、トルーマンは投下命令承認時に、スティムソン陸軍長官に対し「ポツダム宣言への日本の回答が容認可能と私が貴官に通告しないかぎり、投下命令は有効である」と訓令した。当然ながら、原爆投下命令は条件付き命令だったのである。そして長崎原爆投下直後、日本の回答はまだないにもかかわらずトルーマンはいささか慌て気味に、大統領命令で以後の原爆攻撃を中止させている。

　しかし、24日にテニアン島に原爆投下命令が発せられていることは、次のような原爆批判に道を開いている。「天皇の地位保証がなければ日本は降伏しないことをトルーマンは知っていた。つまりポツダム宣言は、日本に拒否されることを見越して発せられた陰謀だった。日本に降伏を拒否させて、原爆投下を正当化する口実としてポツダム宣言が始めから意図されていたのだ」。

　これは、最少の犠牲で戦争を終結させることよりも、原爆投下を実

> 行することのほうにアメリカの主目的があったことを意味する。だとすると、やはりアメリカは道義的に非難されてしかるべきではないのか。

答え：
　トルーマン大統領が、「日本はポツダム宣言を受諾しない」と確信していた証拠はたくさんある。何よりもトルーマンの日記に、鈴木貫太郎の「黙殺」声明についての記述がない。そればかりか、鈴木の名すら出てこない。これは、トルーマンが「黙殺」に全然驚かなかったことの証拠であり、予定どおりの進行であることを物語っている。

　この経緯は、真珠湾奇襲攻撃の時のルーズベルトの状況とよく似ている。それまで日米の間で重ねてきた交渉を一気に決裂させる内容の「ハルノート」を突きつけることにより、日本が武力攻撃を仕掛けてくるだろうことはルーズベルトは十分予期していた。というより、むしろ日本に先制攻撃をさせて、アメリカがヨーロッパ戦争に参加するきっかけを摑むことがルーズベルトの目的だったことはまず間違いない。（ただしよく言われるような、ルーズベルトは真珠湾攻撃を知っていながら現地に通告しなかったという陰謀説は誤りである。攻撃場所までは察知されておらず、ルーズベルトは奇襲当日に心底驚いている）。

　開戦時のハルノートと同じような役割を果たしたのが、終戦間際のポツダム宣言だった。開戦時の奇襲攻撃に相当する〈名目上のきっかけ〉がここでは「黙殺」であり、アメリカの欧州戦参戦にあたる〈真の目的〉がここでは原爆投下であり、チャーチルからの参戦要請にあたる〈外部のプレッシャー〉がここではソ連の脅威だった。パラレルな対応、つまり「**構造的同型性**」が成り立っている。外交音痴の日本は、開戦時も終戦時もまったく同じパターンで、アメリカの罠にまんまと引っかかったのである。

　開戦時に関しては、細かく見るならば、一方的にアメリカが騙し、日本が騙されたという図式は成り立たない。日本艦隊がインドシナに向かっているという誤報がルーズベルトに伝えられ、それがルーズベルトの態度硬化を招いたと言われるが、これは、アメリカ国内の開戦を望む勢力が大統領に意図的に誤報を流したとも言われ、ルーズベルト自身が騙されていた面もあった

らしい。他方、日本軍部には、アメリカ挑発を推進した開戦派がおり、南部仏印に進駐すればアメリカが強硬策で応じることを知っていながら、アメリカは強硬に出まいと政府と大本営に進言して南部仏印進駐を実現させた、というのが定説だ。この意味では、ハルノートは日本軍部開戦派の思惑どおりだったと言えよう。しかしポツダム宣言の時について言えば、崖っぷちに立った日本には策謀の余裕はなく（対ソ交渉という稚拙な策を除いては）、一方的にアメリカの計略が図に当たる展開となった。

　ちなみに、ポツダム宣言～原爆投下と、ハルノート～真珠湾攻撃との構造的同型性は、そのタイミングについても言える。日本陸海軍が12月8日を開戦予定日としたのは11月5日の御前会議以降、海軍空母機動部隊が択捉島の単冠湾(ヒトカップ)に集結したのは11月22日、ハワイへ向けて出撃したのは11月26日で、ハルノートが日本側に提示される直前である。つまり、ハルノートによって日本が交渉打ち切りと開戦を決意し、艦隊を出撃させたのではなく、時間順序は逆で、日本艦隊はすでに出撃していたのだ。鈴木首相の黙殺声明によってトルーマンが原爆投下を決意したというのが間違いなのは、ハルノートを見て日本が開戦を決めたというのが間違いであるという程度の間違いなのである。ただし、日本艦隊に大本営から「ニイタカヤマノボレ１２０８」の攻撃命令が発せられたのは12月2日だった。その点では投下命令が先に発せられていた原爆投下と異なるが、攻撃中止の場合には、第一の命令（真珠湾攻撃では出航命令、原爆投下では投下命令）後に改めて中止命令が出されねばならなかった点では、真珠湾攻撃と原爆投下は同じ構造をしている。

　開戦予定日はハルノート以前に決定しており（ただし撤回可能）、原爆投下はポツダム宣言以前に指令されていた（ただし撤回可能）という2件は、戦争にかぎらず、あらゆる計画においてとくに際立った例外ではない。さまざまな選択肢を考えて、いずれのケースにも対応できる手配を調えておくのは当然だからである。が、たしかに、ポツダム宣言の日本による拒絶は予見可能性が高く、したがってアメリカが日本を罠にはめたという判定は妥当だろう。

　しかし、「はめられた」方より「はめた」方が悪いのだ、と断定できるだろうか。誘導尋問で殺人を告白させられた場合。挑発によって殺人を犯した

場合。囮捜査や盗聴によって犯罪が露見した場合。「はめた」方と「はめられた」方の両方に非があるとはいえ、一般に、「はめられる」だけの大悪を秘めていたからこそ「はめられた」のだと言える場合が大半だろう。

したがって、「ポツダム宣言は原爆投下のためのアメリカの口実(陰謀)だった」ということは、かりに正しくても、それだけではアメリカの原爆投下が悪だったことにはならない。盗聴という汚い手段によって罪の証拠を得たとしても、罪の証拠を得ること自体が悪だということにならないのと同様である。とくに原爆については、これまでの各問で見てきたような「メリット」があったとすれば、手段を問題視することで目的を断罪することは必ずしもできないことに注意しなければならない。

📖 仲晃『黙殺——ポツダム宣言の真実と日本の運命』〈上〉〈下〉NHKブックス
📖 須藤眞志『真珠湾〈奇襲〉論争』講談社選書メチエ

31 /62

原爆が戦争を引き延ばしたという理屈は成立するか?
原因と結果を取り違える誤り

前問までで、主要な次の二点が確認された。

1. 手段が間違っている場合、目的まで間違っているとは必ずしも言えないこと。
2. 目的が間違っている場合、手段まで間違っているとは必ずしも言えないこと。

第一点の典型例は、日本政府が拒絶しやすいようにわざとポツダム宣言の文言を操作するという、ポツダム宣言の汚さは、その目的とする原爆投下そのものが汚いかどうかを決定しない、ということである。よい目的を達成するためにはある程度手段を選ばず、という功利主義

的戦略が許されるかもしれないからだ。

　第二点の典型例は、ソ連を牽制・威嚇するためという不純な目的を含んでいたとしても、それはただちに、原爆投下という手段を批判するための理由になるとはかぎらない、ということである。ソ連牽制は付随的目的であり、主目的はもっと望ましいものだったかもしれないからである。

　第一点を補強する要因としては、ポツダム宣言の文言が日本にとって受け容れがたいものになったのは、大統領交代直後という当時のアメリカ国内政治事情に照らすとやむをえなかったということが考えられる。第二点を補強する要因としては、戦争の早期終結という主目的に加えて、ソ連牽制という副目的ですら、アメリカのみならず日本にとっても望ましい目的であることは否めなかった。

　さてしかし、否定派はまだ反論することができる。戦争の早期終結という、どう考えても好ましい主目的のために原爆は使われたと一般に考えられている。しかし、「原爆投下は却って戦争を引き延ばした」という見方もあるのだ。もしそれが正しければ、原爆はそもそも悪しき目的に貢献していたことになる。

　アメリカにとって原爆投下は、新兵器の実験という意味を持つがゆえに、戦争終結前になんとしても実行したいプロジェクトだった。したがって、もっと速やかに勝つことができたのに、意図的に原爆完成まで戦争を引き延ばしたのではないか、という疑いである。

　その特殊な例が、無条件降伏の要求である。日本に対してはとくに、天皇制を廃止する可能性を最後までチラつかせることで、わざと日本の降伏を遅らせ、原爆完成まで引っ張ったというわけだ。

　この説については肯定派はどう答えるべきだろうか？

答え：
　第二次大戦では、アメリカ参戦後は連合国がもっと速やかに勝つやり方があったにもかかわらず、故意に勝利を遅らせたのではないか、と思われるふしがないではない。ドイツ軍内部からの和平申し入れを西側連合国が蹴って無条件降伏に固執したことを第22問で見たが、それ以前にすでに、第8問

で見たように戦略的な遅延方策がとられていた疑いが強かった。

　西部戦線では、イタリア打倒という二義的以下の目標に英米軍が初期の主力を注いでしまったために、ドイツ打倒が大幅に遅れた。太平洋戦争はなおさら延びてしまった。戦後、アメリカの中国政策の失敗を悔やんだアメリカ人の中には、「むしろ対日戦を優先すべきだった」という者もいる（とくに陸軍参謀本部から中国戦域司令官に転じたウェデマイヤー将軍）。ヨーロッパ優先主義は、ソ連の戦力を過小評価した誤りであって、ヨーロッパを放っておいてもイギリスは十分ドイツの攻撃に堪えていたし、ドイツとソ連は勝手に潰し合うままにさせるのが得策であって、急いでドイツ撃破のためにアメリカが乗り出す必要などなかったと。

　むしろ急を要したのは中国であり、アメリカが援助物資をヨーロッパよりいつも後まわしにしたために、国民党政権が対日戦で疲弊し、戦後の内戦で共産党に敗れる原因となった。まず始めに、アメリカ世論に従って全力で日本を打倒しておけば、日本降伏後に中国が共産化することもなく、東欧と東アジアでソ連勢力が伸長することもなかった、というわけである。

　大まかに見れば、連合国のうち第二次大戦を真面目に戦っていた、つまり可能なかぎり早く勝つために努力していたのはアメリカとソ連であり、それに対してイギリスと中国は戦後戦略を睨んで、とくにアメリカを暗に操作していたと言えるかもしれない（☞第7問）。アメリカがイギリス、蒋介石、中国共産党それぞれの思惑にそのつど引きずられたために、戦略を誤り、第二次大戦の素早い勝利を逃してしまったことは確かだろう。

　こうして、無条件降伏要求へのこだわりと、連合国とくにアメリカの優先戦略の選択ミスが戦争期間の延長をもたらした、とは言える。ただし、結果的な戦争の延長が原爆投下をもたらしたからといって、原爆投下**のために**戦争が延長された、とは必ずしも言えない。そう考えるのは、「原因と結果を取り違える誤り」である（「**ポストホックの誤謬**」の変種）。とくに、原爆が本当に完成するかどうかは、1944年に入らないとまったく予想がつかなかった。そんな不確定な兵器のために、アメリカがわざと戦争を引き延ばし、自国の若者の戦死傷を増やしたなどということは、とうてい信じられまい。

　むろん、第8問で見たように、以上のことは大局的な背景だから、原爆投下の倫理的判断には直接結びつかない。原爆投下に近い期間、たとえば原爆

完成後は、アメリカは投下第一政策をとった。その期間内では「遅延戦略」が使われていた疑いはある。しかし、原爆投下以外に良策があったかどうか、つまり投下第一戦略が是か非かについては、すでに各問で考察してきたとおりである。

バーバラ・W. タックマン『失敗したアメリカの中国政策』朝日新聞社

32 /62

天皇制を認める〈試み〉くらいしてもよかったのでは？
換喩的戦略

　これまで、「原爆投下は不可避だった」という理由をいくつか見てきた。とりわけ、無条件降伏要求へのトルーマンの固執は、内政的・外交的にやむをえなかったこと。たとえ天皇制容認を明言したとしても、ソ連参戦がなければ日本陸軍は屈服しなかっただろうこと。そしてその屈服を名誉ある屈服たらしめ支障なく降伏させるには原爆という象徴作用による浄化が必要だったこと。等々の見解を述べた。

　しかし、否定派は納得できまい。上の議論には一理あるのだが、あくまで推測である。トルーマンにとって、無条件降伏要求を弛めて天皇制容認を明言することは、まず、それほどリスクの大きいことだったのか。また、ソ連参戦および原爆投下まで行かないと日本軍が屈服しそうにないというのが信憑性大だとしても、もしリスクが小さいのであれば、「試みてみる」ことはできたのではないか。つまり、日本に拒否される確率が高いとしても、それによってアメリカが負うダメージが相対的に大きくないならば、天皇制容認という条件を付けたポツダム宣言を発することは、他の連合国を説得してまでもやる価値のあることだった。それをしなかったのは、やはりアメリカに道義的罪があることになる。

　この主張に、肯定派はどう応じるべきだろう。

32　天皇制を認める〈試み〉くらいしてもよかったのでは？

答え：
　日本の降伏を妨げている最大のポイントである「天皇制廃止への懸念」を日本人に払拭させて、少しでも降伏しやすくする努力は、アメリカとしてやるべきだっただろう。すでに見たように、天皇制容認は日本降伏のための**十分条件**でないにせよ**必要条件**ではあったのだから、それをしなかったことは責められるべき要因になる。本当に責められるべきかどうかは、無条件降伏要求撤回のリスク──つまりトルーマン政権が支払うべきコストがどのくらい高くつくか、ということで決まる。
　「無名の新米大統領として、国民に舐められないように」弱腰政策はとれなかった、ということを第24問で見た。しかし本当だろうか。国務省以外のアメリカ首脳部は、ポツダム宣言に天皇制容認を明記することにおおむね賛成だったし、国務省内部にも、駐日大使を10年務めたジョセフ・グルー次官のように、天皇制容認の発表を主張しつづけた「日本問題の権威」がいた。なによりアメリカの戦後政策は、天皇制を残しつつ天皇の権威を介して日本の改革を進める方針に決まりつつあった。
　チャーチルも、日本に天皇制を容認する旨を伝えて早く降伏させろ、と提案した。イギリスとしては、同じ君主国という理解もあったことに加え、第一次大戦の戦後処理の失敗を繰り返すまいという意図もあった。第一次大戦後にドイツ皇帝を廃してしまったために、ヒトラーとナチスが台頭する隙を作ってしまった。その悪夢を繰り返すまいというのがチャーチルの立場である。
　こうして、実際に国内の指導層の大勢と同盟国のトップが無条件降伏要求緩和を支持しているのだから、トルーマンとしてもポツダム宣言に天皇条項を入れることはさほど難しくなかったはずなのである。
　むろん、政策レベルの判断と、それを事前に公にするかどうかは別問題である。戦争末期の、戦後戦略との境界においては、世論の支持が民主主義国家にとって相当重要だったことは察しがつく。戦争末期にもアメリカ世論は、天皇に対する反感が強かったと言われる。どの調査でも、70％以上のアメリカ国民が何らかの形での天皇の処罰を求めているという結果が出たという（6月29日発表のギャラップ調査では「天皇を処刑せよ」33％、「天皇を訴追、終身刑、島流しなど」37％、「天皇を遺して傀儡として利用せよ」7％）。

それもそのはず、アメリカの大衆向け戦時プロパガンダ映画はどれも、天皇裕仁を大悪人として描いていたのだから。たとえばフランク・キャプラ監督が兵士教育用に依頼されて作り始め、後に一般国民向けにも公開されたプロパガンダ映画『われらなぜ戦うか』シリーズを観ると、毎回オープニングにヒトラー、ムッソリーニ、天皇裕仁の肖像を並べて、「あなたがこれらの人物ともし出会うことでもあったら、決して容赦してはならない」とナレーションが流れる。敵の顔をイメージさせるとしたら、日本人としては裕仁しかなかったのは事実だろう。

　総力戦のような危機的な国家事業は、目に見える目標を設定しなければ遂行できない。漠然として抽象的な「敵国」や「平和」を目標にするだけでは、民心にアピールする力が弱い。具体化された代理的目標を立てる「換喩的戦略」が必要となる。**換喩**とは、類似関係にもとづく比喩である「**隠喩**」と並ぶ代表的な修辞法で、隣接関係、因果関係、所有関係、部分‐全体関係、帰属関係などによって概念を入れ替える手法である。自動車を「車」と呼んだり、コピー機を「ゼロックス」と呼んだり、戦闘に加わることを「銃をとる」と呼んだりするのは換喩である。敵国日本をありありとイメージさせるには、人物で代表させる換喩が一番で、そのためには裕仁しか適役はなかったのだ。

　換喩的戦略上からも、アメリカ国民が日本の天皇を憎むように誘導されるのは避けられなかった。やはりアメリカ政府としても、天皇制容認の可能性を残すという方針を国民に発表することは難しかったのではなかろうか。

📖 ダグラス・ブリンクリー『「ニューヨーク・タイムズ」が見た第二次世界大戦』〈上〉〈下〉原書房
📖 平川祐弘『平和の海と戦いの海』新潮社

33 /62

「議会への説明」というプレッシャーは何なのか?
個人的責任

　否定派はなおも反論する。現実はどうだったかを考えるがよい。ア

メリカは、迷うことなく、天皇を残した。東京裁判の判事団の圧力、とくにオーストラリアのウェッブ裁判長が執拗に天皇の処罰を希望したのに対して、マッカーサーは、断固として天皇を起訴させなかった。起訴どころか、天皇裕仁は証人として出廷を求められてもいない。満州国皇帝だった溥儀がハバロフスクの強制収容所に収監され、東京裁判の証人台で証言させられたにもかかわらず、さらに重要な人物で各種事情に最も通じていた日本皇帝は東京裁判から何も要求されなかったのである。アメリカ、そして連合国の政策は一貫して、天皇制擁護ということで始めから決まっていた。

　前問の答えで見たように、確かに、政策そのものと、それを発表することとの間にはズレがあり、決定済みの秘めたる政策を公表するのは賢明でない場合が多い。しかし、日本への無条件降伏要求に関して言うならば、終戦直前にすでにアメリカの世論が、天皇制容認へ転じていたという事実があることを忘れてはならない。ソ連参戦と長崎原爆のあと、8月10日に日本政府が「天皇の国家統治の大権を変更するの要求を包含し居らざることの了解の下に」ポツダム宣言を受諾すると回答したことが知られると、アメリカの各新聞には「天皇は許してやれ」といった意味の見出しが並んだ。これは、アメリカ世論の本音が「天皇憎し」より「もう戦争やだ」であったことを物語っている。

　そうしてみると、トルーマン大統領が世論を気にして「強い大統領」「侮られぬ大統領」を演じたのは、一人相撲であり、杞憂だったのではなかろうか。むしろ国民に向かって「ルーズベルトはルーズベルト、私は私。国民のみなさんの本当の気持ちを代弁して、無条件降伏要求を撤回し、敵に一日も早い降伏を勧告します」と宣言したほうがよほどカッコよかったし、株が上がったのではなかろうか。無条件降伏への固執と原爆投下は、ある意味では「強さ」を誇示できたにせよ、戦争を長引かせて日本にのみならず連合国やアジア地域にも無用の犠牲者を生む結果となって、とんだ愚策だったのではなかろうか。

　さて、肯定派はどう答えるべきだろう。

答え：
アメリカの世論が軟化したのは、次の二つの要因が満たされたからであることに注意せねばならない。

1．広島、長崎に原爆が投下され、トルーマンが「パールハーバーの復讐は果たされた」と放送した後であり、アメリカ国民はすでに新兵器の威力に驚倒している。
2．天皇の大権を認めれば日本は降伏する「かもしれない」というにとどまらず、現実にその条件で日本が降伏を申し出ている。

この二つの要因は互いに結びついている。原爆投下というアメリカのパワーによって、邪悪な日本軍国主義を見事粉砕した。理想的な終戦パターンが達成されたのである。

第一の要因については但し書きが必要である。たしかに、原爆投下前の7月の段階ですでに『デイリー・テレグラフ』『ニューズ・ウィーク』『サンフランシスコ放送』などのマスコミは、日本から託された和平提案をスターリンがポツダム会談に携行していると報道し、降伏条件次第で日本はすぐに降伏しそうだとさかんに書き立てていた。それらは未確認情報ながらほぼ的を射た報道だった。原爆投下前から、世論は融和的になりつつあったと言える。が、どのような停戦条件が希望されているのか、日本そのものがソ連にすら明かしていない状態だったのである。日本が正直になるには、原爆投下とソ連参戦が必要だった。

原爆投下とソ連参戦によりいよいよ「日本から具体的な降伏条件を出してきた」という第二の要因はさらに大きい。天皇の安泰、それだけで終戦できることがもはや確実なのである。しかも、勝勢の側がわざわざ「天皇制は残していいから」と譲歩するのと、敗勢の側が「天皇制を残させていただけるなら」と申し出るのでは、雲泥の差である。世論の反応も大違いだったはずだ。

前者の場合は、「必勝のアメリカがなぜ必敗の敵にお伺いを立てねばならんのか、よほど弱みがあるのだろうか」と疑われ、かりに日本が受諾したとしても「いいだろう、それなら戦争をやめてやるよ」と許可を受ける立場に勝者が置かれるという、地位逆転の構造が作り出される。戦争をやめたい動

33 「議会への説明」というプレッシャーは何なのか？

機の緊急性は、勝勢の側より敗勢の側が高いという了解が自然であろう。その自然な論理をあえて逆転させる「無条件降伏要求緩和」は、勝勢側によほどの弱みが発生しないかぎり、誤解やトラブルのもとである。「無条件降伏要求緩和請願」を敗勢側から申し出るのが筋なのである。

　原爆が使われたことが日本にとって「天佑」とされたことはすでに述べたが、アメリカにとっても原爆は天佑だった。つまり、圧倒的な核兵器を見せつけたことにより、たとえ日本側の提示条件を呑んだとしても「弱腰」ゆえでないと主張できることになった。かりに国内の厭戦気運を見破られているとしても、実戦で日本を確実かつ短期間に叩き潰す力があることを内外に証明できたことにより、かえって無条件降伏要求を弛めやすくなったのである。容赦なき原爆使用によってようやく、強者の譲歩が「継戦への怖れ」ゆえではなく「寛大さと平和希求のしるし」と信じられるようになったのだ（国際連合の平和構築の決意のアピールとしても「勝者の余裕」は重要だった）。

　強者アメリカの余裕は国際世論に対して重要な印象をもたらしたが、他方、国内世論との関わりにおいては、原爆投下のためのまったく異質な動機がしばしば挙げられてきた。「議会への説明というプレッシャー」である。マンハッタン計画による原爆開発は、第二次大戦中にアメリカが取り組んだ戦争努力の中でも最大級の企画だった（ただし、基本的に不確定な兵器だったので、すべての新兵器開発の中で最大のプロジェクトではなかった。たとえばB-29開発の初段階だけでも、マンハッタン計画の1.5倍の費用がかけられた）。20億ドルという、当時の日本の国家予算を超える巨費をつぎ込みながら、それがアメリカの国家予算として表面化しないような秘密保持の下でマンハッタン計画は進められた。

　このいかがわしい資金流用を嗅ぎつけて調査にあたったのが、奇しくも、当時上院議員だったハリー・トルーマンだったのである。トルーマンは「国防計画調査特別委員会」の委員長として、政府資金運用の不正を次々と摘発していたのだ。43年夏の段階でトルーマンは、目的不明なマンハッタン計画について報告を受け、いつもどおり正義感に燃えて追及する。困った陸軍長官スティムソンは自らトルーマンを訪ねて「戦争遂行のための最高機密です。政府を信じて、引き下がっていただきたい」と訴えた。トルーマンはスティムソンを信じて調査を打ち切った。トルーマンは大統領に昇格したとき

に、スティムソンからマンハッタン計画の正体を明かされることになる。
　というわけで、トルーマン大統領は、かつて自ら議会の代表すなわち国民の代表として、政府の戦争努力のために巨費投入の真相を国民から隠蔽するのに一役買った、という過去を持っていたのである。議会と国民の信頼を裏切ることはできないという使命感は、こうした個人的経歴によって補強されていたのだ。
　つまりトルーマンにとっては、かつて不正調査の委員長として腕をふるった自分が例外的に見逃した特別プロジェクトに対する義務感、という動機が働いたに違いない。どうしても原爆は使わねばならなかった。さもないと、マンハッタン計画をかばった自分が本当に議会と国民への裏切り者となってしまう。「強い大統領の演出」という動機以上に、この思いは強かったのではなかろうか。新兵器を温存したまま終戦を迎えれば、ただでさえ原爆完成後の戦死者の遺族に申し訳が立たず、「無駄だった20億ドル」に関して議会に弁明せねばならない羽目に陥るというのに、そこへさらに加えて、かつての資金運用調査の委員長として20億ドル使途調査を打ち切った責任も負わねばならないという道徳意識がのしかかっていたのである。
　こうなると、トルーマン大統領がわざと日本に拒絶されそうなポツダム宣言を出して原爆投下をやりやすく仕向けたのは、政府、議会、国民、トルーマン個人、といった係わりを見るならば、当然のことと考えられるのである。

　　　　　　　📖 鳥居民『原爆を投下するまで日本を降伏させるな』草思社

34 ／62

推測上の利益と現実の犠牲を天秤にかけると？
完璧主義の誤謬

　前問で見たような、トルーマン個人を軸とする諸事情はよくわかる。だが、個人的な辻褄合わせを、敵国民とはいえ数十万人の命より優先するというのは、やはり非人道的ではないだろうか。何問か前から問

> いかけているように、「実際に原爆投下がアメリカや日本に益をもたらしたか」という**結果主義**的な問題よりも、「どういう誠意を見せたか」が倫理的には重要である（**意図主義**）。国内世論、議会への義理、大統領としての面目、諸国の国益、といったさまざまに「良い結果」を並べてみても、それらは「推測」のレベルにしかない。原爆を落とせば確実に数万人が即死することはわかっていた。推測上の利益を追い求めて確実な惨害をもたらすことに、倫理的な善はあるだろうか。どのみち推測上の利益であれば、現実の何十万もの市民の犠牲によって勝ち取るのではなく、別の穏健な方法で勝ち取ろうと努める姿勢を見せることが道理ではないだろうか。

答え：

もちろん、時間があれば、推定上の利益と現実の惨害とを考慮して、少しでも良い結果となるほうを誠意をもって選ぶこともできただろう。しかし、第13問で触れたように、アジア太平洋戦争では毎月平均20万人が死亡していたという見積もりが正しいならば、あと1ヶ月終戦が遅れるだけで原爆を上回る犠牲者が出かねなかった。単に戦争が続いているというだけのことに伴うメンテナンス効果（☞第12問）も馬鹿にならない。フィリピンやニューギニアには人肉を喰らって命をつないでいる敗残兵たちも大勢残っている。引き延ばされる悲惨に終止符を打ち、一刻も早く戦争を終える確実な手段は、やはり、荒っぽい一撃によって日本軍部と政府にすっきり降伏の名目を与えてやることではなかっただろうか。

ついでに言えば、「推測上の利益」を求めて「現実の惨禍」を引き起こす、というのは、戦争の論理そのものに他ならない。〈戦争に勝つこと・国を守ること〉から期待される利益（または損失の防止）のために、当面、多くの若者を戦場に送る。戦争のこの論理が正しいにせよ間違っているにせよ、原爆投下の論理はこの戦争の論理の一例であるにすぎない。原爆投下に固有でない問題を論じるというならば、わざわざ原爆投下論議と銘打たず、一般の戦争論を議論すべきであろう。

原爆投下を論じるだけでは収まらず、戦争全般を論じて初めて全体像を摑めるのだと潔癖に考えすぎるあまり、原爆投下に特有の問題が見えなくなっ

てしまってはまずい。これは序章で見た「**完璧主義の誤謬**」である。将来の見込みのために、災禍を伴う投資を現在行なう。この戦争の論理は不問のまま前提した上で、原爆投下にとりわけあてはまる悪を摘出しないことには、原爆投下批判にはならないのである（☞第8問「**条件付き判断**」、第24問「**演繹定理**」）。

📖 出演・奥崎謙三、監督・原一男『ゆきゆきて、神軍』GENEON ENTERTAINMENT, INC [DVD]
　　📖 監督・手塚正巳『軍艦武蔵』角川ヘラルド映画 [DVD]

35 /62

20億ドルかけたからには何が何でも成果出せ？
コンコルドの誤謬　誤った前提への依存　虚構の同調圧力

　前問での肯定派の言い分は大筋では認められるにしても、部分的に見た場合、批判の余地がある。たとえば、第33問で見た「20億ドル」がくせものだ。「20億ドルもの大金をつぎ込んだ新兵器を温存したまま戦争を終えることは許されない」という発想は、論理学や経済学で「**コンコルドの誤謬**」と呼ばれる。

　英仏共同で超音速旅客機コンコルドが開発されたとき、採算が合わないという予測が語られ、開発を中止しようという声が上がった。しかし、すでにつぎ込んだ開発費が無駄になるとの理由で開発は進められ、1976年に就航した。しかし案の定商業的に失敗し、2003年に、後継機のないまま運航中止となった。このように、すでに投資したコストに囚われるあまり最善の合理的決断ができなくなる症状が「コンコルドの誤謬」だ。

　過去の経緯に囚われて、最善の行動ができない自縄自縛の状態は、日常の多くの戦略、たとえば将棋や囲碁でもよく見られる。テレビ棋戦を見ていると、一流プロ棋士が「いちばん頑張れるのは銀を引く手ですが、そうすると先ほど3手もかけて飛車を転回した手間が無意味

なりますから、ここは飛車の顔を立てて、銀を引くべきではありません。構想の一貫性が大切です」などと解説しているのによくお目にかかる。プロ棋士という頭脳明晰な人々でさえ、明らかな論理的誤謬に陥っているのは不思議なくらいだ。コンコルドの誤謬は、棋道のような芸能では一種の精神主義（勝敗より姿勢が大切……）と結びつくのだろう。

　しかし論理的には、過去の投資は**埋没原価**であり、もはや取り返せないので、そのために未来を犠牲にするのは愚かである。過去の経緯にかかわらず、現在の時点から見て最もよい結果をもたらす行為をすべきなのだ。むろん、これまで見てきたように、現実にも原爆投下は他のどの方策よりも「ましな」結果をもたらしたと言えるのかもしれない。しかし、動機として「議会に内緒で20億ドルもの大金をつぎ込んだ以上、成果を戦争で見せなければ国民に申し開きができない」という心理が強く働いたとすれば、ましな結果をもたらしたというのは、「コンコルドの誤謬」に囚われた議会や国民の偏見に無事迎合できた、という意味で「まし」であるにすぎない。ここには、コンコルドの誤謬の自己正当化（**マッチポンプ効果**）が働いており、それは妥当な正当化にはなりえないのである。

　国民や議会が抱きがちなコンコルドの誤謬思考を尊重する必要はない。誤謬なのだから。政府はそこからくる反発を気にする必要などなく、将来の利得だけを念頭に政策決定せねばならない。つまり、原爆投下を控えた場合の利益と不利益を比較するとき、原爆を投下せずに終戦工作をしたときの不利益からは、「世論の反発」「議会からの非難」を差し引いて考えねばならないのだ。

　不合理な判断や偏見に囚われている人々の気持ちを考慮して各人が行動していると、いつまでもその偏見はなくならない。「私どもとしては人種差別という意識などないんですけれどね、青い目と金髪の白人の方でないと、生徒さんが納得しないんですよ……」と言って黒人やアジア系のネイティブスピーカーの採用を拒否する英会話学校。「当社は男女同等に働いていただく方針ですが、営業に限ってはねえ、お年を召した顧客様が多いこともあり、『なぜ女を寄越すか』と怒らせては企業として実際問題まずいのですよ……」と営業志望の女子学生に応

対する面接者。自分は偏見に囚われてはいないが、世間が間違っている以上いかんともしがたい……自分も合わせねば……、ありがちなこの姿勢は「**誤った前提への依存**」＊を生み出す。もしかしたら架空の世間の偏見をみんなで捏造しあい、誤謬を温存するために無意識に協力してしまう、ということも多々あろう。戦前戦中の日本など、本心から天皇を崇拝している者は案外少なかったのに、「まわりが天皇崇拝なので合わせなければ」という虚構の**同調圧力**（「空気読め！」）で突き進んでしまったという証拠はたくさんあるのである。

原爆投下についても、もし議会や国民が「コンコルドの誤謬」に陥らない健全な判断のできる存在であったなら（もしくは、大統領が国民に対して毅然と合理的な見方を貫いてみせたなら）逆に原爆投下はアメリカにとって不利な選択だということがわかってもらえたかもしれない。

議会や国民にかぎらず、一般的に相手や社会全体の間違った判断を尊重した「虚構の同調圧力の考慮」は、それ自体、間違っている。アメリカの政策決定者は、議会と世論に対し「コンコルドの誤謬」がまずいということを説いて（もしくは、公言する勇気を鼓舞して）、原爆が完成したからといって使わずにおく手もありだったと事後に説得することもできたろう。原爆投下が結果的に「望ましい選択」となったのは、世論が非合理的な心理にとどめられていたがゆえのことだった。あるいは、非合理的なものだと想定されたがゆえだった。倫理的な観点では、世論が**合理的**な見方をした場合に原爆投下が本当に得だったかどうか、を考えねばなるまい。

肯定派はこれに対してどう答えるべきだろう。

答え：
第二次大戦中に犯された「コンコルドの誤謬」の例は、枚挙に暇がない。日本軍の例を挙げよう。

最も有名なのは、戦艦大和の沖縄特攻だろう。あれが愚劣な作戦と言われているのは、制海権も航空機の支援もない出撃ゆえ、沖縄に到達する前にほぼ確実に撃沈されるとわかっていながら、貴重な兵器と人員をむざむざ送り

出したところにある。大和出撃の無謀さはみなわかっていて、伊藤整一司令長官は「無駄死にだ」と反対したが、「一億総特攻のさきがけになってもらいたい」の一言に納得したという（「特攻」という言霊！）。ただし、特攻ゆえ片道燃料だけ積んでいたというのは都市伝説で、実際には大和は往復して余りある燃料を持って出撃しており、極力発見されないよう迂回航路も試み、航空特攻の支援または陽動作戦としての実質的戦術の意味もあったというのが真相だ。

　とはいえ、本土決戦に温存したい貴重な戦艦をあえて投入するにはあまりに成算なき作戦だったことには変わりない。その主な動機は（天皇裕仁から「沖縄に水上部隊は出撃しないのか」と下問があったという事情は別にして）、「大和が無傷で呉の港に繋がれたまま敗戦を迎えたら、国民に何と申し開きができるか」という心配だったという（当時は大和の存在は国民にはあまり知られていなかったが、これはアメリカ国民が原爆を知らなかったのと同じで、リアルタイムでの申し開きというより、戦後の道義的弁明が苦慮の種となる）。たしかに、若者たちに自爆攻撃を命ずるかたわら、巨大兵器を眠らせておくことは、感情的かつ道義的に許されないことだった。大和は、どうしても沈まねばならなかった。大和のほか軽巡洋艦矢矧（やはぎ）と駆逐艦4隻が沈没、3,700人以上の死者を出すことになったが、それでも、国家予算の3％（1964年当時の東海道新幹線全線の建設費に匹敵するとよく言われる）を費やした努力を無駄にしないためには、大和が無傷で残ってはならなかったのである。アメリカ軍に払わせた代償はわずか艦載機10機撃墜、死者12人。最も自殺的な「コンコルドの誤謬」の例である。

　他の有名な例には、トラウトマン工作の失敗がある。日華事変の収拾のため、駐南京ドイツ大使トラウトマンの仲介で休戦交渉がなされる。しかし、交渉の最中に南京が陥落したため、「ここまでの戦果で血を流した英霊に報いる」として、近衛内閣は条件を一気に釣り上げてしまう。まとまりかかった調停も当然のことながら蒋介石の拒否で白紙に戻り、日中戦争は休戦のチャンスを逸したのである。これも、「過去の戦果のための犠牲」を生かすために、というコンコルドの誤謬がせり出した悪例である。中国問題を有利に解決する絶好の機会を潰し、アメリカとの対立を深めたばかりか、支那派遣軍100万人以上を常時大陸に釘付けにして、対米英戦争への兵力を自ら

限定してしまったのである。

　アメリカの犯したコンコルドの誤謬は、原爆投下とならぶものとしては、硫黄島攻略が挙げられるだろう。硫黄島が堅固に要塞化されていることはアメリカにもわかっており、ここをわざわざ占領するにはそれなりの理由が必要だった。太平洋ではおおむね、ヨーロッパでの「タコを殺すのに足を１本１本ちぎってゆく」（☞第８問）ような戦いに比べて連合軍はかなり能率的な戦いをしていた。北アフリカ戦に相当することをアジアでやるとすれば、まず中国やマレー・インドネシアの日本軍を全部追い出してから日本本土を攻略するという順になるが、アメリカ軍はそんな非能率に耽りはしなかった（それをやれば中国の共産化を防いで戦後戦略に寄与したではあろうが、勝利は大幅に遅れただろう……）。日米の主戦場が海であることを利用して、アメリカ軍はかなり賢い勝ち方をした。ヨーロッパ戦域のように敵部隊を虱潰しにしてゆくようなことはせず、とくに強力な日本軍基地のある島へは空襲と海上封鎖だけで孤立させ、素通りするという「飛び石戦術」で日本本土に迫ったのである。おかげで、ラバウルやトラック島で待ち受ける十何万もの日本軍部隊は前線の背後にとり残されて自給自足の生活を強いられ、「武装農民集団」と化して、終戦まで無為に過ごすこととなった。太平洋には「日本軍自身が作った捕虜収容所」が点々と残ったのである。

　同じように素通りしようと思えば素通りできた硫黄島だが、なぜここをあえて占領せねばならなかったのだろうか。東西８km、南北４kmという狭い島のために、防衛軍２万人以上がほぼ玉砕、アメリカ軍は７千人近い死者と２万１千を越える負傷者を出すという、単位面積あたりでは大戦中最も悲惨な結末になった硫黄島戦。戦闘の間に死傷者数が報じられるたびに、アメリカ国内では一般市民から非難と作戦中止請願が寄せられたという。

　硫黄島の攻略にはそれなりの理由はあった。硫黄島は、B-29基地のあるマリアナ諸島と東京のちょうど中間に位置する要地だった。硫黄島占領で見込める利益は主に四つ。①日本本土を空襲したB-29が被弾や故障のためマリアナまで戻れなくなった場合の着陸場となる、②B-29に随伴する護衛戦闘機の基地となる、③B-29出撃に対し早期警報を日本本土へ送っていた硫黄島レーダー監視所を消去できる、④マリアナB-29基地を日本軍爆撃機が硫黄島経由で空襲していたのを封じる、など。つまるところ、ひた

すらB-29の運用を効率化するための作戦が、硫黄島攻略だったのである。
　B-29はたしかに強力な兵器であり、日本国民に敗北を実感させるのに最も貢献し、いざ玉音放送となったとき国中が戸惑いながらも速やかに納得できたその素地を作ったのも、B-29による連日の空襲の恐怖であったことは間違いない。B-29は、対日戦で貢献した兵器の筆頭である。
　だが、硫黄島を奪わなければB-29の作戦が不可能だったかというと、そうでもない。上の四つの条件については、たとえば最重要とされた①については、海域を決めてそこに救助用の潜水艦を待機させるなど、多少非効率とはいえ安上がりな方法があった。②にしても、東京大空襲のような低高度爆撃ではなくB-29本来の高々度爆撃に徹していれば、日本の防空体制はB-29にとって脅威ではなかった。しかし低高度爆撃で高能率な破壊効果を確保するには、硫黄島からの妨害をなくさねばならない。つまり、B-29の活用をさらに楽に、戦果を最大限にするため、硫黄島での海兵隊の犠牲はあえて求められたのである。
　アメリカ軍がB-29の戦果を増すことにこだわったのは、「コンコルドの誤謬」ゆえである。原爆開発を上回る巨費を投じたB-29には、なにがなんでも華々しい成果を上げてもらわねば困るのだ。莫大な投資を無駄にするわけにはいかない。実際、初期の高々度精密爆撃では、B-29は思うような成果が得られずに上層部はやきもきしていたのである。
　硫黄島を占領したことにより、何人のB-29搭乗員の命が救われたのかについては、反実仮想なので諸説あって一定しない。硫黄島戦の死者6,821人プラス行方不明494人を上回っていなければ収支が合わないが、微妙なところだろう。実際に未帰還だったB-29搭乗員は1,750人程度。硫黄島が手つかずであった場合にその数字がどれほどになっていたか、激戦に関わった海兵隊員やその遺族にしてみれば複雑な心境のはずだ。「海兵隊よりもB-29航空部隊のほうが大切なのか」……硫黄島関係のインタビューではしばしば元海兵隊員がその種の疑念を口に出している。
　率直に言えば、アメリカ軍にとって、B-29搭乗員の命のほうが海兵隊員の命よりも遥かに大切だったのだ──B-29開発のコストを考慮すれば。硫黄島の海兵隊の流血がとりわけ讃えられ、擂鉢山に掲げられる星条旗の写真が崇高な愛国心のシンボルにもなっているのは、硫黄島の未曾有の集密戦

闘の激烈さだけが理由ではない。むしろもっと大きな理由は、「コンコルドの誤謬」の犠牲になった海兵隊員たちに対する、アメリカ指導層の罪悪感であろう。とくにアメリカ空軍の関係者は、硫黄島の戦死者の碑に足を向けて寝られはしまい。戦後、陸軍航空隊が空軍に昇格できたのは、硫黄島での海兵隊の犠牲のおかげだとも言えるのだから。

　――以上のように、「コンコルドの誤謬」は広く犯されている誤りであり、そのあまりのありふれた犯されぶりは、「誤り」として断罪することのほうが「誤り」であるかのような、もはや人間心理の自然な一部として扱うべきものにすらなっている。過去を重んじる、これはたしかに、大切な気持ちではないだろうか。コンコルドの誤謬に支えられた、過去の投資を貫こうとする体制的保証がなければ、私たちは、未来世代のために現在努力する張り合いを失うだろう（未来から見れば今私たちがしていることは過去の投資なのだから）。未来において事情がどう変わろうが、現在の私たちの努力を重んじた政策を取ってもらえる、という期待のもとに、現世代の人々は努力しているのである。コンコルドの誤謬は、文明活動の基礎でもある。

　映画『日本のいちばん長い日』で、井田中佐は森赳（たけし）近衛師団長に対して言う。「今こんな中途半端な形で戦争をやめたら、死んでいった300万の同胞を、私たちはことごとく欺いていたことになりはしないでしょうか！」

　児玉誉士夫は戦後、イギリスのTVインタビューで「原爆を何十発落とされようが降伏せず、最後まで戦うのが正しい道だった」と言っている。これは、日本のみならず、戦争中のあらゆる国が染まっていた、ごく自然な「コンコルドの誤謬症候群」だった。

　戦艦大和建造の努力が4,000人もの自国兵士の死を覚悟で購われねばならなかったという大日本帝国の算盤勘定からみても、大和のざっと50倍以上のコストを呑み込んだ原爆が20万人の敵国民の命を消費せねばならなかったというのは、掛け算として辻褄が合っていたと言えよう。

☑ **多重質問**

＊　「誤った前提への依存」の変形版としてよく見られるのが、「**多重質問**」である。「あなたは捕虜の虐待をやめましたか？」という質問は、

うっかりイエスと答えてもノーと答えても、「捕虜の虐待を以前はしていた」ことが肯定されてしまう仕組みになっている。これは、「あなたは捕虜の虐待をしていましたか？」「(していたならば) もうやめましたか？」という二つの質問に分けて尋ねられるべきものである。第一の質問が隠されることにより「誤った前提」を形成し、質問全体にどう答えても回答者の真意が伝わらないような罠が出来上がっているのである。

📖『硫黄島の真実と東京大空襲』コロムビアミュージックエンタテインメント [DVD]
📖『The World at War　秘録・第二次世界大戦』東北新社 [DVD]
📖 加藤陽子『戦争の論理――日露戦争から太平洋戦争まで』勁草書房

36　/62

過去に囚われるのは当然といえば当然？
倫理的整合性　二つのコンコルドの誤謬

　前問の答えで肯定派が拠所にできるのはこういうことだろう。**コンコルドの誤謬**が不合理な姿勢であることは認められるが、コンコルドの誤謬というのはごく自然な、誰もが囚われていた態度なのであり、とくに原爆投下についてだけ見られる誤謬ではない。そもそも日本の勝ち目がなくなった時点ですぐ降伏せずに神風特攻などで無駄に命を使い捨てしたこと自体がコンコルドの誤謬だった――「ここで降伏するとこれまで祖国に殉じてきた英霊に申し訳が立たない」。全員がコンコルドの誤謬に浸かって合理的な損得計算ができなくなった「総力戦」の只中、そのクライマックスに、原爆投下という「コンコルドの大誤謬」が犯されたのは必然であり、やむをえなかったのではないか。

　否定派は納得できない。「仕方がなかった」「自然だった」で正当化できれば誰も苦労しない。それは「**自然主義の誤謬**」（☞第９問）の容認にあたる。ある誤謬を犯すことが人間心理にとって自然だからということでその誤謬を正当化できるなら、コンコルドの誤謬の例は、こ

> とごとく情状酌量されねばならないはずだろう。ところがニュルンベルク裁判や東京裁判を見よ。「自然な」戦争犯罪が軒並み断罪されているではないか。いや確かに、ナチスのホロコーストなどは、戦争遂行とは関係のないただの大量殺人なので、コンコルドの誤謬の自然さすら備えていない。しかし、その他の戦争犯罪、とくに日本人の起訴された罪状はことごとく、国際的な勢力拡張競争の投資を無駄にするまいという、コンコルドの誤謬の産物だった。満州政策は、日露戦争で得た権益を守り抜く努力から始まったのだ（満州への進駐はポーツマス条約違反であったが）。対米英開戦も、中国での泥沼の戦争で払った犠牲を無にしないための努力の延長上にあった。
>
> 　このように、それなりに自然なコンコルドの誤謬心理の発露である日本の戦争について断罪したアメリカは、**倫理的整合性**からして、アメリカの原爆投下というコンコルドの誤謬をも断罪されることは覚悟せねばならないのではないか。

答え：
　同じ「コンコルドの誤謬」でも、二つの誤謬を分けねばならない。一つは、過去の投資を生かす方向へ軌道修正していって、その修正軌道が最善の選択肢かどうかはともかく、まずまず良い結果を得る見込みがあるという場合だ。これは、過去にこだわって最善を逃しやすいという欠点はあるものの、それなりに合理的な計算にもとづいて、一応採算を合わせる自信に裏付けられた考慮である。前問末尾で見た「文明活動の基礎」としての態度がこれである。
　もう一つは、過去の投資をもはや生かす道がないのに、つまり過去の蓄積をすべて放棄して一からやり直したほうが早いとわかっていながら、過去の努力に拘泥するあまり、みすみす損とわかっている道を突き進んでしまう場合である。これは、ただひたすら精神主義的というだけの、頑迷な態度である。
　原爆投下は第一種のコンコルドの誤謬、日本の戦争拡大政策は第二種のコンコルドの誤謬と言えないだろうか。とくに、現地軍が既得権益を拡げて軍中央と政府の追認をなし崩しに得てゆく日中戦争のありさまは、国内に対しても国外に対しても、成算のないコンコルドの誤謬の無間地獄だったと言ってよい。その始末が無謀な対米英開戦だった。中国との戦争だけで日本はす

でに経済的に疲弊し、1938年4月1日公布の国家総動員法以降、経済統制が強まり、砂糖、マッチ、米穀の配給制度が次々に実施されて国民生活は不自由になっていた。近衛内閣のもとで「総力戦研究所」による対米戦争のシミュレーション（1941年7〜8月）を実施し、その結果は日本必敗と出ていたが、その知見は活かされなかった。

　ドイツでも同じで、イギリス一国をすら屈服させられないのに、ソ連に攻め込んだ時点で命運は尽きたと悟ったドイツ軍人が何人もいた。さらに、真珠湾直後にヒトラーが側近の助言を聞かずにアメリカに宣戦布告するにいたっては、ナンバー2のヘルマン・ゲーリングですら「自殺行為だ」と頭を抱えたという。日本やドイツのように、初期投資にこだわるあまり勝算なき戦いを拡大してゆく愚かな「コンコルドの誤謬」は、アメリカの原爆投下のような、しかるべき戦略的裏付け含みの「コンコルドの誤謬」とはわけが違うのである。

　「勝てば官軍負ければ賊軍」はある意味当然のことなのだ。必勝の側がコンコルドの誤謬によって強気に戦争を続行するのは賢明なことである。ところが、必敗の側がコンコルドの誤謬に囚われていつまでも抵抗をやめないとなると、愚行以外の何事でもない。勝つ確率が低いのに自分から戦争を仕掛けるのは論外だろう。敗者の抱くコンコルドの誤謬は、それだけ長く世界に迷惑をかけることになる。戦争に訴えるという究極の選択をした者は、確実な世界平和確立への責任を負うべきである。速やかな勝利で国際秩序を回復する自信がないならば、戦争など始めてはならないのだ。

　大日本帝国の戦争指導者は、自らの力をわきまえずに見通しの立たぬ戦乱を引き起こし、世界に長期の災いをもたらした罪はもちろんのこと、自国民を空襲から守れなくなっても戦争に固執しついに原爆投下の惨禍を招いた点で、厳しく追及されてしかるべきなのである。

レスリー・R. グローブス『原爆はこうしてつくられた』恒文社

37 /62

連合国も非道の限りを尽くしているのでは？
「お互い様」の論理：肯定バージョン

　前問のような糾弾は、連合国側にもあてはまりはしないだろうか。すなわち、もっと楽に勝てる見込みもないまま枢軸国を挑発した罪を問われるべきではないだろうか。アメリカが参戦してから数えても、枢軸軍完全打倒まで3年半以上も要してしまった。ドイツや日本の侵略行為を咎めるならば、アメリカの参戦前の態度も咎められるべきだろう。すなわち、中立国でありながらイギリスを援助し、軍備を万全に調えないまま大西洋でUボートを挑発し続けて事実上の交戦国ヅラをし、日本との交渉を打ち切ったも同然の最後通牒的なハルノートを突きつけたのは、「平和に対する罪」に問われるべきだろう。
　お互い様なのだから、連合国を裁かず枢軸国だけ罪に問うのは、**二重基準**（ダブルスタンダード）の疑いがあると言わざるをえまい。

答え：
　「お互い様」の論理には、確かに説得力がある。しかしまず第一に、一般的にみて連合国は枢軸国と同じ意味で平和を乱しただろうか。実際に武力を発動して攻撃を仕掛けることと、侵略行為に対する強硬態度に出ることとは、全然別次元の事柄ではなかろうか。国際法の基準とされたパリ不戦条約（1928年）でも、自衛戦争は認められている。アメリカの日独への牽制や警告、同盟国援助は、自衛行為と言えるかどうかは微妙だが、それなりの正当な理由があった。アメリカは孤立政策を基本としていたとはいえ、宥和政策に徹すると侵略者の増長を招くという前例は、ミュンヘン協定前後のヨーロッパで見たばかりなのである。
　第二に、連合国が枢軸国と同じ国際法違反を犯していたと認めたとしてみよう。自衛戦争でない宣戦布告、捕虜の虐待、条約の破棄などは、連合国も同様に行なっている。しかし、原爆投下に関係する国際法違反容疑の事例に

ついては、「お互い様」の論理はいちおう守られていたと言えそうだ。なぜなら、ニュルンベルク裁判と東京裁判で、枢軸国の罪状の中に無差別爆撃は入っていないからである。ゲルニカ、ロンドン、南京、重慶などへの無差別爆撃の立案者・実行者は裁かれてはいない。連合国のほうがはるかに大規模で徹底した無差別爆撃をやっているので、枢軸国の無差別爆撃を裁かなかったのは辻褄が合っていると言える。これは、自分たちの罪を糊塗するために便宜的に日独の同種の犯罪も免罪したということもあるが、第1問、第2問で見たように、総力戦においては前線と銃後の区別がつきにくく、敵の軍需生産を潰すという戦略目的のためには必然的に一般市民も巻き添えにせねばならない、という正当化の論理ゆえとも言えよう。つまり、「お前だって悪いことしてるくせに、原爆落としたくせに」という非難を恐れて重慶爆撃をお目こぼしたというより、「お前らのやったあれは、別に悪いことではないのだよ、だから私らもやったんだがね」というわけである。

　「お互い様」の肯定バージョンともいうべきこの論理は、実際、ニュルンベルク裁判で被告のカール・デーニッツによって活用された。潜水艦隊司令官としてUボートの無制限潜水艦戦（群狼作戦）を指揮してイギリスの輸送船・商船を沈めまくり、撃沈した船の乗組員をしばしば救助しなかった罪を問われたとき、デーニッツは、アメリカ海軍が太平洋でまったく同じこと、さらにはもっと非情なことをしていた事実を持ち出して（ニミッツ提督の宣誓供述書が請求され、採用された）、この件については免責されたのである。理屈は、「あなた方だって同じ悪いことをしてるじゃないか」というものではなく、「あなた方と同じ、普通のことをしていたのです」という主張だった。

　実際、アメリカ海軍は、大西洋でのドイツの潜水艦作戦に手を焼いてその有効性を痛感したからこそ、それを真似して対日戦に応用したのだった。通商破壊による兵糧攻めは、島国としての日本の欠点を直撃しており、潜水艦はB-29とならんで対日戦勝利の最大功労兵器と言われる。終戦時は、日本の軍需工場は、破壊を免れたところも原料不足でほとんど稼働していなかった。しかし通商破壊作戦の目的とは関係なしにアメリカ軍は、漂流する日本人船員に機銃掃射することがざらだったのである。

　また東京裁判で日本の細菌兵器使用が裁かれなかったのは、その研究成果を欲したアメリカが取引に応じたためだったが、細菌研究に比べ化学兵器の

ほうは日本軍の技術は第一次大戦のレベルにとどまり、連合国にとって価値はなかった。にもかかわらず、中国での日本軍の大規模な毒ガス戦までもが訴追を免れた。その理由は、アメリカ自身が将来毒ガス兵器を使う自由を得ておきたかったからだった（アメリカ軍は朝鮮戦争では細菌兵器を使用している）。日本の毒ガス戦を告発して有罪にしてしまうと、毒ガス戦は正式に国際法違反だと認めたことになり、自らの手を縛ることになってしまう。

　捕虜や住民の殺害・拷問といった明らかな戦争犯罪については、「お互い様」の論理は守られなかった。一般市民へのソ連兵の暴行、終戦後のドイツ兵捕虜に対する米仏の虐待、米豪軍の「日本兵の捕虜はとらない」方針など連合軍の戦争犯罪は数多く知られているが、その種の行為への刑罰は、敗戦国だけに適用され、連合国側はお咎めなしだった。インドのパル判事の東京裁判判決批判もそのことを突いたものだった。「……本官は諸列強がことごとく犯罪行為に参加したと考えさせるような解釈を、パリ不戦条約に与えてはいけないと考える」（パル判決書、第２部［C］）。これはオランダとソ連の対日宣戦について述べられた言葉である。連合国はこの二国を犯罪国として裁くつもりはないはずで、だからパリ不戦条約を戦争犯罪の認定に使うことはできず、同条約をもとに日本を裁くことはできない──典型的な「お互い様」肯定バージョンの論理である。

　このように、捕虜虐待や自衛でない宣戦布告のような事例に関しては「お互い様の論理」適用に大いに疑問の余地がある。しかし、戦争努力の一環と見なせる潜水艦通商破壊作戦や都市爆撃のたぐいについては、戦犯裁判において枢軸国側も裁かれていない。つまり連合国と枢軸国の間に二重基準はあてはめられておらず、整合性は保たれているのである。

　というわけで、日本の重慶爆撃を罰しなかったアメリカには、原爆投下の罪で責められるいわれはない。

　　　　📖 ジョゼフ・E. パーシコ『ニュルンベルク軍事裁判』〈上〉〈下〉原書房
　　　　📖『ドキュメント 第２次世界大戦４ 恐怖の潜水艦戦』コスミック出版［DVD］
　　　　📖 P. ウィリアムズ、D. ウォーレス『七三一部隊の生物兵器とアメリカ──バイオテロの系譜』
　　　　　かもがわ出版

38 不公平な裁きのもとで「正義」とは何様なのか？

勝者の裁き　意味の全体論　カテゴリーミステイク　永久文

　原爆投下は、孤立した事件ではない。戦争全体の正しい意味づけができてこそ、個々の行為や事件の倫理的評価を下すことができる（**意味の全体論**）。無差別爆撃と潜水艦通商破壊作戦については「お互い様」でお咎めなしで済ませたとしても、捕虜の扱いなど通常の戦争法規違反に関して一方的に枢軸国だけに戦犯を適用していること自体、第二次大戦をめぐる戦争犯罪の評価全体が歪んでいることを示している。日本軍が連合軍捕虜を処刑したのが間違っていたとされるならば、アメリカ軍が日本船舶を撃沈したあと漂流者を機銃掃射したり、投降した負傷兵をすべて射殺するようオーストラリア軍将校が命じたりした多数の事例も同様に訴追されねばならなかったはずだ。それがなされないまま一方的な裁きがなされている文脈では、いくら無差別爆撃の分野だけが公平に扱われたとしても弁明にならない。戦争犯罪全般についての断罪が公平でない以上、原爆投下に対する正しい倫理的評価が下されているとは認められない。

答え：

　問題文の主張は、三つの誤謬に陥っている。一つは、意味の全体論を誇張していることだ。たしかに「戦争犯罪」という言葉の意味は、「法規」「倫理」「条約」「捕虜」等々、多くの他の言葉、ひいては日本語の語彙体系の全体を見通せないと正しく理解できない。しかしそれも程度問題である。知らない単語がたくさんあっても、依然として「戦争犯罪」の意味は理解できる場合が多い。

　「全ての事柄が正しく判定されないかぎり、部分的な事柄も正しく判定できるはずがない」とするのは**「完璧主義の誤謬」**（☞序章、第34問）である。そんな人生観に従っていると、そもそも科学は不可能になる。わかると

ころから解き明かしてゆくという、部分的真理を正当に認めてゆく姿勢からしか、科学の進歩はありえない。一気に全てがわかることなどありえないので、「急がば回れ」式に、根気強く、少しずつ真理を解明していかねばならない。世界を部分的に徐々にでも解明してゆく**分析的方法**に従った西洋文明で科学が発展したのに対し、東洋では**全体論的**な「世界の複雑さの尊重」をしすぎたため、仏教に見られるような「悟り」ができなければ全ては虚妄という「完璧主義の世界観」に陥り、科学の進歩が阻まれてしまったのである。「戦争犯罪」という概念の意味だけでなく特定の戦争犯罪の評価に関しても、捕虜の虐待への裁きはあやふやだったり間違ったりしていたにせよ、原爆投下を含めた戦略爆撃の評価については正しい判定が下されていたのかもしれない。少なくとも、他の種類の戦争犯罪について間違った判定が下されたからといって、原爆投下の倫理的意義についての評価が必然的に誤っていたことにはならない。

　第二に、戦犯裁判の意味をめぐる誤解。ドイツも日本も「無条件降伏」をした以上（「無条件降伏」の意味については第60問で再度考察する）、降伏後の措置については、連合国の裁量に任された面があった。天皇が証人喚問すらされなかったことからわかるように、国際軍事法廷というのは、純粋な裁判というより政治的処理であり、戦争の継続的事後処理と見るのが正しいだろう（☞第２問）。1951年９月８日署名、1952年４月28日発効のサンフランシスコ平和条約以前は、正式には日本と連合国との間の「戦争状態」が終結していない。したがって、**罪刑法定主義・法の不遡及＊**が満たされていないがゆえに東京裁判は無効である、とするのは、東京裁判の意味を取り違えた誤謬である。

　サンフランシスコ平和条約ではなく1945年９月２日の降伏文書調印によって正式に戦争が終結したと見なしたとしても（むろんそれが常識だが）、東京裁判を法的な「裁判」と見なすことはできない。独立国を束縛する成文国際法の効力など無きに等しかった当時において、国際的な戦犯裁判など合法的に成り立ちようがないことを考えれば、東京裁判は単なる演劇であって、無条件降伏を受けた戦勝国の自由裁量による戦後処理の儀式だと考えるのが妥当だ。戦中になされるべきだった政治的措置の事後的実施に対して、可能なかぎり法的形式を装った合意を与えるためのパフォーマンスに他ならな

かったのである。

　東京裁判が司法措置ではなく政治的措置だったことは、極東国際軍事裁判所条例に「判決は連合国最高司令官ダグラス・マッカーサー元帥の審査を受ける」という規定が含まれていたことからもわかる。しかもそのさいマッカーサーは、各国駐日外交代表と協議する義務を負っていた。つまり東京裁判の判決なるものは、はじめから行政的審査と外交的協議の対象だったのである。結果的にマッカーサーは判決どおりに刑が執行されることを決定したが、まがりなりにも行政官や外交官が判決内容に責任を持つなどということは、本物の司法裁判にはありえないことだろう。

　他にも、ニュルンベルク裁判に関するアメリカ政府覚え書き（1945年1月22日）には「法至上主義」を斥けるという趣旨が明言されているし、マッカーサー決定後に被告が行なったアメリカ連邦最高裁判所への人身保護令申し立てが却下された理由のうち重要なものが、「東京裁判は司法的な法廷ではなく、政治権力の道具である」（1948年12月20日）というものだった。

　したがって、ニュルンベルク裁判や東京裁判を批判する人は、「**カテゴリーミステイク**」を犯している。世界政府が存在しない以上、国際社会全体を律する法体系など存在しないのだから、戦後の混乱から国際秩序を回復する措置は、いずれかの国家または国家群の法をもとにした擬似司法手続きによるしかなかった（具体的には英米法か大陸法だった）。よって、国際的な「法廷」が厳密な司法手続きとして成り立つはずがない。そのような自明の不可能性を可能にしなかったからといって、「法廷」というタイトルを文字通りにとって法廷として失格だと批判することは、戦勝国の裁量による行政手続きというカテゴリーと司法手続きというカテゴリーとを混同したカテゴリーミステイクにあたる。

　もしも、便宜的な見かけ（司法法廷）をわざと真に受けることにより、司法手続きとしては当然のことながら不備であることをもって、行政措置としての意義をも否定するとしたら、「**わら人形論法**」にあたる。東京裁判は「芝居だ」というよく聞かれる非難は、芝居であってはならないという前提に立っているが、皮肉にも、東京裁判は司法裁判としては虚構（芝居）でしかありえなかったがゆえにこそ「芝居だ」という**非難**は不当なのである。

　虚構の司法裁判というパフォーマンスは「偽善」であり「不公平」であろ

うか。そうとも言えない。前述のように、東京裁判が司法措置ではなく政治的措置だったことは裁判所条例や覚え書きからはっきり読み取れる公認事項だったので、少なくとも連合国の自己欺瞞はない。政治的には、「必ず負ける戦争」を無謀にも開始して長期にわたって内外の人々を苦しめた責任は、先制攻撃をした敗戦国の指導者だけに負わせるべきなのは当然である。戦犯裁判は戦後処理手続きの一環なので（平和条約発効まで戦争状態が続いたと見れば戦中処理手続きの一環なので）、戦勝側が自らを裁くのは時期尚早である。戦後政策を進めて国際秩序の復興を担うべき戦勝国のメンバーの中から、敗戦国への戦争犯罪によって裁かれる者を調査告発していくとなると、戦後秩序の復興作業がはかどらなくなってしまうからだ。戦犯裁判とはかさねがさね、司法措置でなく行政措置としてしか成り立ちようがなかったのである。

　戦争努力への倫理的判断の座標は「正義・罪悪」の軸ではなく「安全・危険」の軸に据えるべきだということは第2問で見た。国際戦犯裁判は**過去の罪の審判ではなく、現在と未来の安全・安定を確保するための政治的実務**に権威を与える象徴的儀式なのだ。そう割り切って捉えれば、戦勝国と敗戦国への不平等な罪状認定は不合理なものでないことがわかる。東条英機が裁かれたようにトルーマンも被告席に座り、山下奉文が裁かれたようにマッカーサーも断罪されることになったら、日本占領政策も、西側の対ソ戦略も滞ったことだろう。見かけの「裁判」の体裁に囚われず、国際軍事裁判の意味を考えるならば、政治的に見て、不公平性は必然かつ正当である。

　むろん、勝ったからといってすべての罪がチャラになるわけではなく、勝者の側どうしでの調整は必要だろう。重巡インディアナポリスの艦長（☞第12問）をはじめ、味方に損害をもたらした罪で戦後に軍法会議にかけられ有罪となった戦勝国メンバーは何人かいるし、日系アメリカ人の強制収容に対するアメリカ国家からの補償もなされている。しかし、敗者に対する罪を勝者が率先して認める必要があるだろうか。勝って図らずも損をする要素はあるだろうが、それは最小限にとどめるべきであり、勝者自ら損失を作り出す姿勢はとらなくてよいというのが、「勝ち」「負け」のイデオロギーの本質であろう。戦争は論理的には**ゼロサムゲーム**でないという理屈はわきまえねばならないが（☞第18問）、蓋然的には、そして参戦主体の意図からすれ

ば戦争努力とは勝－得／敗－損の対応にもとづいている。始めから、損をするために戦う者はいない。「勝てば官軍」は戦争の前提条件だったのであり、戦犯裁判などで法的体裁をとる必要すらないほどなのである（ヒトラーが自殺するまでは、チャーチルは裁判抜きでナチス高官を全員即時射殺すべしと主張していた）。

　それでは東京裁判はまったく政治的な演出であって裁判としての意味が全然なかったかというと、そうではない。ここに第三の誤解がある。不備きわまりない国際法の範囲において、それなりに司法的体裁に合致した判決理由などが提示されたことは確かである。そして、ニュルンベルク裁判と東京裁判の政治的目的の中には、「国際刑法の再建と先例作り」という重要な理念が含まれていた。司法の観点からみて無意味な試みとは言えない。

　さらには、法的か政治的かを問わず、戦前・戦争中の諸々の真実を解明するためには、不偏不党の立場からなされねばならないということは決してない。もちろん、中立国の判事によって判決が下されていたら（行政上はともかく司法上は）理想的だったろう。しかし、たとえ偏った立場からの構図であっても、客観的な全体像を復元することは容易にできるものである。たとえば、部屋の東の隅から室内を見回して、机や椅子や壁掛けの様子を写真に何枚か撮る。東の隅だけから見たという偏りはあるにせよ、その写真をもとに、部屋を西から眺めたらどう見えるか、北からならどう見えるか、天井から見下ろすと、床から見上げるとどうか、等々を復元することが相当程度可能だろう。そればかりか、どの方向から見たという指定なしに、全方位の座標系に部屋の中の家具や装飾の場所を指定し、どの方向から見ても通用するような部屋の記述を完成することすらできる。偏った視点からの写真であっても、「東の隅から撮った」というバイアスが明示されているかぎり、その偏った視界は偏らない客観的描像を復元するためのデータを提供できるのである。

　同じことが、勝者の視点から裁かれた裁判についても言える。「連合国はこう判断した」という条件さえ明記してあれば、東京裁判で示された諸証拠と判決文は、客観的な倫理的評価の提示に等しい効用を持つのである。

　「認識が偏っている」ことは、必ずしも「偏った認識しかもたらさない」という意味ではない。**「条件付きの判断」** は、必ずしも「無条件の判断を妨

げる」ものではない。この「偏りと普遍性の同等性」「条件と無条件の互換性」を表わすのに、論理学では「**演繹定理**」、哲学では「**永久文**」といった概念が用いられている。

　演繹定理については第24問で触れた。演繹定理とは、真なる文を述べたいとき、どうしてもデータの不足で真なる文が述べられないと思われる場合、条件付きの文に翻訳することによって、つまり偏った観点から通用するにすぎない真理を述べたものとして〈内容を薄める〉ことによって、真なる文を当面の目的のために急造し、議論を進めてゆく方法である。たとえば、「ナチス・ドイツ軍のモスクワ侵攻を食い止めるためにシベリア部隊を西方に回す」ことができるかどうか、つまり、「シベリアの兵力を対独戦に投入してもソ連は安泰である」が真か偽かはわからない。「日本軍はシベリアを攻撃しない」かどうかがわからなければ、真偽が決まらないのである。だからといって、何もわからないことにはならない。「『日本軍はシベリアを攻撃しない』ならば『シベリア部隊を対独戦に投入してもソ連は安泰である』」というふうに、条件付きの文にしてしまえば（ある偏った見方が前提されたとすれば）、全体が真であると言ってよい。では、「日本軍はシベリアを攻撃しない」の真偽はどうか。これもわからない。しかし再び条件を付ければ、真なる文が入手できる。「日米関係が悪化すれば、日本軍はシベリアを攻撃しない」という条件文にしてしまうのだ。

　こうした条件文は、あくまで条件を満たした上での真偽を述べているので、客観的な文でないように見えるが、それは過小評価である。「条件を付けた文」が**無条件**で成り立っているからである。「日米関係が悪化すれば、日本軍はシベリアを攻撃しない」という文は、日米関係が悪化してもしなくても、全体として真なるものとして述べられている。「日米関係が悪化すれば、日本軍はシベリアを攻撃せず、日本軍がシベリアを攻撃しなければ、シベリアの兵力を対独戦に投入できる」という判断は、無条件で成り立つと判断されうるのだ。（実際、アメリカからの強硬な対日通告であるハルノートの作成には、ソ連のスパイが秘かに関わっていたとされる。ソ連軍がシベリア部隊の支援を得てドイツ軍をモスクワ近郊で撃退し反撃の端緒を摑んだのは、いみじくも真珠湾攻撃の２、３日前であった）。

　「**永久文**」も似たような発想による。たまたま今だけ正しいこと、過去の

ある時期にだけ正しかったことを述べている文も、時刻を明示すれば永久に正しい文になるということだ。「日本は戦争に勝った」は、時間を明記しないと真偽がわからないが、「1905年に日本は戦争に勝った」は、どの時間においても正しい。「1905年に日本は戦争に勝った」という文は、どの時代にも正しいと認められる、いわば「永久に正しい文」＝「永久文」なのである。

「日本は○○、××、△△、……等の罪に問われる」というのが無条件で正しいとは言えなくとも、「連合国の判断では、日本は○○、××、△△、……等の罪に問われる」という条件文は無条件で、永久に正しいと考えられるのだ（厳密には、東京裁判に判事を出した連合国11ヶ国の間でも意見の不一致があったので国別に細分化した条件の下で述べ直すべきだろうし、さらには11人の判事が自国の公式見解をそのまま代表しているともかざらないので個々の判事に相対化して条件付けなければならないだろうが）。そして、アメリカがどう判定したか、中国がどう判定したか、フィリピンがどう判定したかという「偏った」「条件付きの」データが、偏らない客観的な倫理判断を復元する材料に十分なりうる。東京裁判は、勝者の視点から見た解釈・評価にすぎないが、それこそが、全体像の解明に役立つ、というより、それ自体が全体像の解明になっているのである。条件付きの真理は、無条件の真理と互換性があるのだ。

東京裁判に問題があったとしたら、「共同謀議」のような曖昧な概念の適用や、被告の選びかたの恣意性など、虚構仕立ての司法裁判としてもアラが目立ち、上出来なお芝居とは言えなかったことであろう。とくに、政府・軍が邪悪であるからには、政府・軍の指導者や個々のメンバーもまた邪悪であるに違いないという「**分割の誤謬**」（☞問23問）に基づいていたことは、東京裁判の重大な論理的誤謬と言わねばならない。しかしそのあたりは原爆投下の評価に直接関係する問題ではなさそうである。

☑ 法の遡及と意味の遡及

＊　該当すべき法律がなかったときになされた行為を、あとから作った法律で罰してはならないという罪刑法定主義は、司法手続きでは守

られるべき原則である。罪刑法廷主義に反する**「法の遡及」**は御法度であることは公に認められてきたが、国家行為の**「意味の遡及」**はしばしば国家自身の手によってなされてきた。たとえば、宣戦布告のないまま続いてきた日中の戦争状態を、日本政府も中国政府も「戦争」とは認めなかった。アメリカを主とする中立国の援助によって戦闘を継続していたからである（中国は各国の援助物資により、日本もアメリカから鉄、石油を輸入することで初めて戦闘を継続できた）。それゆえ日本では日中紛争を日華事変もしくは日支事変と呼んできたが、1941年12月9日、日米開戦直後に蒋介石国民政府が日独伊に宣戦布告すると、日本政府は「1937年7月7日の支那事変開始に遡って今回の戦争全体を大東亜戦争と称する」と発表した（12日閣議決定）。事後に「戦争」と規定することにより、日本は、日華事変へのアメリカの介入（中国への兵器貸与、義勇兵の参戦許可、軍事使節団の派遣など）を対日戦争行為として非難できるようになったのである。すなわち、すでに37年以降アメリカは日本と戦争していたのだから、日本からの真珠湾攻撃は背信行為ではなかったと意味づけようとしたのだった。

　この論法は、東京裁判において「日本の対米攻撃は侵略戦争の開始ではなかった」ことの立証のため弁護側により主張され、パル判事は熱烈に支持した。「法」の不遡及に反発する東京裁判反対論者が「戦争という意味付け」の遡及は大いに認めていたというのは矛盾寸前の珍現象である。なぜなら、「戦争」のような「制度的意味付け」は、「法」と同様の性格を持つものだろうからである。

　　　チャールズ・A. リンドバーグ『リンドバーグ第二次大戦日記』新潮社
　　　アーノルド・C. ブラックマン『東京裁判 もう一つのニュルンベルク』時事通信社
　　　牛村圭『「文明の裁き」をこえて』中央公論新社

39 /62

天皇を免責したアメリカは正しかったのか?
天皇機関説

　前問の第二の要素として、「天皇が免責されたのは連合国の戦略上、当然である」ということが述べられた。天皇の戦争責任が「客観的に」どうであるかは別として、アメリカにとってみれば「天皇に戦争責任はないものとする」のが政治的正解なのだと認めよう。すると、天皇制を潰すという虚偽の可能性をあくまでちらつかせたまま対日戦争を長引かせ、待望の原爆投下に持ち込んだアメリカの姿勢というのは、ますます罪が重くないだろうか。

答え:

　「天皇を訴追しない」というアメリカの方針は、中国、オーストラリア、オランダなどには共有されていなかったことにまず注意しなければならない。第27問でもすでに触れたとおり、天皇の戦争責任について、連合国の間で同意はなかった。

　他ならぬ日本の観点からすればどうかといえば、天皇に倫理的・道義的な戦争責任があったことは明白である。戦後になって、天皇に戦争責任はなかったかのように論じる日本人が現われたが（東京裁判における東条英機がその筆頭だ）、それは倫理的な責任を狭義の法的責任にすり替えているか、または天皇の矮小化であり、侮辱というべきであろう。法的にも、もし天皇機関説を否定して統治権が天皇にあるとするならば、最狭義の法的責任ですら天皇に帰せられることは明白だ。戦争中の建前としては、天皇に責任がないなどと信じている政治家・軍人は皆無だったはずだ。天皇に自発性もしくは責任はないなどと公言したら、それこそ不敬罪に問われただろう。統帥権どころか、統治権までもが天皇の大権だったのだから。

　「天皇に責任はない」という認識は、天皇への過小評価である。天皇親政を唱える皇道派が二・二六事件以降衰退したことは確かだが、政策の責任主

体であることは、親政の主体であることを必要としない。かりに天皇機関説を信じていても、天皇に責任を認めることができる。実際は天皇機関説は排撃され、戦前・戦中の日本人の建前は、天皇は国そのものだとする考えだったが、譲歩して天皇機関説が正しく（学界や天皇自身がそう認めていたように）、天皇が国の一機関にすぎないとしても、最高機関としての地位は揺るがなかった。天皇は神でないにしても少なくとも最高機関であり、天皇の権限は絶対的だった。当然、法的責任もなければならなかった。

　法や倫理の上での責任の定義に頼る以前に、政治（すなわち実質的影響力）を見ても、天皇の責任は明白である。張作霖爆殺事件後の田中内閣総辞職、二・二六事件の鎮圧、対米一撃論の支持による降伏の引き延ばし、そして他ならぬポツダム宣言受諾の決定は天皇裕仁の個人的主張が決定的要因となった。天皇の具体的発言には実質的影響力があった。重慶に近い宜昌の占領を急かし、珊瑚海海戦について海軍の詰めの甘さを叱り、太平洋の戦局が絶望的になった段階においてさえ中国大陸での一号作戦の成功に喜び「そこまで進撃したなら昆明まで行けぬのか」と好戦的な示唆を与え続けた裕仁である。大和水上特攻も、天皇の「水上部隊はないのか」の一言で決まったし、特攻そのものからして、神風の生みの親である大西瀧治郎が天皇の休戦命令を期待しての外道作戦だったことを告白していた（☞第20問）。政府に背き続けた軍部も、天皇個人の発言は尊重しており、重大な作戦や戦争続行それ自体の是非が、最終的に天皇の一存で決まることがありえた。少なくとも上層部にそう認識されていたのである。天皇自身にも自分の言葉の重みはわかっていた。意外と知られていないが決定的なのは、本土決戦方針を決定した御前会議と同日（45年6月8日）、戦中最後の議会である第87回臨時帝国議会の開院式で次のような勅語を発したことである――「世界の大局急変し敵の侵寇亦倍々狷獗を極む正に敵国の非望を粉砕して征戦の目的を達成し以て国体の精華を発揮すべき秋なり」。断末魔が近いこの時期に天皇の徹底抗戦命令が出たことにより、厭戦の世論は完全に封じられ、海軍と宮中グループの終戦工作（☞第28問）も致命的なダメージを被った。この種の勅語の発布は、天皇の自由意思による認可がなされないかぎり実行されない。陸軍の強硬派に引きずられた天皇の責任は重大である。

　戦況をたえず報告されており、かつ権限を持っていた天皇が、原爆投下と

ソ連参戦に至るまで降伏命令を出さなかったのは、「国体の護持」つまり皇室の安全を確信できなかったからだった。日々の国民の苦難より、三種の神器を守ることのほうがはるかに大切だった。それでも天皇個人に倫理的・政治的責任がないと主張する人は、大日本帝国における天皇という機関を不当に矮小化しているとしか言いようがないだろう。あるいは、責任なき権限というものがいかにして可能だったのか、その哲学的根拠を説明しなければならない。

　天皇に責任があることは、首脳部の誰もが認識していた。内大臣だった木戸幸一は巣鴨の監獄内から天皇裕仁に宛てて、ここで退位しなければ永遠の恥を残すでしょう、と書いている。近衛文麿や東大法学部七教授の和平構想にも裕仁退位は含まれていた。天皇退位どころか、天皇の処罰、天皇制の廃止といった措置も、日本人は覚悟していたのである。それが一億玉砕を唱えた戦中イデオロギーの唯一正しいケジメのつけ方だった。そもそも国敗れても天皇が残るとわかっていれば、200万以上の日本人が命を投げ出す必然性などなかったはずだろう（陸軍少尉・小野田寛郎はルバング島で、新聞やラジオにより皇太子成婚、東京オリンピック、東海道新幹線開通など日本の繁栄を知り、戦争はまだ続いていると判断したが、その根拠は「負けたなら一億玉砕して日本という国は消えているはずだから」だった）。

　一億玉砕にふさわしいケジメのつけ方を、天皇は為すべきだったのである。そのうえ、天皇制廃止がいかなる点で日本にとって「損」だったのか必ずしも明らかでないことを考えると、天皇退位または天皇制廃止に甘んずることは、敗戦の過ちを末永く痛感し続ける意味では天皇制存続よりもはるかに日本人にとって望ましかっただろう。天皇制廃止が断行されていれば、靖国問題などで近隣諸国と揉めることもとっくになくなり、日本の文化的発展も今以上のものだったかもしれない。

　以上のような実状をふまえれば、アメリカの戦略的姿勢も理解できよう。結局、「天皇に戦争責任はないものとして扱う」のが戦後アメリカの政治的正解だったとしても、同時に「実状に合わせて天皇に戦争責任はあるものとして戦後扱うふりをする」のが戦中アメリカの政治的正解だった、したがって天皇制容認のそぶりも見せるわけにいかなかった、ということになる。

📖 ハーバート・ビックス『昭和天皇』〈上〉〈下〉講談社学術文庫
📖 小野田寛郎『わがルバン島の30年戦争』講談社

40 /62

天皇の戦争責任と原爆投下の正当性は関係があるのか？
自己規定のパラドクス

　前問の議論は、天皇の行使できた権限を過大に見積もりすぎているのではないか。天皇は、あくまで立憲君主だった。天皇自身が自らをどのような立場と認識していたか、その「自己規定」は、「憲法を守る立憲君主」であった。せいぜい議会と同格の存在であり、議会は天皇から独立しているものと自ら認識していたようだ。美濃部達吉の天皇機関説は、天皇自身の見解でもあったのである。

　実際、天皇の意見は、軍や政府によって適当に無視されたり、歪曲されたりした。その結果が泥沼の日中戦争から原爆投下への道だった。

　山本七平によると、満州事変から終戦にいたるあいだ、天皇がとりうる立場は次の二つしかなかったという (p.268)。

(一)　あくまで頑固に「憲法どおり」で、どのような犠牲を払っても歴史的実体としての日本を憲法へ引きよせるという、即効性のない道を"鈍行馬車"のように遅々として進むこと。
(二)　憲法の建前にかかわらず「歴史的実体としての日本の現実」に直接に対応していくこと、言葉を換えれば「憲法停止・御親政」へと進むこと。

　天皇裕仁は基本的に（一）の立場に立ったが、裕仁自身が認めているように、彼自ら、少なくとも二度はこの「自己規定」に反し、（二）の権限（理論的にはともかく少なくとも現実に有していた権限）を行使した。二・二六事件の鎮圧と、終戦の聖断である。

> その他にも天皇自身の意見、希望、叱責が政府や軍に届いていたことは前問などで見たとおりだが、それらは軍の意に添わない場合には無視されていた。危機がのっぴきならないほどに迫ったときにのみ、やむをえず天皇は危険分子を抑えるため実質的な強権を発動したのだ。この天皇のスタンスは、憲法尊重による国政の維持という大きな利益に添った、穏当な姿勢だった。
>
> さて、天皇の権限を小さく見積もるこの見方と、原爆否定派の主張とは、実際どう関わりあうのだったか。改めて整理してください。

答え：
まず、自己規定によって自らの合法的権限を定めることは誰にもできない、ということを理解せねばならない。私やあなたが自分を国内唯一の主権者だと「自己規定」しても、そんな規定はまったく効力を持たないだろう。天皇の自己規定についても同様である。彼がいくら自分を「憲法に服する存在」と規定していたとしても、実質的には、憲法から逸脱しても超法規的に合法化されていくのが天皇の命令だったという現実があり、天皇自身もそれを了解していたのだから、「憲法に服する存在」という自己規定は空虚であり、その規定によって天皇が主権者としての責任を逃れることはできない。

もし天皇の自己規定が有効だというなら、彼は自由に自己の責任範囲を定めることのできる万能の存在ということになり、自らを自由に制限する権利こそが却って無制限の権力者たることの証しとなってしまう。ちょうど、「自分に持ち上げられない石を創り出せる」という**全能の神のパラドクス**のように、ほしいままに自己規定できる天皇というものは無規定・無制限の存在であるという自己否定状況が生ずる。これを**「自己規定のパラドクス」**と呼ぶことができるだろう。

天皇の権限についての議論は、一見、脇道にそれた印象を与えかねず、原爆投下論議の本筋とは関係が薄いと思われるかもしれない。しかし実は密接な関係がある。天皇の権限と原爆投下との関係は、ここでいったん整理すると、次のようなものとなるだろう。

天皇の権限、とくに天皇が日本の侵略政策に寄与した（促したあるいは阻

止しそびれた）度合はRである
　　　　↓
連合国が天皇の処罰または天皇制廃止を求める動機の正当性はRである
　　　　↓
連合国が天皇制維持の許容を日本にあらかじめ告げなかったことの合理性はRである
　　　　↓
天皇制容認に代わる選択肢が原爆投下であったかぎり、原爆投下の正当性はRである

　こうして、原爆投下の正当性と、天皇の権限の大きさは、比例するのである。
　これはもちろん、ごく単純化した連鎖式である。ソ連参戦の正当性や、日本政府が天皇制に固執することの合理性などの値も副次的ファクターとして考慮に入れねばなるまい。よって、天皇の戦争責任の度合と原爆投下の正当性とが「正比例する」とまでは言えないだろう。しかし少なくとも、「天皇の戦争責任と原爆投下の正当性との間には正の相関関係がある」と断定はできるだろう。天皇の責任が重ければ重いほど、日本政府は天皇の免罪を信じにくくなり、そんな日本に対して連合国側は（妥協的態度を読まれることを怖れて）天皇制護持を保証しにくくなり、それに代わる打開策としての原爆投下はやむをえなかった、という論理である。
　したがって、天皇の権限を小さく見積もる人は、アメリカの原爆投下をそれだけ強く非難する合理的理由を持っている。逆に、天皇の戦争責任を追及する人は、その程度に応じて、原爆投下の正当性を受け容れなければならないのである。

山本七平『裕仁天皇の昭和史』祥伝社

41 /62

皇室との和平交渉の余地はあっただろうか？

過剰な補償

　天皇に責任があり、発言力もあり、敗戦なら天皇制廃止という覚悟が日本指導者たちにできているほどに国＝天皇だったのだとすれば、天皇を利用して陸軍を抑えるのは容易だったのではないだろうか。さらには、アメリカも天皇の権力を認識していたはずだから、日本本土上陸のような犠牲の大きい作戦を実行するまでもなく、皇室との交渉で日本を降伏させることができたのではないだろうか。天皇の側近を中核とする和平派に働きかける政治的工作をこそ、アメリカは策するべきではなかったか。そうすれば、原爆投下もソ連参戦も必要なかったはずである。

答え：

　結論から言うと、和平交渉は、ポツダム宣言での天皇制許容の表明どころではない危険な賭けであり、論外である。皇室相手の交渉などアメリカ政府が考えた形跡すらない。枢軸国の単独不講和協定に対抗して連合国も、1942年1月1日にワシントンで26ヶ国が連合国共同宣言（国際連合の前身）に署名し、「敵国と単独の休戦または講和を行なわないことを誓約」しているので、主唱国のアメリカがこれに違反することはできないのである。

　天皇裕仁は、ヒトラー、ムッソリーニと並べて主敵として宣伝されてきたキャラクターである。ドイツ国内の反ナチス派からの和平工作さえはねつけたアメリカが、反軍国主義者でない天皇と交渉できるはずがなかろう。

　ルーズベルト大統領は一度、「ダルラン取引」によって懲りている。アメリカ軍は、ヴィシー政権の海軍大臣でナチス協力者のフランソワ・ダルラン元帥に身分保障をすることにより、北アフリカ戦域を有利に進めようとした。が、ナチと取引したことでルーズベルトは世論の猛批判に遭う。42年暮れにダルランが王制主義者のフランス人青年に暗殺されたことにより、図らず

もすべて解決したが、「敵との交渉」という手に関しては、ルーズベルトは苦い反省を強いられたことだろう。直後（43年1月）のカサブランカ会談での「無条件降伏」の要求宣言は、ダルラン取引の反動と見ることができる。とりわけ、ソ連に抱かれがちだった「米英の対枢軸休戦の疑念」を払拭せねばならなかった。ダルラン取引のような対ナチ宥和策（ととられかねない策略）を全面撤回し連合国共同宣言を遵守する決意を内外にアピールする必要上、余儀なくされたのが「無条件降伏要求」だったのだ。これ以降、ナチや天皇のような主敵との交渉など、連合国とくにアメリカにとっては絶対ありえない選択肢となったのである。

　トルーマンもその方針を受け継いだ。「敵と交渉せず」というその方針が正しかったかどうかはともかく、ダルラン取引の失敗を繰り返すまいというアメリカ政府の心理は自然ではある。無条件降伏要求のような徹底した宣言は、ダルラン取引の後始末としては「過剰な補償」であり、それ自体問題含みであることは否めないが、無条件降伏要求ほど厳格な態度がとられなかったとしても、皇室との交渉がどのみちありえなかったことには変わりなかろう。なにしろ日本政府は天皇の名において、英米の仮想敵となりつつあったソ連を相手に和平工作を図り、天皇の特使派遣まで申し出ていたのであり、そのことを暗号解読によって米英は知っていた。皇室相手の交渉は、西側連合国にとってなおさら信の置けない選択肢と化していたのである。

ボリス・スラヴィンスキー『考証日ソ中立条約』岩波書店

42 /62

イメージ戦略からも原爆投下は失策だった？
不当な一般化　選択効果

　天皇との交渉も望みがなかったとしても、アメリカとしては、原爆投下という人道的に物議を醸すことがわかりきっている派手な作戦に訴える必要はなかったのではないか。つまり、アメリカ自身の利害を

考えて、戦後の倫理的指導性を発揮するためにも、もっとイメージのよいやり方があったはずである。とくに、ファシズムと軍国主義の「悪」に対抗する「正義の戦争」という図式は当時から現在まで連合国の大義として掲げられてきたが、原爆投下がその大義に大きな疑問符を投げかけたことは否めない。原爆投下直後から、オピニオンリーダーが原爆投下非難声明を行なったり、マスコミが一般市民の非難の投書紹介をしたりしている。ローマ法王庁の機関紙『ロセルバトーレ・ロマノ』（8月7日）、ロンドン発のエキスチェンジ通信（8月9日）、『サンフランシコ・クロニクル紙』（8月13日）、イギリス上院にてカンタベリー寺院フィッシャー大僧正（8月16日）など。8月19日にはロンドン聖アルバンス寺院のシー・シクネス正牧師が原爆投下を非難するために戦勝感謝祈祷会を禁止した。もちろんすでに見たように、漫然と海上封鎖を続けたり日本本土侵攻を実施したりするよりは、原爆投下は実質的犠牲者の数において確かに「安上がりな」方法だったかもしれない。しかし短期的な戦略的考慮よりも長期的な世界戦略を睨んだ場合はどうだったのか。原爆投下は、その人道的疑問によって国際世論を敵に回しただけでなく、ソ連との対立を招いて核兵器の国際管理を不可能にした責任をアメリカが一身に背負わされるなど、イメージ戦略上、明らかな失策だったのではなかろうか。

答え：
　原爆投下への反響については、非難の声に劣らず、突然の終戦を歓迎する声も多かったという事実を指摘して、さしあたり簡単に片づけることができる。アメリカは原爆投下によって決して国際世論を敵に回しなどしなかった。一部の非難を取り上げて、全世界がその非難の声に染まっていたかのような議論は、意図的に選択した偏ったサンプルで全体を代表させる**不当な一般化**である。あるいは、意図的に選ぶことをせずとも、激しい非難はそれだけ声高で目立つため、感謝や賞賛よりも非難のほうが多いかのように錯覚される。目立ち方（声の大きさ）による意見分布の偏りをそのまま全体傾向を表わすものと考えるのは、「**選択効果**」（☞第28問）を考慮に入れない誤りである。
　倫理的イメージということでいえば、概してアメリカは、連合国の中でも

クリーンな戦略に従って動いていた。アメリカは、「フットボールをするように第二次大戦を戦った」とよく言われる。イギリスや中国に代表される他の連合国が戦後戦略を考えながら謀略戦を演じていたのに対し、アメリカはナイーブに、できるだけ早く敵を倒すためにのみ全力を尽くした。ソ連ですら、戦後の共産主義の世界制覇という目標を念頭に置いて戦っていた。戦後戦略のなかったアメリカは、戦闘には完勝しながら政治的には敗北した、と言われるゆえんである。とくに中国に投資したコストはすべて無駄になった。朝鮮戦争では、日本軍と戦っていたかつての同盟軍による攻撃によってアメリカ軍が撃退されるという憂き目にあったのである。

　では、原爆投下もそのような無定見な失策だっただろうか。日本を安価に降伏させるためには絶大な力を発揮した原爆だが、無警告で実戦使用するというあのやり方は、核兵器時代の幕開けを標すには適切であったのか、なかったのか。

　原爆投下をせずに1945年8月以降も戦争継続することは、日本対米英の戦争継続と、中国と東南アジアへの日本の侵略・占領状態の継続との、二つの面を持つ。日本本土上陸を敢行しないかぎり、米英軍が大打撃を受ける可能性はほとんどなかったとはいえ、第13問に見たように毎月20万人のアジア人民が死亡していた状況では、いずれにせよ可能なかぎり早期の終戦を図らざるをえまい。予定どおり11月1日には日本上陸が決行されただろう。

　ダウンフォール作戦（南九州上陸のオリンピック作戦［11月1日予定］＋相模湾・九十九里浜上陸のコロネット作戦［46年3月1日予定］）では、上陸軍は意外に苦戦したであろうと考えるべき根拠がいくつかある。もちろん、ドイツとは違って日本の場合、島国なので、海上封鎖によって資源の輸送が途絶え、本土決戦前に軍需産業もほとんど壊滅していた。したがって、本土決戦で連合軍に対してドイツ軍なみの有効な反撃ができたとは考えられない。それでも、終戦時には日本国内に10,700機の実戦可動な飛行機があり、修理中・改装中のものも含めると17,900機の飛行機があった（アメリカ戦略爆撃調査団の1946年レポート）。決号作戦ではこのほとんどすべてを特攻機として使う予定だった（残存パイロットの大半は訓練時間が真珠湾攻撃当時のパイロットの5分の1以下で、特攻以外の戦いをする技術が

42　イメージ戦略からも原爆投下は失策だった？

なかった)。九州沖で5,000機の自殺特攻を受けた場合、上陸軍の損害は沈没90隻、損傷900隻とアメリカ軍は後に試算している。

しかも、連合軍の上陸予定地点・時期と日本側の決号作戦が予想した上陸地点・時期とがまったく一致していたこと、アメリカは沖縄戦のような内陸での要塞持久戦術に遭うと予想していたのに対し日本軍は水際の玉砕戦を予定していたこと、アメリカは日本の航空兵力については正しく把握しつつも陸上兵力をかなり過少評価していたこと、……等々を考え合わせると、上陸時の連合軍の損害は空前のものになった可能性が高い。連合軍の勝利は100%確実であるとはいえ、相当困難な上陸作戦となることもほぼ必然だったのである。

アメリカ軍は、兵士の犠牲を減らすために先制攻撃用の毒ガス(イペリット、ルイサイト、青酸、ホスゲン、塩化シアン、そしてドイツ軍から押収したサリン、タブン)を大量に備蓄しており、マッカーサーも毒ガス戦発動を望んでいた。上陸時にアメリカが毒ガスを使用するのは当然だと日本軍も考えていた。アメリカ軍には、オリンピック作戦開始15日前から毒ガス爆撃をかける計画まであったので、上陸時に水際で予想以上の苦戦を強いられた場合はなおさら、準備した毒ガスを大規模使用した可能性は高い。太平洋戦争で毒ガス戦は結局行なわれなかったが(マレー・シンガポールやガダルカナルで日本軍が散発的に使った以外は)、中国戦線では日本軍が大規模に毒ガスを使っていたことが米英に早くから知られ、ルーズベルトが何度か日本に警告していたにもかかわらず日本軍が使い続けていたため(第二次大戦で戦闘に毒ガスを使ったのは日本軍だけ)、アメリカ軍は毒ガス先制攻撃に罪悪感を持っていなかった。6月のアメリカの世論調査では、40%が対日毒ガス使用に賛成しており、これは参謀本部にとって今後十分誘導改善の見込みある数字だった。さらには、枯葉剤による稲の絶滅作戦や、戦術原爆(戦場用の小型原爆)を9〜12発使用する計画もあった。

最も凄惨な死闘は、茅ヶ崎方面で展開されただろう。「攻撃陣地は準備するが、防禦のための第二線陣地はまったく考えない」「攻撃部隊は敵弾はもちろん、友軍の砲弾も浴びながら突進し、敵と差し違えようとする」(『本土決戦準備〈1〉関東の防衛』防衛庁防衛研修所戦史室)戦闘指導に従う日本軍陸上兵力を、アメリカ軍は決号作戦の該当数字より過少に見積もっていた。そのた

め、相模湾においては凄惨な毒ガス戦・原爆戦が展開されたおそれがある。一般国民（国民義勇隊）の大規模な狂信的・自殺的な抵抗に遭った場合にはなおさらだろう。

　また、いずれ必然的だったソ連参戦がなされれば、「ソ連参戦でただちに日本降伏」という政治的に由々しき事態を避けるため、アメリカはオリンピック作戦準備完了前であっても毒ガス使用を急いだだろう。

　このように、広島・長崎の原爆投下を思いとどまった場合は、アメリカ軍はさらに嫌悪すべき戦術をとりとめなく用いることを余儀なくされ、アメリカの倫理的イメージはいっそう悪くなったはずだ。広島・長崎へのワンツーパンチ・ノックアウトのイメージよりかなり悪い。ローマ法王庁その他国際世論による非難も、原爆投下のときの比ではなかったのではないか。戦後国際世界の再建にも相当マイナスに働いただろう。

　📚 大西比呂志、栗田尚弥、小風秀雄『相模湾上陸作戦——第二次大戦終結への道』有鱗新書
　📚『ジャパニーズ・エア・パワー——米国戦略爆撃調査団報告 日本空軍の興亡』光人社
　📚 吉見義明『毒ガス戦と日本軍』岩波書店
　📚 中国新聞社「ヒロシマ平和メディアセンター」http://www.hiroshimapeacemedia.jp/mediacenter/

43 /62

「君側の奸」が聖断を歪めている？
意図の再定義　アドホックな仮説　論点先取の誤謬

　日本本土上陸作戦はたしかに悲惨な選択肢だったかもしれない。しかし、原爆投下が正当化されやすいのは、その日本本土上陸作戦というきわめて大きな犠牲の予想される選択肢と比べすぎるからではないだろうか。ダウンフォール作戦は可能な選択肢のうちで最も悪い選択肢である。あえて最悪の選択肢と対置して原爆投下を評価するのはフェアではない。「わら人形論法」（☞第9問）にあたる。

　そもそも、ダウンフォール作戦など本当に実行されただろうか。はたして「本土決戦」はありえたのだろうか。原爆投下がなかったとして、

43 「君側の奸」が聖断を歪めている？

日本軍は本当に、負けるとわかっている決号作戦を発動しただろうか。
　具体的には、日本陸軍も、徹底抗戦の意思はなかったのではなかろうか。現に阿南陸相は辞職によってポツダム宣言受諾政策を潰すという挙には出ず、天皇に従っているのであるし。

答え：
　本土決戦（ダウンフォール作戦 vs 決号作戦）は、たしかに最悪のシナリオであり、それと比べれば原爆投下の惨害も色褪せるだろうことにほとんど議論の余地はない。これまで見てきた、ポツダム宣言の文言を変える等、他のどの選択肢に比べても本土決戦ははるかに悪い。しかし、アメリカが採用する選択肢として、最も自然で、正道で、実現確率の断然高いものは何だったかというと、1945年6月18日にトルーマンが正式承認していたダウンフォール作戦だったのである。最悪とはいえ実現確率が最も高い選択肢なのだから、原爆投下の比較対象として重視せねばならないのは当然である。他の選択肢は賢明に見えても採用が難しく、しかも見かけほど賢明ではなかったことをこれまで見てきたのである。
　日本側はどうだろうか。アメリカ側は断固としてダウンフォール作戦を予定していたが、日本軍の決号作戦も同様だったろうか。上陸開始時に、あるいはいつの段階でも、天皇の一言で徹底抗戦は中止され大惨害は未然に防がれる、という結末に案外なったのではあるまいか。
　日本陸軍については、いろいろなシミュレーションが可能だ。「君側の奸」という概念がある。「天皇のおそばにあってよからぬ考えを天皇に吹き込む不忠者」のことである。天皇個人がじきじきに発言したとしても、それは天皇の本心ではなく、君側の奸が巧みに天皇を誘導した結果であり、本当の忠義者は天皇の一時的な迷いを醒ますためにあえて諫めるのが本義である──そんな主張がしばしばなされた。よって、天皇の発言はつねに「天皇の本心にあらず」と解釈される可能性があった。天皇に直接会う機会もある高位の軍人にはそうした解釈衝動は生じなかったが、直接天皇にお目通りする機会のない参謀・幕僚レベルでは「君側の奸」論は抱かれやすかった。
　御前会議にも出て天皇の涙を直接見た陸軍大臣阿南惟幾は、ポツダム宣言受諾の聖断に背く考えを抱かなかった。しかし、陸軍省の参謀たち（主に佐

官レベル）は、日本の降伏などありえない、君側の奸の仕業による一時的な天皇の御乱心に違いないと主張したのである。阿南の承諾を得ず宮城占拠の決起を開始し、同意しない近衛第一師団長の森赳中将を殺害して、ニセの師団長命令を発布して近衛師団を動かした。

「君側の奸」という概念は、天皇の意図の「**再定義**」である。と同時に、結論を先に決めて、あらゆるデータをその結論に合うよう解釈するという「**アドホックな仮説（その場しのぎの仮説）**」の一例である。たとえば、超能力者Aの透視能力が本物であることを確かめるために、カードの数字を当てさせる実験をしたところ、当たらなかった。しかし、Aの言った数字は、カードの束の中から選んだカードと一致しなかったものの、それより2枚下のカードに一致していた。そこで「Aの透視は、いま、2枚下のカードに作用したのだ」という補助仮説を立てれば、Aはカードを当てたことになり、透視能力が「実証」される。これはアドホックな仮説である。同様に、「疑いの心を持つ者が同席していたせいで疑心の波動が念の集中を妨げた」と解釈したり、観察が予測と異なっていた場合に「電波望遠鏡では捕捉できない未知の信号が発せられていたのだ」と解釈したりして、好きな結論を守ることができる。1941年夏に政府機関の総力戦研究所が対米戦争のシミュレーションを何度やってみても結果は日本必敗と出るのに開戦に踏み切ったのも、「シミュレーションには日米の〈精神力の差〉が入っていない」というアドホック仮説をくっつけて開戦を合理化してしまったからだった。

「君側の奸にたぶらかされた」というアドホックな補助仮説を持ち出せば、天皇の言葉にかかわらずいかなる結論をも支持できる。結論は推論や観察の結果初めて辿り着くべきものだが、先に結論を決めておいて、それに反したデータをすべて結論に合わせて解釈しなおす態度は、「**論点先取の誤謬**」である。国にとって最善の道は継戦であり、いかなる聖断が下ろうと、継戦に反する詔（みことのり）であれば、継戦を支持するよう聖断を「再定義（再解釈）」せねばならないというわけである。もちろんこれは、経験的データから学ぶことのない非科学的態度だ。皇国にはもうひとつ「**承詔必謹**（しょうしょうひっきん）」（聖徳太子の十七条憲法の第三条）というスローガンもあり、こちらは「詔を承りては必ず謹め」――天皇の命令には無条件に従え――という、これも権威絶対の非科学的な姿勢であるが、「君側の奸」は「承詔必謹」にも矛盾する詭弁で

あると言えよう。

　宮城事件の首謀者は、「承詔必謹の極みが即ち直諫となる。国体護持のための決起は承詔必謹とは矛盾撞着するものではない」として、〈君側の奸〉論が承詔必謹の表われだと主張した。詔に反するメッセージをすべて遮るシャッターが「承詔必謹」なら、詔を恣意的に取捨選択するための便利なフィルターが「君側の奸」だった。〈君側の奸〉論は権威への盲従を戒める点では批判的科学の精神に沿っているように見えるが、承詔必謹シャッターを開放し透明化するのではなく篩のように網目化してしまった。〈君側の奸〉論は、継戦という具体的結論だけでなく、原理的な「承詔必謹」の意味をも便宜的に変更してしまったのである。（宮城事件首謀者らに同情的にみれば、天皇は実際、沖縄戦敗北に至るまでは陸軍の一撃論を支持しつづけた頑固な継戦論者だったのだから、今さら陸軍の主張に反対するはずはないという思い込みはある程度自然だったとも言える）。

　ヒトラー暗殺未遂事件と、この宮城事件とを対比させるとその対照性が興味深い。ドイツでは、連合軍のノルマンディー上陸以前から、敗北必至と観念した国防軍が和平交渉を希望していた。国民に信望の厚いロンメル将軍も、フランスに上陸されたら降伏すべきだと思っており、反ヒトラー派の精神的支柱となっていた。こうしてノルマンディー上陸を許した１ヶ月半後に、国防軍によるヒトラー爆殺が試みられた。失敗した国防軍は600名以上の処刑者を出し、再びナチス政権の戦争続行方針に従いつづけることになる。あとはベルリン陥落まで戦争は続けられた。

　日本では、政府と軍の関係が逆である。終戦を決めた政府および天皇の方針に逆らって、軍が継戦しようとしたのだ。ここでも軍の反乱は挫かれ、しかし結果は逆に出て、ドイツ戦線のように最後まで戦いが続くことはなく太平洋戦争は中途で終了させることができた。

　大東亜戦争が「中途で終わった戦争」だとの定説は、膨大な被害を受けた自覚のある日本国民にはしっくりこないかもしれない。しかし真実である。大東亜戦争のうち太平洋上で戦われた戦域は、ヨーロッパ戦線のような大規模な陸戦がないため、本来はそれほど死者を出さずに済んだはずの戦いだった。日本軍の戦いかたが特殊で、兵士のみならず民間人まで「捕虜になれば日本人失格」の烙印を押され、国内での社会的地位を抹殺されたので、標準

を大幅に上回る不要な死者を出してしまった。日本兵の死者の８割は戦死ではなく、降伏できないことによる自決や餓死や病死である（圧倒的に多いのは餓死）。死者の多さゆえ、日本側では太平洋戦争は「フルに戦われた戦域」という印象を持たれやすい。しかし戦術的に見ると太平洋戦争は、日本国外の局地戦の段階で終わった戦争なのである。海軍は壊滅したが、陸軍はまだこれからが出番だと思っていた。

　実際アメリカ軍は、対日戦では、ヨーロッパ戦線での半分程度の死者しか出していない。死傷者数において対日戦がヨーロッパ戦域を上回るようになるのは、日本本土上陸後になるはずだった。ヨーロッパでも、アメリカ軍の死傷者の大半はノルマンディー上陸以後に発生している。ドイツ軍の抵抗は、連合軍がドイツ国境に近づくにつれ、さらに国境を越えるといっそう激しくなり、連合軍の死傷率も増えていった。同じことが対日戦でも起きたに違いない。日本本土に近づくにつれ、島ごとのアメリカ軍の死傷率は増える傾向にあった。日本本土での戦いでは、両サイド総計すると（あるいは日本人だけでも）ヨーロッパ西部戦線全期間を上回る犠牲者が出た可能性は高い。「原爆が戦争を早期終結させた」というのは、太平洋戦争の流れを考えると、正しいのである。

　前問で見たように終戦時に日本が比較的多くの飛行機を持っていたのは、45年4月に大本営が、戦闘機によるB-29迎撃を原則禁止としたからだった。本土決戦の航空兵力を温存するためである。このことを見ても、日本にとって本土決戦は実施を前提とした現実的選択肢だったことがわかる。１万人以上いたパイロットの大半は、本土決戦に賭ける一念でB-29を見送って諸都市をむざむざ見殺しにする待機姿勢を命じられていたのであり、こうまでして温存した飛行機を使わぬまま降伏を知らされたときの航空部隊の心情は大いに察せられるだろう。厚木飛行場の第３０２海軍航空隊司令官・小園安名が玉音放送に従わずに徹底抗戦を唱え、反乱状態になったのも無理はない。

　本土決戦は、軍中枢にとっても兵士たちにとってもこの上なくリアルな現実だったのである。

　　　　　📖 トーマス・B. アレン、ノーマン・ポーマー『日本殲滅──日本本土侵攻作戦の全貌』光人社
　　　　　　　　　　📖 米国陸軍省編『沖縄』光人社NF文庫
　　　　　📖 渡辺洋二『重い飛行機雲──太平洋戦争日本空軍秘話』文春文庫

44 日本本土侵攻で「犠牲者100万人」はありえない？
動機によるバイアス　意図主義

　日本本土侵攻に伴う犠牲者数は「100万人」とか「50万人」とかといった推定が流布している。そんな根拠のない数字は捏造である。そのような偽なる推定と、それをもとにした情報操作による計画は、正当性がないのではないか。そして、その計画実行がもたらしただろう悲惨な結果を盾にとった原爆投下は、誤謬に基づいていたというその一点だけをとっても、間違いだったというに十分ではないだろうか。

答え：

　アメリカ軍の語法で「犠牲者」と言われる場合は、死者と負傷者を合わせた数である。負傷者のほとんどが死に至った日本軍の語法では死者だけが語られるのが普通だが、アメリカ軍の場合はあくまで死傷者数が問題となるので注意しなければならない。

　「100万人伝説」「50万人伝説」は、戦後にジャーナリズムで原爆投下正当化のキーワードとして繰り返されてきたが、この数字が一般に有名になったのは、1947年1月に『ハーパーズ』誌に掲載された元陸軍長官ヘンリー・スティムソンの論文に次の一説があったからである。「主要な戦闘は少なくとも1946年後半まで続くと私たちは推定した。アメリカ軍だけで100万人以上の被害を生ずる可能性がある、と報告を受けていた」。この論文は、戦後まもなく——とくにピュリッツァー賞作家ジョン・ハーシーが原爆投下直後の広島を訪れて被爆者の声を集めた「ヒロシマ」リポートを1946年に『ニューヨーク・タイムズ』に発表してから——原爆投下への人道的疑問が生じかけたとき、マンハッタン計画の中心人物だった化学者・ハーバード大学学長ジェームズ・コナントが巻き返しを図ってスティムソンに執筆を依頼したものだ。

　スティムソンは報告を受けたと書いているが、むろんアメリカ軍は原爆投

下前に、ダウンフォール作戦の損害の試算をさかんに行なっていた。その試算は、タラワ、アッツ、フィリピン、硫黄島、沖縄などでの米兵死傷率をもとに、日本本土での日本軍の補給・連絡路の短さと兵力集結の程度を考慮してなされた。

　アメリカ統合参謀本部の1945年4月の試算では、オリンピック作戦開始後90日間で死者134,556人、死傷者514,072人。コロネット作戦での90日間を合わせると、死者314,619人、死傷者1,202,005人。しかもこれは上陸部隊のみの数字で、海上での死傷は含まれないとされた。それに対し、5月にニミッツによって報告されたのは、オリンピック作戦開始後30日間で死傷者49,000人。6月にマッカーサーによって報告されたのは、オリンピック作戦開始後30日間で死傷者22,576人、120日間で124,953人だった。立場上、上陸作戦を実現したい程度が死傷推定値に影響を与えている様子がよくわかる。あまり高い数字を目にすると、マーシャルやトルーマンがダウンフォール作戦を承認しなくなるおそれがあったからである（「**動機によるバイアス**」）。最終的にトルーマンに提出された数字は、オリンピック・コロネット作戦合わせて死者43,500人、死傷者193,500人というものだった。その後、九州の上陸予定地付近への日本軍大部隊の集結が観察されたことにより、推定値はやや上方修正され、トルーマンは25万人という値をよく使うようになった。50万人よりだいぶ少ないとはいえ、気が滅入るような数字だったことは間違いないだろう。

　第二次大戦の全戦域で現実にアメリカが被った損害は、議会へのCRSレポートによると（行方不明者の扱いなど年ごとに微修正されるので概数を示す）、死傷者が約1,080,000人、死者約410,000人（うち戦闘死約292,000人、ヨーロッパ・大西洋で戦闘死183,500人前後、アジア・太平洋で戦闘死108,500人前後、民間人死者はヨーロッパ・大西洋で168人、アジア・太平洋で1,536人）となっている。ちなみに第二次大戦後アメリカ軍が最大の損害を出したベトナム戦争では、死傷者211,512人、死者58,209人（うち戦闘死47,424人）だった。ダウンフォール作戦での死傷者の推定は、非戦闘死傷者を数えるかどうか、日本の一般市民がどのくらい狂信的な抵抗をするかによって変動したので、推定値はまったく不確実であることが認められていた。

44　日本本土侵攻で「犠牲者100万人」はありえない？

　しかし実のところ、原爆投下の是非を論じるにあたって、これらの推定にはあまり意味はない。一つには、とくに戦後の推定について言えることだが、推定者が原爆投下をどの程度是認したいのかという立場の違いによって、つまり「動機によるバイアス」によって推定死傷者数が大幅に変わっているので、推定死傷者数を原爆投下論議の根拠に使うのは**循環論法**または**マッチポンプ**のおそれがあるということ。
　もう一つは、流布している死傷者数推定値はいずれにせよどれも大幅に上方修正されねばならないということ。とくに戦時中のアメリカ軍の推定値は、あくまで確実な戦勝のためのダウンフォール作戦の評価に使われたため、アメリカ兵の命だけに焦点を絞っていた。原爆投下の是非を論じる場合のダウンフォール作戦評価のためには、日米両サイドの人命の得失を考慮に入れねばなるまい。そして沖縄や満州の例を見ても、日本人の死者（死傷者ではなく死者）は連合軍死傷者（死者ではなく死傷者）の5倍以上にのぼっただろうことが察せられる。ダウンフォール作戦実施を決めるデータとして100万人や50万人という数字がたとえ信用できなかったとしても、原爆投下を評価するさいには十分な根拠を持つ推定値だと言うべきだろう。
　なお、50万人という数字が真実味を持つ文脈が少なくとも一つある。ダウンフォール作戦に備えて、名誉負傷勲章（パープルハート・メダル）が約50万個作られたという事実である。これは、アメリカ政府と軍が50万人説をある程度真面目に受けとめていた傍証になるかもしれない。倫理は客観的事実より主観的意図によって――という幾度か見てきた「**意図主義**」の原則によれば、日本人の命を考慮に入れずとも、ダウンフォール作戦の見通しだけで原爆投下の正当化は可能だとさえ言えるかもしれないのである。
　日本降伏によって50万個の名誉負傷勲章はストックされた。その後、朝鮮戦争、ベトナム戦争、湾岸戦争などを経て、イラク戦争の戦闘終結宣言の時点でまだ12万個ほど残っているという。
　さて、死傷100万人とか50万人とかいった数字は、ソ連参戦がなく、西側連合軍だけで終戦まで対日戦を戦った場合の推定値だった。次に、ソ連参戦ファクターと原爆投下の合理性との関係を吟味しておこう。

　　　　　　　　　　　　　　　土門周平 他『本土決戦』光人社文庫
　　　Richard B. Frank　*Downfall: The End of the Imperial Japanese Empire*　Penguin

45 /62

日ソ中立条約破棄はいくらなんでも酷すぎる？
倫理的正当性

　ソ連参戦というリアルなインパクトなしで、つまり原爆投下というシンボリックなインパクトだけでは戦争終結は実現できなかっただろうことはすでに見てきた。

　逆に、ソ連参戦さえあれば日本が即時降伏できたかというと、やはり原爆という超自然的口実が必要だったことも再三見たとおりだ。つまりソ連参戦は、単独で原爆投下を不要にするほどの効果はないが、原爆投下と合わさって早期終戦をもたらすのに**必要十分な条件**を構成する不可欠のファクターだったことになる。

　すると、原爆投下を正当化できるかどうかに関して、考えねばならないことが二つある。

　①ソ連参戦は、（平和のために、そしてソ連にとって）正当だったのか？
　②ソ連参戦は、（平和のために、そしてソ連にとって）必要だったのか？

　①は、「ソ連は日ソ中立条約を破棄する正当な理由があったのか」という問題だが、より根源的には、「西側連合国がソ連に日ソ中立条約違反を要請したことは正当だったのか」という問題となる。原爆投下の主体であるアメリカの倫理を問う意味では後者の質問が主題化されるべきだが、その前提として前者の質問、すなわちソ連が日ソ中立条約を破って侵攻すること自体にどれほどの正当性があったか、をまず考えねばならない。

　②は、ソ連参戦が正当であったかどうかにかかわらず、何らかのやむをえない必要性があったかどうかという問題である。西側連合国の

立場からは必要とされたことはすでに見たので、ここでも問題は、ソ連側から必要だったのかどうか、ということだ。すなわち、戦闘に訴える以外の手ではソ連の国益は実現できなかったのか、と。

①②に対する正解が「正当だった」「必要だった」ということであれば、原爆投下の効果がソ連参戦によってサポートされるべき正当かつ必要な保証が得られていたことになり、原爆投下が早期終戦という名目上の目的を実現できる見込みが正しかったことになり、肯定派が有利になる。

逆に、①②に対する正解が「不当だった」「不要だった」ということであれば、原爆投下が早期終戦という名目上の目的を実現するためには悪しき手段によってサポートされねばならなかったことになり、否定派が有利になる。

(「正当だったが不要だった」あるいは「不当だったが必要だった」という場合は、その内容を考えて全体的にソ連参戦の是非を評価せねばならないが、戦争という文脈では概して「正当性（正義）」より「必要性（功利）」が優先されることは念頭に留めるべきだろう)。

前問末尾で触れたように、ダウンフォール作戦（本土決戦）における連合国側の膨大な犠牲者の見積もりは、ソ連参戦なしでの見積もりだったため、ソ連参戦を考慮に入れた場合はダウンフォール作戦実施という選択肢が選びやすくなり、原爆投下の必要性は減じるようにも思われる。しかし今確認したように、実際は逆なのである。ソ連参戦の有無が、より正確には是非が、原爆投下が意図された結果を正しく生むかどうかを決定する要因だったのだ。一般にソ連参戦と原爆投下は対立する因子のように考えられがちで、ソ連参戦の意義を認めれば原爆投下は正当化しにくくなるかのように主張される傾向があるが、原爆投下とソ連参戦の効果（および正当性）は、実は相互に依存しあう関係にあるのである。

さて、日本の早期降伏をもたらす決定打となったソ連参戦は、正当だったのだろうか。あるいは、必要だったのか。

答え：
　まずは①正当性の吟味から。
　「正当であるはずがない」というのが、おおかたの日本人の意見だろう。1941年4月13日に調印された日ソ中立条約（5年間有効）について、1945年4月6日にソ連側は不延長（期限切れからさらに5年間・1951年までの延長はしない意思）を通告していた。これは1946年4月までの効力を失わせるものではなく、中立条約はあと1年有効のはずだった。しかし8月8日にソ連は、日ソ中立条約を破棄、ポツダム宣言に参加、日本に宣戦布告した。告げられた理由は主に三つ、「日本がポツダム宣言を拒否した以上、ソ連が求められていた和平調停の基礎は失われたこと」「西側連合国がソ連に対日参戦して世界平和の回復に貢献するよう提案したこと」「日本国民をドイツ国民のような苦難から救うこと」だった。
　ソ連のこの言い分が、有効期間をまだ残している中立条約に反して軍事行動に踏み切るための正当な理由を示しているのだろうか。中立条約違反についてはソ連もいちおう気にしており、ポツダム会談のときソ連側から「米英および他の連合国からソ連に対日参戦の正式要請を出すよう」申し入れている。しかしそんな要請をすれば、ソ連参戦が対日勝利の決定的因子であったと国際的に印象づけてしまう。それを避けるために米英側は2日間の熟慮の末「国際連合憲章の第103条と第106条からしてソ連が参戦する義務のあることは明白」と答えた。窮状から要請するわけではなく単に義務履行の催促をいたしますというわけだ。日ソ中立条約より戦後秩序の責務のほうが優先するので心配ない、という保証がこうしてソ連に与えられた。
　ちなみに、国連憲章の第103条と第106条は次の通りである（大意）。

　第103条　国際連合加盟国のこの憲章に基く義務と他のいずれかの国際協定に基く義務とが抵触するときは、この憲章に基く義務が優先する。
　第106条　アメリカ、イギリス、ソ連、中国、フランスは、国際平和と安全維持のために必要な共同行動を、相互にかつ必要に応じて他の国際連合加盟国と協議しなければならない。

　ただしソ連はこの時点で、常任理事国となることに同意していたものの国

連憲章を批准しておらず（批准は10月）、国連憲章はまだ発効していなかった。アメリカからソ連への対日参戦理由付けの提供は、国際法上の裏付けのない便宜的方便だったのである。

　結局、国際社会の旧体制における契約と、来るべき新秩序における義務とでいずれが優先するかは、法や倫理の問題というより、功利の問題となるだろう。少なくとも旧体制の外交関係では、ソ連と日本の間には、未解決の問題は何一つなかった（日本がソ連に託していた和平調停要請に対する回答がソ連からなされていなかったことを除けば）。ただし、東京裁判の判決では、45年8月当時には日ソ中立条約は日本の行動によりすでに無効も同然だったとされ、逆にソ連に対する日本の戦争責任が問われて有罪となった。独ソ戦勃発時に日本が満州に大軍を送り（関東軍特種演習）、極東ソ連軍を釘付けにして西送を妨げることによってドイツを支援するとともに、ドイツ優勢が明白になった時点で対ソ参戦する計画（熟柿戦略）を抱いていた、という事実により、日本がすでに日ソ中立条約を侵犯していたというわけである。

　日本が対ソ参戦の機を見る熟柿戦略を採っていたことは事実だが、結局は未遂に終わった。日本の条約侵犯未遂を根拠に、実際になされたソ連の条約侵犯を正当化することはできないだろう。もちろん、関東軍特種演習や一部の海上封鎖、艦船拿捕などによってソ連の対独戦遂行を妨害し、間接的に被害を与えたことについては日本側に責任はあると言わねばならない。が、ソ連の過剰な機雷敷設による日本海での日本船舶の触雷遭難や、日中戦争への義勇兵参戦許可、アメリカや中国との兵站・諜報協力、等々によってソ連が日本に損害をもたらしたことも事実であり、日ソ中立条約侵犯の度合は双方同程度であったと言える。それらの「小侵犯」の蓄積によって、宣戦布告・軍事侵攻という根本的な侵犯が正当化されるほどに中立条約が無効化していたとは言えまい。事実、日ソ戦の直前まで、日本とソ連の外交官は、互いに日ソ中立条約の意義と重要性を定期的に口頭や文書で確認しあっていたのである。

　しかも、ヤルタ密約には、対日参戦に入るにあたって中国との合意を得ること、という条件が付いていた。ソ連の満州侵攻前に、中ソ条約の締結が必要とされたのである。スターリンと宋子文の間の交渉は難航し、外モンゴルの地位、旅順港、大連港、満州鉄道の利権などをめぐって中ソの間で合意が

ないまま、スターリンは原爆投下の報を聞くことになる。そのため、戦後の措置について中国の賛同を得ることなしに、ソ連は日本に８月８日宣戦布告することになったのだった。このようにヤルタ密約を厳密には守らなかった点でも、ソ連の作戦行動は不当であったといえよう（中ソ友好同盟条約は８月14日に署名、24日に発効した）。

📖 ボリス・スラヴィンスキー『日ソ戦争への道──ノモンハンから千島占領まで』共同通信社

46 /62

ソ連参戦でいったい誰が得をしたのか？
功利的必要性

　前問で見たように、日ソ中立条約を破って宣戦布告したことに対して、ソ連側は大きな道義的責任を負っていると言えるだろう。このことは、前問①が否定されることにより、原爆投下の正当性を否定する方向に働く。不当なソ連参戦という「悪」の力で補完されないと原爆投下の目的は達成されなかったのであるから。
　この結論に対して、肯定派は反論できるだろうか。

答え：
　ソ連参戦の正当性は、確かに否定される。その点に反論の余地はなさそうだ。しかし、②の必要性のほうはどうだろう。
　ソ連が宣戦布告で述べた参戦理由「和平調停の基礎は失われた」「西側連合国に求められた」「日本国民を苦難から救う」などは、どれも国連憲章の精神には合致し、合理的と言えば言えるものばかりである。ソ連が国際的名望を高めるのに十分な名目であると言えよう。しかし、それらが「戦争をする」ための合理的理由になっているかどうかは別である。たとえば、同じ目的を達成するために、日本からの和平調停要請に応じるという手はなかったのだろうか。ソ連が連合国と日本との間に立ち、日本の海外領土をすべて放

46　ソ連参戦でいったい誰が得をしたのか？

棄させるのと引き替えに連合国から天皇制護持の保証を取りつけるという選択をとることはできなかったのか。これをやっていれば、ちょうど日露戦争終結の鏡像が成立したはずだった。すなわち、日本の要請により日露の休戦調停を成功させたセオドア・ルーズベルトがノーベル平和賞を受賞したように、第二次大戦を終わらせた大元帥としてスターリンは国際的名誉を獲得し、野心が満たされ、米ソ冷戦もなくてすんだかもしれない。

　領土の面でも不足はない。ヤルタ密約でルーズベルトが提示したものに近い譲歩案を日本はソ連に対して用意していたので、ソ連は調停役を引き受けさえすれば、平和裡に日本から樺太南半分、北千島などを取り戻すことができた。そうすれば、対独戦で膨大な犠牲を払った直後にさらにソ連の青年兵士たちの命を賭けるようなことをせずにすむのである。いいことずくめではないだろうか。

　しかしこの道はすでに閉ざされていた。対独戦での協力途上で米英に対し、とくに第二戦線開設との取引としてソ連は対日戦参加に同意していた。にもかかわらず同時に日本とも取引するとなると、米英の決定的不信を招くことになる。そもそも米英とくにアメリカが、日本の降伏ならぬ休戦調停などというものに応ずるはずがない。日本と取引しているという疑惑を極力避けるために、スターリンは日本との政治的交信を逐一米英に通報していたし、それはソ連の国益にとって正しい政策だった。

　もう一つの有力な選択肢は、第11問で触れたとおり、スターリンがポツダム宣言に参加することである。ポツダム宣言を見て日本政府と軍が最も安心したのは、スターリンの名がないことだった。もし宣言にスターリンが加わっていれば、ソ連から日本に次のようなメッセージが伝わったはずである。

　「このポツダム宣言よりも日本に好意的な条件での和平調停をすることはソビエトにはできない。ソビエトは日本に即時降伏を勧める。降伏しない場合には、ソビエトは来年4月の中立条約満期を待って対日宣戦布告する」

　日本は、ソ連の支持を完全に失ったと悟るだけで八方ふさがりに陥ったはずである。米英にとっても、日本侵攻にさいし最も警戒される事態といえば、関東軍と支那派遣軍が日本本土に呼び戻されることだったので、ソ連のこの通告によって大陸の日本陸軍を釘付けにするだけでも、ヤルタ密約の精神は満たされたと言える。いいことずくめだ。

ところが、ポツダム宣言にスターリンが署名したというだけでは、たとえそれで日本が即時降伏したとしても、「ソ連が対日戦に参加する」というヤルタ密約が文字通りに守られたとは言えない。密約が守られないまま対日戦が終わってしまったら、米英は、ポーツマス条約体制破棄というスターリンの望みを支持し続けるかどうか疑わしい。原爆の完成によってアメリカ側はすでにソ連参戦の必要性を認めなくなっていた。にもかかわらず、というよりそれだからこそ、ヤルタ密約の文字通りの履行（対日武力行動）がなされないかぎりソ連の領土的野心を尊重する意思は米英にはもはや薄かったはずである。ソ連は自らの国益のためには、あくまで約束どおり武力参戦を実行せねばならなかった。

　ポツダム宣言への参加によってソ連が参戦をわざわざ予告してしまうと、日本に対ソ動員の準備を促し、絶望的な抗戦を余儀なくさせた可能性もある。スターリンのポツダム宣言参加を見れば、鈴木首相と外務省はただちに観念してポツダム宣言即時受諾に動いただろうが、軍の機構は政治とは無関係に回り出す。奇襲攻撃されれば崩壊もやむなきに至っただろう関東軍も、参戦予告に遭っては事前の総退却もできず、国民の手前、対ソ正面決戦の任務を放棄できなくなる。いまだ意気旺盛な支那派遣軍の増援を得て、陸軍挙げて対ソ戦に備えざるをえなくなっただろう。もちろん実際には、ソ連参戦が予告された時点で陸軍も観念し、政府に同調して降伏した可能性のほうがはるかに高いかもしれない。しかしその保証はない。少なくともスターリンは、日本軍が満ソ国境防備を強めることを絶えず警戒していた（欧州戦においてもスターリンは、米英がドイツと単独講和してソ連軍の西進を妨害するのではないかと最後まで疑っていたことに注意。ヒトラーも国防軍も、米英独共同の対ソ戦を夢想しており、チャーチルも戦後しばらく対ソ戦に備えてイギリス占領地域のドイツ軍を武装解除せずにおいたという事実があるくらいなので、スターリンの疑心暗鬼も完全な杞憂とは言えなかった）。ポツダムでの連合幕僚長会議でも、ソ連側は支那派遣軍の移動の可能性をさかんにアメリカ側に訊ねていたのである。

　ソ連参戦が青天の霹靂でなくなるとそのショック効果が薄れ、日本陸軍の覚悟を固めさせ、降伏の機を逃した可能性は無視できない。大陸の日本軍が危険な細菌兵器や化学兵器を備えており、大規模に実戦使用していたことは

46　ソ連参戦でいったい誰が得をしたのか？

よく知られていた。敵の自暴自棄の危険な反撃に遭うことなく迅速な大勝利を得るのでなければ、4ヶ月かけて大移動した赤軍部隊の功績がかすんでしまう。

　突然のソ連参戦は明らかに日本降伏に最大の影響力を及ぼした。が、参戦の予告が参戦そのものに匹敵する効果を持ちえたかどうかは確言できないのである（原爆投下の警告や公開実験が、原爆投下そのものと同じ効果を持つとはかぎらないのと同じだ）。

　ソ連の単なる参戦予告が日本を屈服させるのに有効だと考えられたならば、そもそもヤルタ密約は密約にはされず、米英としてはソ連が連合国側につくことを日本にハッキリ知らせる戦略がずっと前から選ばれていたはずだ。ポツダム宣言にしても、米英はスターリンの名を入れることをむしろ積極的に求めたはずだろう。

　ところがポツダム宣言は、ソ連への相談なしにアメリカが発信し、ソ連側に事後通告されたのだった。スターリンは激怒したが、結果的にはこれは、日本にソ連の中立維持を信じさせ（あるいは疑いつつも希望的観測にすがり続けるよう仕向け）、いざソ連参戦となったときのショックを高め、スターリンの意図をいっそう確実に実現することになった。

　ポツダム宣言へのソ連参加という選択肢が米英によって考慮されなかったこと、ソ連抜きの発信にスターリンが怒ったことは、ポツダム宣言にソ連が参加することの効果について米英ソ首脳が当時明確な理解を持っていなかったことを示している。ソ連の単なる参戦予告も、奇襲的参戦に劣らぬ効果があったかもしれないのに、それが検討すらされていないのは、米英が原爆の効果を過大評価していたからだろう。トルーマンはソ連ファクターがなくとも日本を降伏させられると誤信していた。

　他方スターリンは、ポツダム宣言の意義を誤解し、赤軍の貢献抜きでの日本降伏を即時勝ち取るための実質的手段だと思い込んだ。ポツダム宣言は、スターリンの署名なしでは日本に受諾させるだけの衝撃など持ちえず、そして受諾されなかったからこそ、ソ連は満州侵攻によって極東を「解放」することができた。そして予告なき奇襲攻撃のショックが日本の抗戦意志を確実に打ち砕いた。原爆投下の象徴的なインパクトを実質的な地上侵攻によって補い、ヤルタ密約の領土的保証を勝ち取れたのである。

結局、ソ連参戦は、法的・道義的に正当化されざる暴挙ではあったが、ソ連の国益と早期終戦という目的から判断すれば、必要不可欠の出来事だったと言える。日本陸軍の徹底抗戦の構想を確実に葬るには無警告のソ連参戦しかなかったからである。皇居、大本営、政府機関を松代に移しての本土決戦構想は、敵が北からは上陸してこないという前提に立っていた。ソ連の軍事介入は、日本のすべての計画を水泡に帰せしめたのである。
　スターリンの対日参戦の第一の動機は、日露戦争の仇を討って領土を回復し、対独戦で被った被害を埋め合わせる戦利品を少しでも多く獲得することだった。対日宣戦布告では前述三つの「高尚な目的」が掲げられたにもかかわらず、ソ連国民への対日戦勝メッセージ（9月2日）でスターリンは、日露戦争、シベリア出兵、張鼓峰事件とノモンハン事件に言及し、復讐と領土回復を宣言している（広島原爆直後のトルーマンの声明もそうだったが、国家指導者は「復讐」のような原始的本能にアピールして国民の人気をとる習性があるようだ）。しかし1924年にソ連が国際連盟へ提出した覚え書きでは、日露戦争の原因はツァー政府の対日侵略政策であるとされていた。帝政ロシアを倒して帝国主義政策を放棄したはずのソ連が、再び帝政ロシアの遺志を継いで対日敗戦の汚名返上を宣言したわけだ。イデオロギーよりナショナリズムを唱えて戦勝を勝ち取った独ソ戦以来の教条的逆説が見えて面白い。
　ソ連参戦の本当の動機がかくも不純であり、宣戦布告文のご立派な開戦理由はただの口実だったとしても、45年8月現在の太平洋戦争の状況に鑑みて、最も良い結果をもたらすのがソ連の直接軍事介入だったことは間違いない。よって表向き高尚な参戦理由はあながち事実に反しておらず、ソ連の領土的国益に倫理的粉飾をすら与えた。ソ連参戦は、真に正当ではなかったが必要だった。皮肉にも、スターリンの悪辣な領土的野望の暴発こそは、引っ込みがつかなくなっていた日本に引導を渡す天佑そのものだったのである。
　以上のことから、原爆投下についても、ソ連ファクターに照らすかぎり「正当ではないが必要だった」と判定することができる。さらに言えば、自ら結んだ中立条約を破ったソ連の罪そのものに比べて、破るよう仕向けたアメリカの教唆罪は軽いことを考えると、原爆投下は「正当かどうかは微妙だがまぎれもなく必要だった」と判定できるだろう。

なお、前問の末尾で見たように「中ソ条約なしでの繰り上げ参戦」はヤルタ密約に反しているが、ソ連が繰り上げ参戦したからこそ原爆投下と時期が重なり、相乗効果で日本は降伏できた、とも言える。ソ連が中ソ条約締結（繰り上げ参戦がなければ９月以降になったか）を待って参戦したのだったらどうなっただろう？　原爆投下だけでは陸軍を説得できずやむなく継戦していたであろう日本は、いざソ連軍侵攻を受けたとき、タイミング的にソ連参戦を主因として降伏するか、もしくは徹底抗戦を続けるかという過酷な二者択一を突きつけられたはずだ。いずれを選んでも膨大な不利益を被ったに違いない。原爆投下と重なるあの絶妙なタイミングでの「不当な」ソ連参戦は、日本の速やかな降伏実現のためには不可欠であり、日本、アメリカ、ソ連、どの当事者にとっても益をもたらしたのである。

徐焔『一九四五年 満州進軍──日ソ戦と毛沢東の戦略』三五館

47 /62

日本政府が満州に移動したかもしれない？
意図主義

　米英にとってソ連の対日参戦が必要だと考えられた大きな理由は、前問で見たように、大陸の関東軍と支那派遣軍が呼び戻されて本土防衛増強がなされるのを防ぐことだったが、もう一つの理由は、逆に日本政府が朝鮮や満州に移動して抵抗を続けるという厄介な可能性を潰すことだった。実際、支那派遣軍は中国沿岸にすっかり根を下ろして、アメリカ軍の中国上陸や接岸作戦を不可能にしていたので、万が一日本政府が大陸に移って抗戦を続けようものなら、戦争はあと何年続いたかわからなくなっていただろう。ソ連の地上軍の力を借りれば、この問題は一掃される。

　もちろん、米英にとって一番よいのは、ソ連の力を借りずに日本を観念させることである。それが原爆だったのだ。こう考えると、日本

> 政府の朝鮮・満州移動という可能性が高ければ高いほど、原爆投下は正当化されるという論理が成り立つ。さて、日本政府が大陸に移動するという可能性は、どれほどあったのだろうか。

答え：

本土決戦、またはそれ以降の計画については、ポツダム宣言受諾から連合軍進駐までの２週間の間に膨大な機密文書が燃やされてしまったこともあって、正確なことはわからない。ただし、日本政府の中国大陸への移動はありうるものと連合国から認識されていたことは事実である。日本人自身、とくに石原莞爾『最終戦争論』の東亜連盟の思想に馴染んでいた人々にもそう考えていた者は多かった。1974年に投降した小野田寛郎の証言によってもそれは明らかだ。情報将校だった小野田は、マニラを一目で偵察できるルバング島に潜伏中、朝鮮戦争やベトナム戦争のために出動するアメリカ軍の様子を観察し、あれほどの飛行機が必要だということは日本が善戦している証拠だと信じ、満州に移った日本の亡命政府が戦い続けていると理解した。中国の共産化も知っていたが、それは日本の後押しで出来たのであって、大東亜共栄圏確立が着々と進んでいる証拠だと受け取った。小野田が学んだ陸軍諜報要員養成の中野学校では、アメリカの日本本土占領・傀儡政権樹立がなされても、日本は満州で百年戦争を続行すると教育されていたのである。日本のこうした永久抗戦構想の実行可能性はともかくとして、構想の存在はアメリカも諜報網によって把握していた。

満州への日本政府移動がどの程度現実的だったにせよ、その可能性（実現可能性というより想定可能性）の度合だけ、原爆投下の正当化に寄与すると言うことはできる。日本政府が大陸に移動するか、支那派遣軍や関東軍が本土に移動するかの違いはさほど重要ではない。問題は、無傷の日本陸軍戦力が存在しており、それが連合軍の作戦にとって障害をもたらすと信じられていたことだった。ポツダム会談中の米英幕僚長会議で見積もられた日本の組織的抵抗終結時期は、1946年11月15日だった。

実際の関東軍は、虎頭要塞や東寧要塞など国境に強力な拠点を有していたにせよ、主力を次々に南方に抽出されてほとんど新兵の訓練場と化していた。根こそぎ動員で師団数だけは維持したものの、1943年以降２年間で戦力は

47　日本政府が満州に移動したかもしれない？

1／3に落ちていた。それでも大本営陸軍部は1945年5月30日に関東軍に対し、「新しい対ソ作戦要領」を命じた。ソ満国境線近くでの戦いは諦め、通化（満州国の首都・新京の南約250キロ）に立てこもって全面持久戦を行なう作戦である。朝鮮軍も関東軍の隷下に再編して、咸興の北朝鮮軍2個師団のほか、南朝鮮にはアメリカ軍の上陸に備える7個師団を新たに配備した。これらの作戦要領の新態勢移行完了は9月下旬予定で、あわよくばソ連参戦に間に合うと考えられていた。ソ連参戦が関東軍の予想より早かったため計画はあっけなく瓦解したものの、ソ連参戦が遅れていれば本当に持久戦がなされた可能性は高い。

ソ連の戦史では、対日作戦時に関東軍の持っていた戦車は1,150両、飛行機1,800機とされるが、日本側の資料では、戦車はたった160両、飛行機は練習機を含めて650機ほどだという。ソ連戦史の数字は、敵の兵力を過大に扱って赤軍の強さを誇示する常套手段と言える。ただし、たとえば64両の戦車を持つ占守島の守備隊は関東軍に属さず（大本営直属の第5方面軍に所属）対ソ作戦用ではなく対米作戦部隊だったが、実際にはソ連軍と戦ったし、支那派遣軍など対ソ戦に加わる可能性ある日本軍兵力をすべて合わせれば、ソ連の「関東軍」評価もあながち過大とは言えないかもしれない。同様の事情で、既存戦力はいつどちらに向けられるかは不確実という前提に立てば、米英側にしても、名目上対ソ戦用である関東軍や支那派遣軍までも米英軍の負担として勘定する権利を持つ。とすると、いかに日本側が「過大評価だ、お恥ずかしいくらいだ」と抗弁したくとも、連合国が苦戦の予想にもとづいて立てた戦略および政策はある程度合理的だと認めなければならない。

決号作戦と「新しい対ソ作戦要領」ではともに、日本本土が主作戦場、満州・朝鮮が支作戦場とされた。対米英本土決戦が水際玉砕戦、大陸の対ソ戦は持久戦という予定だったことを考えると、本当に徹底抗戦の場合は、政府・大本営が朝鮮か満州に移動することも当然考えられたのである。

仮皇居はほとんど完成し、大本営関連施設も半分以上できていた松代大本営は、立て籠もり型要塞ではなく、一時的避難用の本部だった。この事実は、大陸への政府移動の可能性が高かったと見るべきなのか、水際決戦のあとすぐに和平交渉をする手筈だったと見るべきなのか、解釈はどちらにもできる。

いずれにしても、「最後の大打撃、敵の出血の強要」をせねば和平はありえないと軍が考えていたかぎり、日本軍を本土、朝鮮、満州のどこまで殲滅すれば終わりになるかについて予想はつかなかった。しかも重要なのは事実どうであったかではなく、どのように合理的に信じられていたかである（**意図主義**）。アメリカは本土防衛兵力を過少評価し、関東軍の戦力を過大評価していた。太平洋での日本軍の壊滅ぶりに比べて大陸の日本軍がまだ手つかずで残っているように見えたことが、大東亜戦争終結の見込みについて連合国を悲観的見解に傾かせ、原爆投下を余儀なくさせたと言えるだろう。

　　　　　　　　　林三郎『関東軍と極東ソ連軍──ある対ソ情報参謀の覚書』芙容書房
　　　　　　満洲アーカイブス『満洲ニュース映画』全10巻、『満鉄記録映画集』全12巻
　　　　　　　　　　　　　　　　　　　　　　　　　　カムテック、コニービデオ [DVD]
　　　　　　　　　『歴史群像 太平洋戦史シリーズ Vol.60 本土決戦』学習研究社

48 /62

原爆投下の政治経済的影響って結局？
理論的認識と実践的配慮

　アメリカの原爆投下を道義的な側面より政治経済的な側面から見たとき、アメリカの国益に叶っていたかどうかについては、まだまだ考えるべきことは多い。ソ連との協調を妨げ、原爆の国際管理を困難にしたのではないか。いや逆に、原爆戦争の恐ろしさを印象づけ、恒久平和への象徴となった。いや、アメリカの道徳性への不信を広めてしまった。いや逆に、アメリカの国際的立場を強化した。等々。「45年8月の原爆投下そのものがもたらした影響」を考えたとき、アメリカの原爆投下は政治経済的つまり戦略的に見て賢明だっただろうか。

答え：
　無差別爆撃が戦略的に裏目に出たと言える例が、少なくとも一つある。米英軍による東欧枢軸諸国への爆撃がもたらした影響である。ルーマニア、ブ

ルガリア、ハンガリーなどが戦後あっさりとソ連の衛星国になった一因は、ソ連軍の地上侵攻時に、「ソビエトは米英のように一般市民の殺傷はしない」とプロパガンダを行なうことができたからだと言われる。市民に多くの犠牲をもたらした米英軍の空襲が東欧諸国に根強い反米英感情を生み、それがソ連の戦後戦略にとって有利に働いたのだ。

　日本に関して言えば、アメリカ軍の戦略爆撃の効果は正反対だったと言えるかもしれない。戦後日本の親米的風土形成に最も貢献したのが、B-29 編隊の威力と「美しさ」に対する日本国民の畏敬の念であったという多くの証言があるのだ。在日ドイツ人神父ジョン・ジームス（☞第１問）も、緒戦ではアメリカを軽蔑していた一般市民が、B-29 の空襲が始まるとアメリカへの尊敬を吐露するようになったと語っている。日本焦土作戦の実行者カーティス・ルメイ（「鬼畜ルメイ」）が 1964 年日本政府から勲一等旭日大綬章を授与されたのも、その傾向と無縁ではあるまい。

　ただし、それらの事例をもって無差別爆撃や原爆投下の「善悪」を推し量ることはできないだろう。ある短期的戦略が戦後にどのような長期的結果をもたらすかを予見することは不可能に近く、ともかく現下の戦争への効果を考えることが優先課題だったに違いないからである。大戦後の偶然の環境的要因にも左右される議論は措いておくべきだろう。

　さて、当時の行為主体に対して未来を予見させる義務を負わせるのはむずかしいとしても、その義務を**私たち自身が今**、背負い込んでみる試みは重要であるに違いない。すなわち、**現在の私たちの議論そのもの**が将来にいかなる影響を及ぼしうるかを考えることは重要だろう。それはもちろん、「45 年８月の原爆投下の正当性を肯定する、あるいは否定することの影響」について考察することだ。この考察は「45 年８月の原爆投下の正当性」そのものを直接肯定したり否定したりする論拠を与えはしないが、肯定派、否定派の立論がもたらす効用や悪影響にそれぞれ自覚的になるためには不可欠の仕事であると言える。

　理論的認識にとって**実践的配慮**は不可欠である。あるいは少なくとも、理論的認識にとって実践的配慮が不可欠かどうかを考えることは不可欠である。次にそれを試みよう。

山本武利『ブラック・プロパガンダ』岩波書店

49 /62

原爆肯定論者は、核兵器を容認するつもりなのか？
論理的意味と因果的影響　不当な類推

　肯定論を堂々主張することに対する実践上の批判として、次のようなものがある。
　「広島・長崎への原爆投下を正当だったと容認することは、核兵器の容認に繋がり、将来の核戦争の容認に繋がる」
　さて、この批判は正しいだろうか。

答え：
次の二つの批判を区別しなければならない。

A 「広島・長崎への原爆投下を正当だったと容認することは、現在の核兵器の容認を意味し、将来の核戦争の容認を意味する」
B 「広島・長崎への原爆投下を正当だったと容認することは、現在の核兵器の容認をもたらし、将来の核戦争の容認をもたらす」

　Aは、「肯定派の立論そのものが核兵器容認論であり、核兵器使用・核戦争容認という内容を持っている」と主張している。Bは、「肯定派の立論そのものが核兵器容認論かどうかはともかく（かりに核兵器容認論ではないとしても）、核兵器容認論に利用され、今後の核兵器使用を認める議論を強めるような悪影響をもたらす」と主張している。
　Aは**論理的(意味論的)**な主張であり、Bは**因果的(語用論的)**な主張である。まず、論理的な主張について考えよう。「広島・長崎への原爆投下を正当だったと容認すること」は、「現在の核兵器の容認」「将来の核戦争の容認」を意味しているだろうか。
　当然意味している、なぜなら同じ核兵器に関する容認だからだ——そのように考えるのは短絡的である。それは「**不当な類推**」である＊。目立つ共通

49　原爆肯定論者は、核兵器を容認するつもりなのか？

性があるからといって、同じ内容を意味しているとはかぎらない。
　すぐ考えられるのは、1945年当時の原子爆弾と、21世紀の核兵器との意味の違いである。箇条書きにしてみよう。

・45年8月当時は原爆は未知の新兵器だったが、現在は核兵器はその威力や影響が詳しくわかっている。
・45年8月当時は原爆の威力はTNT爆薬2万トン程度だったが、現在の核兵器は質・量ともにはるかに大規模である。
・45年8月当時は総力戦の最中だったが、現在は総力戦は行なわれておらず、今後も大国どうしの総力戦は起こりそうにない。
・45年8月当時は日本はまだ中国や東南アジアの広大な地域を占領していた。現在も将来も、自国外の広大な領土を武力占領し続けるような国はないだろう。

　これだけ見ても、「広島・長崎への原爆投下を正当だったと容認すること」が「将来の核戦争の容認」であるとはかぎらないことがわかる。容認の対象となるものがあまりにも違いすぎるからだ。一方が是認されても他方が否認されるかもしれない。現に、第二次大戦後に核兵器の国際管理や全面廃止という措置がとられた可能性もゼロではなく、それは実際に太平洋戦争で原爆が使われたかどうかとは独立の問題であるはずである。

☑ 「アナロジーの誤謬」と「不当な類推」

＊　**アナロジーの誤謬**（☞第2問）は、複数の**もの**が共通性質を持つがゆえにその二つを混同する誤り。**不当な類推**は、複数の**判断**が、共通の重要テーマへの共通の姿勢を含んでいるからといって、同じ判断だと考えてしまう誤り。どちらも表面上の共通性を媒介として重要な区別を見そこなう誤謬なので、実践的には一つにまとめてもよいだろう（ただし同一視するのは——アナロジーの誤謬となる）。

📖 チャールズ・W. スウィーニー『私はヒロシマ、ナガサキに原爆を投下した』原書房

不用意な議論が核兵器容認に利用されることは確かでは？
因果関係と相関関係　誤った前提への依存

　それでは第二の、因果的・実践的な批判の検討に移ろう。

　こちらは、「広島・長崎への原爆投下の容認は、将来の核戦争の容認をもたらす」というものだ。この「もたらす」メカニズムはいろいろ考えられるだろう。「広島・長崎への原爆投下の容認」が「将来の核兵器使用の容認」として理解されやすいこと、あるいは「将来の核兵器使用の容認をもたらすもの」として理解されやすいこと、あるいは「将来の核兵器使用の容認をもたらすものとして理解されやすいもの」として理解されやすいこと……等々。ここでは、そのメカニズムの詳細は括弧に入れて、ともかく「広島・長崎への原爆投下の容認」が「将来の核戦争の容認」を増やす傾向がある、という因果関係だけが主張されているものと考えよう。肯定論が説得的に展開されればされるほど、核兵器使用を容認しやすい風潮が強くなり、危険である、という主張である。

　肯定論へのこの反論に対しては、三通りの再反論ができる。問1、問2などで学んだ分析法を思い出しながら、三通りの再反論をスケッチしてみよう。

答え：

　まず第一に、「広島・長崎への原爆投下を正当だったと容認すること」が「将来の核兵器使用の容認」をもたらす、ということを否定する、あるいは疑問視するという応答。

　第二には、「広島・長崎への原爆投下を正当だったと容認すること」が「将来の核兵器使用の容認」をもたらすとしても、そのような心理的影響を受けてしまう人が間違っているのだからその誤った傾向を正さねばならず、「広島・長崎への原爆投下容認」を控える必要はない、とする応答。

第三には、「広島・長崎への原爆投下を正当だったと容認すること」は「将来の核兵器使用の容認」をもたらすし、そのような心理的影響を受ける人は必ずしも間違っていないのだとしても、そのことは肯定論そのものの正しさには関係ない、とする応答。

　(第四に、「将来の核兵器使用の容認」そのものが悪くない、と論ずる応答も論理的に成立しうるが、その応答に説得力を持たせるのはむずかしいと思われるので、ここでは省略する)。

　第一の応答は**事実についての**反論であり、第二、第三の応答は**価値判断や態度についての**応答である。

　まず第一の応答から見よう。この応答は、アンケートなどの統計調査をして正しいかどうかを調べることができる。その結果、広島・長崎への原爆攻撃への評価と、将来の核兵器使用への評価とに、有意な相関関係がないことがわかれば、肯定論は免罪される。実際はどうだろうか。

　アメリカで何度か高まりをみせた反核平和運動は、「ノーモア・ヒロシマ」を訴えながら、必ずしも「トルーマンの原爆投下の決定は間違っていた」と訴えているわけではない。反核兵器運動が即、トルーマン決定批判をもたらす傾向があるとしたら（あるいは、トルーマン決定是認が今後の核兵器使用賛成をもたらす傾向があるとしたら）、アメリカの反核兵器運動の支持者ははるかに少なくなっていたことだろう。あくまでヒロシマのような悲惨な結果が二度と起こらないように、という結果重視の反核運動なのであり、第二次大戦中という特定の文脈での原因や責任論を含んでいるわけではない。運動家たちは二つの姿勢をきちんと区別している。こうして、広島・長崎への原爆攻撃に対する評価と、将来の核兵器使用に対する評価とに、有意な相関関係はないだろうと推測できる。

　しかしアメリカの活動家にあてはまることが、被爆国の日本の国民について成り立つかどうかはわからない。そこでかりに、二つの評価に明らかな正の**相関関係**が発見されたとしてみよう。じつは相関関係の発見だけでは、「広島・長崎への原爆投下の容認が将来の核兵器使用の容認をもたらす」とまで断定できない。なぜなら、相関関係は必ずしも**因果関係**のしるしではないからである（しるしと思い込むのは「**ポストホックの誤謬**」）。同じ心理傾向が肯定論と将来の核兵器使用容認とをともに引き起こしているにすぎないかも

しれないのだ。

　たとえば、時計の表示が午後5時をすぎると空が暗くなるという相関関係があるからといって、時計を5時で止めれば夜が来ないようにできるかというと、そんなことはない。時計が太陽の原因なのではなく、むしろ地球の自転という**共通原因**が時計の設計と太陽の動きを生み出しているにすぎない。同様に、心理的性質を司る特定の遺伝子群が、肯定論と将来の核兵器使用容認とをともに抱く性格を生み出しているだけで、肯定論と将来の核兵器使用容認との間に直接の因果関係はないかもしれない。だとすると、否定論を信じていた人が肯定論へ説得されても、遺伝子そのものは変わらないのだから、将来の核兵器使用否認から容認へ変わるとはかぎるまい。この場合、肯定論は核兵器使用容認の原因ではないので、実践的には免罪されるだろう（ただしもともと肯定論に立っていた人は生まれつき「危険思想の持ち主」である確率が高いと思われても仕方ないことにはなるかもしれない）。

　さて次に、肯定論の支持と、将来の核兵器使用容認との間に、因果関係があることがわかったとしよう。しかもその因果関係が広く認識されたとしよう。つまり世界中の人々は、とくに被爆国である日本国民の大多数は、「広島・長崎への原爆投下を正当だったと容認する」ような議論が広まると、それだけ「将来の核兵器使用」を受け容れるような気にさせられるのであり、かつ、そのことを人々は心配するものだとしよう（それゆえに肯定論の評判が悪いのは当然というわけである）。

　実際、久間章生元防衛大臣の「原爆投下はしょうがなかった」発言（2007年6月30日の講演会）に対して日本国内で起きた囂々たる非難は、久間の肯定論が「危険な影響」をもたらすという危惧感にもとづいていたようだ。正確には、被爆者の苦しみに対する配慮のなさを咎める倫理的非難、被爆国の立場を忘れてアメリカの戦略に不当に媚びているという政治的非難、現職の防衛大臣が核使用を認めるとは何事かという実践的危惧感の三つが混合した反響だったのだろうが、そのうち最も深刻なマイナス面と見られた実践的危惧感が、今考えている「肯定論の危険な影響」である。

　久間発言への日本世論の反応から見ても、「広島・長崎への原爆投下の容認」が「将来の核兵器使用の容認」をもたらすものと思われやすい、ということは否定しがたいようである。そこで今度は、「そのような影響や理解は間違

いなのであるから、その間違いに立脚した久間非難は間違いである」とする第二の応答が吟味されることになる。

　架空の同調圧力にもとづいた議論に対し、それが「**誤った前提への依存**」だと指摘する矯正論法はきわめて重要である（☞第35問）。たとえば、慰安婦問題に関し往々見られる弾劾の典型として、吉本隆明の言葉を聞こう（吉本、田近、pp.104, 106, 101-2）。

　「韓国の女性たちが『私は元従軍慰安婦だった』と名乗り出た*。……恥を忍んで名乗り出た。万一ウソをついていたとしても、僕はかまわないと思います。ウソでもいい。そんなことを詮索する必要はさらさらない。名乗り出たってことが重要なんであってね。……恥を忍んで名乗り出たんですよ。……彼女たちが謝罪と賠償を求めてきたなら、日本政府は四の五のいわず、それに応じるべきじゃないですか」

　狭義の強制連行だったかどうかなど問題ではない——この種の論調の前提として、「慰安婦の境遇はひたすら悲惨であり、率先して志願する人などいなかったに決まっている」という了解がある。もちろんそのような論者も「強制的に連れていかれた女性たちもいただろうし、『おカネになるから』というので自発的にいったような女性もいただろう……両方いたと思うんです」（吉本、田近、p.99）と頭では意識しているのが普通である。しかしそれならば強制かどうかの究明が必要だと主張すべきだろう。なのに強制の有無を問わないという議論は、いずれにしても慰安婦という仕事は褒められた仕事ではなく、虐待同然の境遇だったに違いないという前提を暗に示唆している。だからこそ、強制であれ任意であれ慰安婦を募集し労働させたこと自体が悪であり、彼女らに済まないことだったのだ、という議論が成立しうる。しかし、国民のさまざまな戦争協力の形態があった中で、慰安婦が一人残らず恥を忍んで労働していた「セックスレイブ（性奴隷）」だったなどと言えるのだろうか。慰安婦にかぎらずいかなる労働者も、戦争中は苦難を舐めたり意に反した徴発に応じざるをえなかったりもしただろう。一般の労働の場合は強制の事例のみ問題視され、売春だけは強制の有無にかかわらず虐待と同一視されるとなると、実際には純粋に稼ぎのために、さらには愛国心と誇りをもって務めていた慰安婦の意思を冒瀆することになろう。

　満州事変以来、遊郭の娼妓たちが率先して戦地へ慰問袋を送っていたこと

からわかるように、娼妓の戦争協力の意欲は他の職業の人々と変わらなかった。慰安婦の意識もそこから推し測ることができる。朝鮮その他の慰安婦についても、他の労働者とことさらに区別する根拠は判然としない。「強制だろうが金目当てだろうが軍隊相手に商売していた民間の劇団や配送業者や肉屋が謝罪と賠償を要求してきたら国家は黙って応じろ」と言う人はいないだろう。慰安婦という職業の場合だけ、ただ名乗り出ただけで謝罪と賠償に値するというのはどこかに勘違いがある。慰安婦問題告発の言論の多くには、暗に職業差別の意識が作用しており、セックスワーカー差別の捌け口として告発運動が用いられていることは確かだ。不当な差別意識にもとづいた慰安婦論を逆に告発して「誤った前提」の再考を促すことは、論理的な戦争犯罪論のためには不可欠である。戦前・戦中は売春は合法的な職業だったのだから、なおさら偏見の除去が求められよう。

　暗黙の偏見にもとづいた「誤った前提への依存」は枚挙に暇がない。ヒトクローニングを否定するさいに、「クローン人間は臓器移植に利用されるなど人権を踏みにじられるので、クローン人間を作ってはいけない」「クローン人間が他人のコピーだと知ったときの心の傷は悲惨だろう」といった議論がなされることがある。これも、「クローン人間なら人権を認められないのも当然である」「他人のコピーは劣等な存在である」という共同幻想による差別意識を是認した上でのヒトクローニング反対論である。クローン人間だろうがなかろうがそうした人権侵害や偏見は許されないはずだろう。そのことを指摘して再反論を展開することは、人権論の原点に立ち返る意味でも大切なことだ。

　同様に、「広島・長崎への原爆投下の容認」によって「将来の核兵器使用の容認」がしやすくなる心の動きを自ら受け容れたり、そのような一般の因果関係を追認したりすることも、間違ったことなのかもしれない。矯正されるべきはその間違いであって、決して肯定論のほうではない、と論ずることができるのである。

☑ **多重誤謬**

* 「従軍看護婦」「従軍記者」「従軍画家」等がいたような意味では、

「従軍慰安婦」は存在しない。ただし、慰安所が最前線になったような場合には臨時に慰安婦も軍属に組み入れられ、結果として靖国神社に合祀されている慰安婦もあるという（ただし、慰安婦の名簿はないので従軍看護婦と区別はつかない）。正式には慰安婦が軍属とされなかった理由は、「光輝ある皇軍は売春のような賤業には関わらない」という建前があったからだと言われる（ただし行先を部隊慰安所と明記した募集広告は新聞などに普通に掲載された）。軍属の慰安婦の不在は、売春の合法性と差別の有無とが別問題であることの一例だろう。しかし、だからといって慰安婦問題の議論において、当時および現在の差別意識を正当な前提として利用する議論はなされるべきではない。

なお、慰安所経営者が靖国神社に合祀されていることが判明したという報道（2007年3月29日のテレビ、新聞等）について、「慰安所経営者が戦争に貢献したことを、国が堂々と認めている。旧厚生省が『慰安所を経営してくれてありがとう』と言っているようなもので、重大な事実だ」（林博史、東京新聞）というコメントへの共感が相次いだ。それらの声の多くは、職業差別を前提しているとともに、「戦争への貢献」と「国への貢献」さらには「公益への貢献」「正義への貢献」などの混同をも含んでいる。多数の誤謬を同時に含んだ言説は、計算間違いが重なって偶然正しい答えに達することがあるように、多重の誤謬が打ち消しあって一見正当な議論の体をなすことがある。多重誤謬に対しては、一つ一つの誤謬を個別に解きほぐしていく対応が肝要である。

吉本隆明、田近伸和『私の「戦争論」』ちくま文庫
秦郁彦『慰安婦と戦場の性』新潮選書

51 　肯定論の影響が心配だからとりあえず否定すればいいのか？
忖度のパラドクス

さてそれでは、「広島・長崎への原爆投下の容認」を「将来の核兵器使用の容認をもたらすもの」として理解してしまう世間の風潮は、悪いものなのだろうか。さらには原爆投下肯定論が正しいと説得された人は、そのまま将来の核兵器の使用も容認されたように説得されてしまいがちである――そういう傾向は、悪いのだろうか。

答え：
　「広島・長崎へのあの原爆投下」の是認が「将来の核兵器使用」の是認をただちに意味しないことは第49問で見た。ということは、「広島・長崎へのあの原爆投下」の是認が「将来の核兵器使用」の是認をもたらすものとあえて理解するには、何らかの積極的な理由が必要なはずである。
　しかし、「大した理由なくどうしてもそうなっている」ということはあるかもしれない。第49問で批判した**不当な類推**は人間の本能に深く根を下ろしているので、「核兵器を是認する」という共通項で二つの議論を結びつけてしまう習慣を脱するのは難しいかもしれない。その結果、「広島・長崎へのあの原爆投下」の是認が「将来の核兵器使用」の是認を引き起こす、という傾向は、理由云々以前に**事実問題**として、個人としても集団としてもどうしようもないのだ、と論じることはできるだろう。そして、あなた個人としては「不当な類推」はまずいとは心得つつも、大多数の人は「不当な類推」でどうしても動いてしまいがちだという知識があなたにある以上、原爆投下肯定論を唱える人は概して将来の核兵器使用を容認するつもりでいるのだろう、とあなたは推測せざるをえないかもしれない。
　この心理は自然なので、肯定論を唱える当人も、自分が将来の核兵器使用を容認していると聞き手に思われても仕方ないと思っているに違いない。つまり肯定論を唱える人は、将来の核兵器使用を容認する声が増しているという実例を自ら人々に示しているも同然なのであり、将来の核兵器使用容認の風潮が強くなってもかまわないと間接的に認めていることになる。肯定論を聞く大多数の人もまたそう受け取るだろうから、肯定論が唱えられるたびに世論が核兵器使用容認へと傾いていく。こうして、社会の全員が「不当な類推」の不合理さをわきまえていながらも、「不当な類推」の力をみなが承知している状態においては、「不当な類推」がなされることが集団的に容認さ

51　肯定論の影響が心配だからとりあえず否定すればいいのか？

れてしまうのである。

　これは、「多数決のパラドクス」「囚人のジレンマ」「美人投票のパラドクス」等々の変種を持つパラドクスである。社会の他のメンバーの心や態度を推し量るところから、各メンバーが自分の合理的な認識を不合理な認識へと率先して変えてしまうのである。「**忖度のパラドクス**」と総称しておこう。

　「忖度のパラドクス」の例として、こんなことがあった。1991年8月23〜28日に国際比較文学会東京会議（ＩＣＬＡ第13回大会）が青山学院大学で開催されたときのこと。参加者は前もってある手続きを取る必要のあることが手紙で通知されていたのだが、日本人会員はほとんどその手続きを取らなかった。会議が迫った頃、事務局はあわてて、改めて手続き要請を会員に通知しなおしたのである。今度は全参加者が手続きに応じた。

　なぜそうなったかというと、1回目の通知は研究発表パンフレットに同封された英語の文章でなされていたからである。2回目は同じ内容が日本語プリントで郵送された。

　会議参加者のほとんどは大学教員だから、もちろん英語は難なく読める。しかしほとんどの人が、1回目のプリントは読まなかったらしい。読めるのに読まなかったのである。事務局は日本人が運営しているのだから、重要な手続きであれば当然、日本人会員には日本語で書き寄越してくるだろうという暗黙の思い込みがあったのだ。事務局の「配慮」を忖度して、日本人会員は英語の部分はスルーしたのだ。

　その態度は無理もないだろう。むろん厳格に言えば、「英語が読めるんだからちゃんと読めよ」と責めることはできる。これはちょうど、「不当な類推は間違いなのだから肯定論の真意をちゃんと理解しろよ、将来の核兵器使用容認と結びつけるな」という叱責に相当する。しかし人々はみな、お互いの知能や合理性に確信を抱いていないので、不当な類推が犯される可能性を予測し、その予測を肯定論を唱える論者の心に読み込んでしまう。

　「英語が読めない会員、読みづらい会員がいるかもしれない。そのことを事務局は当然考えに入れているだろう。だったらこの英文は大したこと書いてないんだろう、読まなくていいや」……

　「不当な類推に引きずられる愚かな人は多いだろう。そのことを肯定論者は当然考えに入れて発言するだろう。それでもなお発言してるってことは、

この人は将来の核兵器使用を本当に肯定しているのだ。ふーん。将来の核兵器使用肯定の熱意がこれほど表明されるとは、その立場に一理あるんだろうな」……

こうして、個人としては誰も信じていないし良いと思っていない事柄や態度が、忖度の結果として肯定され採用されてしまうという事態になる。戦前の軍国主義や国家神道、天皇神聖の信仰もこの「忖度のパラドクス」に類した**架空の同調圧力**として成立していたものだろう（私は信じていないけどみんな信じているから合わせなきゃ……）。＊

すると、肯定派と否定派の対立はこうなる。「広島・長崎へのあの原爆投下」を是認すると「将来の核兵器使用」の是認という望ましくない影響をもたらしがちだ、それは避けがたいことだ、だから「広島・長崎へのあの原爆投下」はあくまで非難されねばならない——そういう戦略を否定派はとり、肯定派はそれに抗う。

肯定派の言い分はこうだ。世間の人々が啓発されておらず、「あの原爆投下」への態度と「今後の核兵器使用」への態度の区別が十分できていないだけのことだ。人々を啓発して広島論・長崎論が核戦略論にただちに結びつかないことを教育し、合理的な議論ができるよう導くのが先決であって、蒙昧状態での思い込みに立脚した拒絶反応を尊重することは、ますます蒙昧主義を助長し、正常な議論を不可能にするだけだ。……

対して、否定派の言い分はこうだ。世間の人々が啓発されていないというのはその通りで、「あの原爆投下」と「今後の核兵器使用」との区別を理解してもらうのが論理的にはなるほど望ましい。しかし論理よりも実利を優先せねばならない場合は多いものだ。あいにく人間の標準というものは、望ましい知的レベルをクリアしているとはかぎらない。どれほど教育したところで、核兵器という共通項があるかぎり、「あの原爆投下」と「今後の核兵器使用」に対する賛否が連動している印象を人々の意識や無意識から拭い去ることは至難である。必ず影響が生ずる。人々の愚かさに迎合するのはもちろん褒められたことではないが、核使用容認論を促すような深刻な影響をもたらしかねない以上、「あの原爆投下」を是認する言辞は控えるべきである。これは論理的な議論以前の問題だ。平均的人間の知性がもっと改善された時代になったら、おおっぴらに「あの原爆投下」の是非を議論しようではない

か。それまでは、「あの原爆投下」の是非を議論する余地があると公言すること自体、とくに日本のような政治環境では憲法９条論議とも絡みあって、核武装論者に勇気を与え、有害な結果をもたらすこと必定だ。「あの原爆投下」を肯定することはもちろん、できれば議論すること自体を控えたほうがよい。実戦であれ実験であれあらゆる核兵器使用を非難する声をあげ続けるだけにしておくべきだ。……

> ☑ **忖度のパラドクスとマッチポンプ**
>
> ＊　**同調圧力**に基づく「**忖度のパラドクス**」は、「**マッチポンプ**」（☞第22問）の一種である。
> 　Ａ　みんなが◯◯と考える→私も◯◯と考える（→は「理由」の関係）
> 　Ｂ　私は◯◯と考える⇒みんなが◯◯と考える（⇒は「原因」の関係）
> 　個々人がみな◯◯と考えれば、結果として、みんなが◯◯と考えるようになる（状況Ｂ）。では、なぜ個々人は◯◯と考えるようになったかというと、その唯一の理由は「みんなが◯◯と考えるから」であったりする（状況Ａ）。自らの考えが原因となって、自らの考えの理由を提供しているわけだ。

　　　　　　　　　　　斎藤道雄『原爆神話の50年』中公新書
　　　　　　　　　　　三浦俊彦『心理パラドクス』二見書房、第4章

52 /62

原爆肯定論の損得勘定、よくよく考えれば？
期待効用

　さて、前問末尾の肯定派 vs 否定派、どちらが正しいのだろう。

答え：

　論理的には、もちろん肯定派の言い分が正しいだろう。しかし、論理的に議論できるほどに一般大衆の知性が洗練されておらず、あるいは互いの知的レベルを知悉しあっておらず、その現状を改善する見込みが薄い場合には、論理的な正しさが利益を生むとはかぎらない。正論を押し通すことがきわめて良からぬ結果をもたらすならば、正論を抑制するのもやむをえないことがあろう。

　久間発言についてはどうだっただろうか。原爆肯定論の発言者が防衛大臣ということもあり、ただでさえ核使用容認論に結びつきやすい肯定論が、さらに日本の核武装推進論と結びつけてイメージされ、過剰な非難を呼び起こしたものだろう。

　しかし久間発言は、否定派としても単に葬り去るべきではなく、議論の俎上に載せるべき対象であったと思われる。なぜなら、久間発言はただの肯定論ではなく、微妙に誤りを含んだ肯定論だったからである。久間は、「ソ連の参戦を止めるためにアメリカは原爆を落とした」ととられかねない発言をしていた。もちろんこれは間違いであり、ソ連に対日参戦を執拗に求めていたのは他ならぬアメリカだったのである。ポツダム会談のときですら、トルーマンはソ連参戦の確約を得て大喜びしたほどだった。単に、原爆実験の正確なレポートに触れたことで、ソ連参戦の重要性がトルーマンの中で減じ、さらには不要と考えるほうに傾いたにすぎない。「無法なソ連の参戦を止めるため」にアメリカが原爆を落としたのであれば、むしろ日ソ中立条約の破棄にアメリカは反対だったことになり、日本を救うためだったことにもなり、アメリカの原爆投下の意図は実際よりも「良きもの」に見えてきてしまう。否定派としては、このようなアメリカへの不当に好意的な解釈は是正しておきたいところだろう。

　このように、否定派としても久間発言は議論の俎上に載せるべき要素を含んでいた。単に排斥してしまっては、発言の含む微妙な誤りが悪影響を残したままになるおそれがある。否定派の「議論しないほうがよい」というスタンスは、多くの場合賢明とは言えない。

　逆に言えば、久間のように原爆投下肯定論を述べる場合は、よほど詳細に諸要因を語り尽くした上でないと、誤解を生ずるということである。講演の

中で原爆投下に触れた箇所は、ほんの２分間にも満たない時間だった。もともと誤解を招きやすく国益にもかかわる肯定論を開陳するさいには、安易な曲解や誤用を防ぐべく、手間暇かけて論じるべきなのだ。なかんずく「政治家には言論の自由はない」ということを肝に銘じてもらわねばなるまい。

　結局のところ、原爆投下をめぐる肯定論と否定論は、その影響のバランスが大きく偏っている。とりわけ日本では、肯定論の及ぼしかねない悪影響が、否定論のいかなる可能な影響をも大きく上回っている。（外国ではその政治環境に応じてさまざまである。アメリカでは日本とは逆に、否定論は「修正主義」と称されてよほどの論拠を示す必要に迫られるが、日本における肯定論ほどには有害なものとは見なされない）。

　否定論を唱えるときは根拠や論証は必要ないが、肯定論を述べるときはよほどの論拠を提示して、有害な誤解をもたらさないようにせよ。それが、少なくとも日本における「常識」である。これは、**「期待効用（期待値）」**にもとづいた判断だ。肯定論によって、核武装論を進めるべきだとか、先制核攻撃は正しいだとかの明らかに有害な信念を強化したり、国粋主義に利用されたりする可能性が高いというのは事実かもしれない。かりに肯定論のほうが説得力があり、論理的に考えれば否定しがたく、正しく理解されれば害をもたらさないものだとしても、誤解されたとき生じる害毒が甚だしいならば、肯定論は取扱注意となろう。具体的には、次のような期待効用の計算が成り立つ（「効用」とは、利益と不利益の差し引きの総合ポイント）。

　肯定論が正しく理解される確率 …… A
　そのときの効用 …… $a > 0$
　肯定論が誤解される確率 …… B
　そのときの効用 …… $b \ll 0$
　として、
　　　$(A \times a) + (B \times b) \ll 0$

　$\ll$ は「著しく異なる」ことを示す不等号である。
　かりに$A > B$、すなわち、正しく理解される確率がかなり高くて、誤解される確率が小さいのだとしても、$b \ll a$の大差を挽回できるほどでないかぎ

り、全体の効用は大きなマイナスを示してしまう。ましてや通常は、A＞B とすら言えず、むしろ誤解される確率Bのほうが大きいほどだ。肯定論を広めることはますます抑制されるべし、という言い分が成り立つことになろう。

　日本以外の国では、肯定論の弊害はさほどではないかもしれない。むしろ、原爆投下を悪と断罪することのほうが、第二次大戦の基本図式〈連合国＝善、枢軸国＝悪〉に反するので歴史認識に混乱を生むほどかもしれない。しかし、日本軍国主義の復活といった杞憂が杞憂だと理解されやすくなるにつれて、原爆投下否定論の害は縮小する。第二次大戦のトラウマよりも将来の核戦争やテロに対する懸念のほうが重要な国際的要因となるにつれて、肯定論は有害、否定論は無害という偏りは次第に大きくなってゆくだろう。やがては世界中が日本並みに、原爆肯定論に対するアレルギーを示すということさえありうる。

　核保有国が簡単に核兵器使用に踏み切ることを一見肯定しているかのような言説は、そのもたらす害の大きさゆえに、論理的是非を考慮する余地すらなく、期待効用にもとづいて制約されるべきなのかもしれない。

　　　　　　📖 ヘレン・ミアーズ『アメリカの鏡・日本』メディアファクトリー

53 /62

原爆肯定の潜在的悪影響はやはり侮れない？
倫理的実在論と反実在論　原則と特殊判断

　前問の答えを考えると、肯定派は、どこまで譲歩すべきなのだろうか。いっそのこと沈黙すべきなのか。

答え：
　肯定派の立場を守るためには、さしあたり二つのことが考えられる。期待効用のそれぞれの成分について反論するのだ。
　第一に、肯定論が正当に理解される確率はかなり高い、と論じること。

第二には、肯定論が誤解されたときの効用は、それほど大きなマイナスにはならない、つまり肯定論はさほど有害でないと主張すること。
　ただし、現実に照らすと、この二つのいずれも維持しがたい。第一の論が認められるなら、毎年あんなにも多くの失言が咎められたり反発を引き起こしたりするはずがない。第二の論も、世界中の人々が核保有国の先制核攻撃政策に寛容になったりしたらいかに恐ろしいことになるかを想像すれば、とうてい承服できまい。肯定論が誤解されて核アレルギーがなくなるくらいなら、世界中の多くの人が「核兵器使用は悪」**だから**「あの原爆投下も間違っていた」と思い込むほうがまだずっとマシではないだろうか。
　すると肯定派は、次の二つのことを認めるという、奇妙な立場に立たされる。

　A　原爆投下は正しかった。
　B　「原爆投下は正しかった」と認めることは間違っている。

　A、Bを併用する態度はいささか奇妙である。ある事柄を特徴づけた文の正誤を判定することは、その事柄の特徴づけをダイレクトに判定したも同然ではないだろうか。「雪は白い」という文は正しい、と認めれば、それは雪そのものについて、白いと認めたことになる。同様に、「原爆投下は正しかった」と認めることは間違っている、というBの立場をとるならば、当然、原爆投下そのものについても間違っていると言わねばならず、Aを拒否すべきではなかろうか。
　厳密にはそうではない。この二つの文における「正しい」と「間違っている」は真‐偽という正反対の意味で使われているのではなく、「正しい」は原爆投下**そのものの正当化**について、「間違っている」は**言説の効果**について言われているため、評価の対象が異なっており、矛盾はない。
　また、Aの場合は、**論理的な正しさ**が問題になっており、Bの場合は、**政治的な影響の利害**が問題になっているので、評価の基準も異なっている。ここでも矛盾はしていない。
　ただ、論理的評価と政治的評価という基準の違いはそう明確ではない。論理的と政治的の中間、あるいは包括的な文脈が設定されることは稀ではない。

たとえば、**倫理的**な文脈で考えねばならないとき。倫理的には、「原爆投下は正しかった」と認めることが正しいのか、認めないことが正しいのか。

倫理そのものが、このジレンマに対するよい先例を示している。

倫理、道徳の起源は何か、という問題を考えよう。よい行ない、悪い行ないを区別するための根拠は何か、という問題である。**自然主義的・進化論的**立場によれば、善悪に普遍的・絶対的な区別などない。生物学的・歴史的偶然によってたまたま成り立った社会環境に照らして、制度的に好都合とされた一群の行動パターンが善とされ、不都合とされたものが悪とされただけだ。今認められている善悪はこれまでの社会の偶然的基準での善悪であり、今後も同じ基準で善悪が判定されつづける保証はない。これは、倫理的価値に関する**相対主義**である。

相対主義は、倫理的判断は時代や社会ごとに真偽が異なるとする学説なので、「○○は善い」という発言は真偽は言えるにせよ条件付きの仮定文だという立場である。20世紀になると、倫理の普遍的基準を否定するさらに多様な学説が唱えられはじめた。「○○は善い」という発言は「○○が好きだ」という個人の主観的感情を報告しているだけだ（真偽は言えるにせよ個人的主観という狭い条件付きの仮定文だ）とする**主観主義**、自分の主観的感情を「報告」すらしておらず感情をただ表わしているだけだ（真偽の言える文ではなく感嘆文だ）とする**情緒主義**、「○○をせよ」と命じることに他ならない（真偽の言える文ではなく命令文だ）とする**指令主義**、「○○はどうだろうか」と提起することに他ならない（真偽の言える文ではなく疑問文だ）とする**弱い指令主義**、自分の受けた印象を対象に付与して試しているだけだ（真偽の言える文ではなく比喩だ）とする**投影主義**、特定の規範を受け容れていることを表現しているだけだ（真偽の言える文ではなく決意表明だ）とする**表現主義**、整合的な言語ゲームの中で「善い」という概念が機能すれば十分だ（真偽の言える文ではなく引用文だ）とする**虚構主義**などである。

相対主義、主観主義、情緒主義、指令主義、投影主義、表現主義、虚構主義などは、善悪は客観的普遍的に決定されてはいない、つまり個々の人間を超えた実在ではないという立場なので、「**反実在論**」と総称される。

反実在論のように割り切った考えは、子どもの教育のためには、有害だとされる。いや、子どもだけでなくおとなにとっても。どの文化圏においても

伝統的に、一般大衆に対しては「**実在論**」が教え込まれるのが常だった。すなわち、「善悪」の区別は客観的な実在であるかのように教え込まれるのが常だった。宗教がその最も成功した例である。「善い行ないは、神の意思に合致している。悪い行ないは、神の意思に反している」。実在し固定された絶対的基準である「神の意思」が道徳の起源だ、というのが正しいかどうかにかかわらず、そう信じている人のほうが善い行ないをするモチベーションが高く、悪い行ないをするモチベーションが低いだろう。とくに、善い行ないをすると天国に行くことができ、悪い行ないをすると地獄で苛まれる、と教え込まれていれば、「神の意思」という絶対基準で善悪が決まっているという実在論をとる人のほうが「善い」人生を送る可能性は高いだろう。

　倫理の実在論を信じたほうが「善い人」になりやすく、反実在論を信じてしまうとニヒリズムに陥って道徳を軽んじる人になりやすい、という傾向が現にあるとすれば、次のような戦略が社会にとって有益となる。本当は（論理的には）主観主義や情緒主義が正しいと信じている学者も、「主観主義や情緒主義は間違いであって道徳には客観的で普遍的な基準がある」かのような建前を守ることだ。子どもや学生にはいわばウソを教え、隣人同士ではウソが真実であるかのように振る舞う。これは自己欺瞞であるが、有益な欺瞞なのである。

　同様に、原爆投下肯定論が正しいと論理的に示されるとしても、子どもや学生には「原爆投下は間違っていた」と否定論を教え、隣人同士でもそのとおりであるかのように振る舞ったほうが有益な結果を生むのだとしたら、否定論が正しいかのような共通了解を広めるのが正しいことになる。

　しかし注意しなければならないのは、ウソの効用は、偶然の環境要因に敏感に左右されるということだ。不治の末期癌に冒された患者に「胃潰瘍だ」などと告げて余生を楽しく過ごさせるといった「ウソの効用」はあるだろう。しかしそのウソが本当に害よりも利益を生んでいるかどうかは、患者の性格、家族との関係、やり残した仕事、病状の細部、などの変数によって微妙に異なる。患者本人の世界観次第では真実を知ったほうが残りの人生を濃密に生きられるかもしれないし、真実を隠す姿勢が家族にどのくらいの負担を強いるか、癌の進行状況、等の因子によってもウソの効用はどちらにも転ぶだろう。どのようなウソが最もよい効用を生み出すかは、患者をとりまくすべて

の事情を知ったとしても、判断が難しい。

　それとは対照的に、「真実の効用」は堅固である。症例として記録にとどめ、医学全体に寄与するためにも、そして患者の末期の苦痛をうまく処理するためにも、余命を家族に正しく知らせるためにも、カルテには真実が書き込まれねばなるまい。ウソが互いに矛盾し合い、辻褄合わせがきわめて面倒であるのに対して、真実は互いに整合的であり、無駄な辻褄合わせを必要とせず、運用が能率的にできる。ウソと違って真実には、世界の背景的あり方との合致という「一定量の効用」が保証されている。

　つまり、各々のウソは、それが効用を生む文脈というのがきわめて限られていて不確かであるのに対し、真実は、ときに不都合を生むことがあるにせよ、必ず誰かが知っていなければ最低限の効用が確保できなくなってしまう「バックグラウンド定数」である。

　言い換えれば、第二次大戦なり何なり、任意の事態を理解するさいにウソが役立つのは表層的な諸事情への対処においてであり、深層的な、つまり当該事態の基礎的構造へと降りてゆくにつれて、ウソよりも真実のほうが重みを増し、役立ちかたも増すということである。偶然の揺らぎに合わせた実践では特定のウソが有利な結果を生むとしても、実践から理論へ、理論から原理へと降りてゆくにつれて真実が優先されねばならないということだ。

　ここで、第50問の第三の応答を試すときがやってきた。その応答は、「広島・長崎への原爆投下の容認」は「将来の核兵器使用の容認」をもたらす、という肯定論批判に対して、「広島・長崎への原爆投下の容認」はたしかに「将来の核兵器使用の容認」をもたらすし、しかもそのように影響される人は必ずしも間違っていないのだが、そのことは肯定論そのものの正しさには関係ない、とする応答だった。広島・長崎への原爆投下容認が将来の核兵器使用を許す風潮を助長するのは望ましくないので、教育現場やカルチャーセンターやテレビ番組ではさしあたり「広島・長崎への原爆投下は間違っていた」という方便を採用することが望まれよう。だとしても、基礎的な歴史理解においては、認識や倫理的態度の整合性を得るために「真実」が認められ、主張されなければならない。その真実がかりに、一見不愉快な「原爆投下肯定論」であるとしても、学問的にはそれを正しいと認めねばならない。患者に慰めを言う医師がカルテには無情な真実を書き留めておかねばならないの

と同様である。

　こうして、次のような方針が正しいことになろう。論理的な議論の結果、肯定論が整合的で否定論は擁護しがたいことがわかったとすると（本書ではそれを明らかにしつつある）、否定論は外交政治や国民感情やマスコミでの発言のマナーの文脈にとどめ、学問的には肯定論の正しさを大いに認めねばならない、と。文脈の基礎性の度合が異なれば、当然、便宜的虚構の必要性は増減するのである。

　ある行為に対する専門的な善悪判断と、その行為を是認もしくは非難すべきかどうかの判断とは、別物なのである。同様に、ある行為を是認もしくは非難すべきかどうかの判断と、特定のときにその行為への是認や非難を表明すべきかどうかの判断とは、別問題である。一般的判断と特殊的判断とが一致せねばならないということはない。戦争中のトルーマンの原爆投下決定が正しかったと判断する人であっても、原爆投下を10年後の文脈であえて褒め称えることが正しいとはかぎるまい。哲学者エリザベス・アンスコムは1956年、オックスフォード大学がトルーマン元大統領に名誉博士号を授与するのに反対して原爆投下決定そのものの間違いを指摘した。しかし名誉博士号授与に反対する者は、必ずしも原爆投下決定そのものに反対する必要はない。原爆投下決定は正しくとも、「核戦争の危機が忍び寄る冷戦時代の政治的戦略として、当面、トルーマン元大統領の原爆投下を非難する態度が正しい」という姿勢をとることもできただろう。とりわけ、原爆投下した責任者を「罰せよ」というのではなく単に「表彰に反対する」という穏健な批判姿勢をとるだけであれば、原爆投下そのものを学問的・原則的に肯定する態度を保つことは大いにありうるのである。

　G. E. M. Anscombe, "Mr Truman's Degree," 1957, *The Collected Philosophical Papers of G. E. M. Anscombe, vol. III (Ethics, Religion and Politics).* (Blackwell., 1981)
　バートランド・ラッセル『ヒューマン・ソサエティ』玉川大学出版部

54 /62

被爆者のことを考えても原爆投下を肯定できるのか?
現実バイアス　慈悲深い殺人のパラドクス　背理法

　論理を超えた議論をもう一つ考えよう。それは、原爆投下否定論の中で最もありふれており、しかも最強の論法と普通受けとめられているものだ。それは、次のような議論である。

　「いくら戦略や功利論で原爆投下を肯定することができようとも、それは血の通わない冷たい論理にすぎない。具体的な個々の人間の姿が直視されていない。原爆投下を肯定する者らは、いったい、被爆者の体験談を聞いても、そしてケロイドの悲惨な写真、映像などを見てもなお原爆投下を肯定できるのか!」

　この種の詰問をされると、たいていの人は沈黙を強いられる。反論は可能だろうか?

答え:
　ネットにも本にも、この種の詰問は溢れている。一例として、「教えて! goo」の哲学カテゴリの中のスレッド「QNo.3931786 原爆投下の非正当性を論拠付ける根拠はありますか?」を見よう（http://oshiete1.goo.ne.jp/qa3931786.html）。

　質問者 momonga14 さんの問い「……もちろん写真などを見れば、理屈を並べるまでもなく誰もが『あってはならない』と思いますが、何か『理屈』は無いのでしょうか?」(08/04/08 11:14) に対して、回答者の一人 nekomac さんは、次のように答えている。

　「哲学として論ずるにしても、今なお政府からの援助もなく、原爆の後遺症に苦しみながら生きている人がいる事実を考えれば、この質問は残酷であるとともに不謹慎であると私は思います。原爆については資料館に行けば

様々な事を知る事が出来ます。人間が焼けただれた己の皮膚を引きずりながら水を求めてさまよった姿は過去にフィルムでも学校でも教わったのではありませんか？　それでも足りずに、この悲劇の非正当性を示す論拠が欲しいのであればその理由を述べてください。この悲劇の犠牲者をさらに貶め、悲しませ、曝し者にし、自分の興味を満足させるための書き込みは決して赦される行為ではありません」（08/04/08 16:46）。

　この回答者の口調は極端な部類に属するが（原爆に怒りを感じるという質問者ですら、この回答には批判的なコメントを返している）、原爆投下を「冷静に」議論しようとするコミュニティで最も多くかつ熱心に述べられているのがこの「原爆投下非難への疑義は被爆者への冒瀆」論なのである。

　これに対しては、ざっと七つの反論が可能だろう。

　第一の最も基本的な反論は、前問で確認したことの応用である。すなわち、文脈の区別を保つよう要請することだ。遺族や犠牲者本人の前で「その災難は仕方なかったのだ」と明言することは、論理や真偽の問題以前に、無神経というべきだろう。しかし、そうしたマナーや配慮と、基礎的な議論をすることとは別問題である。有効な治療法のない癌を治したい一心で未認可の民間薬にすがっている患者に向かって「そんなものは効きはしない」と言うことは憚られても、だからといって、その民間薬の化学分析や臨床データをもとに判定結果を論文に書くことを控えねばならぬということはない。個々の対人的マナーの文脈と、普遍的・科学的探究の場とをきちんとわきまえていればよかろう。科学的探究をあらゆる場面で禁じてしまうと、薬学の進歩が阻まれ、これから救えるはずの命も救えなくなってしまう。

　同様に、原爆投下への肯定論・否定論に関して、いかなる根拠があるのか、どちらの主張のほうがより整合的に文化的共通認識に合致できるかを調べることは重要である。その種の冷静な議論が禁じられたら、原爆投下に至った歴史の分析評価もあやふやになり、また同じ過ちを犯すことにもなりかねない。

　第二の反論はこうだ。「具体的な個々の人間の姿が直視されていない」という苦情は、原爆にかぎらず他の多くの作戦に対しても言えてしまう、と指摘することである。体中穴だらけになって硫黄島の砂浜に半身埋まっているアメリカ兵の悲惨な写真がある。タラワ島の海岸にうつぶせに漂っている海

兵隊員の映像がある。こういうものを見ても、遺族に対して「平和をもたらすという大きな目的のためには、数千人の兵士の死は仕方がなかった」と言えるのか！　邪悪な日本軍国主義を滅ぼすためとはいえ、罪なき若者を戦地へ送ったアメリカ政府は非難されるべきではないのか！

　これは、大義のために人命を犠牲にするという戦争そのものの是非を論ずる問題となる。つまり、原爆投下に特有の議論ではなくなってしまう。そして結局は、「より大きな目的のために、この犠牲は仕方がなかった」という場合の「より大きな目的」が正しかったか、そしてその犠牲は必要だったのか、という議論に移行することになる。そこまで広げないと原爆投下の是非は論じられないと主張するのは、「**完璧主義の誤謬**」であろう。

　私たちはどうしても、可能性より現実性を重視しがちである（**現実バイアス＊**）。つまり、現実に生じた個々の死傷者のほうを重要に考え、可能的な（未然に防がれた）個々の死傷者のことを忘れがちだ。具体的な生身の人間という点では、現実に死傷した人間であれ、現実には死傷を免れた人間であれ、同等の価値を持っているのである。

　現実に採られた戦略はどれも、より多くの**可能的**損害を防ぐために、**現実的**損害を受け容れることで成り立っている。世界を枢軸国が支配し、多くの人間が苦しむという大きな損失を防ぐために、連合国は多大な人命を賭けた。B-29搭乗員の損失を防ぐために硫黄島での海兵隊の流血は許容された。フランスやオランダの解放のためには、オマハビーチで散った3,000人の若者の犠牲は仕方がないとされた。

　原爆投下も、ダウンフォール作戦実施のさい生ずる多大な将来的損失を防ぐための二義的損失だったという意味では、他の無数の戦いと違いはない。人命の損失を当然視することの悪を非難すべきだとしたら、本当に非難されるべきは戦争そのものであって、個々の戦略ではないのである。

　現実の被爆者の惨状を談話やビジュアルで生々しくアピールされたからといって、原爆投下がなかった場合に代わりに死傷しただろうさらに多くの人々の惨状を軽視してよいことにはならない。もちろん一方は現実の惨状であり、他方は仮定上の惨状ではあるが、現実に原爆投下の惨禍を被った人々の大多数が、本土決戦となればやはり同様の惨禍を被った可能性が高い——被害者は本人の場合もあれば家族親戚友人知人のこともあろう——ことを

考えなければならない。

　「原爆投下によって救われた**かもしれない**人命」と「原爆で失われた人命」の非対称性は、確かに可能性より現実性の重視姿勢を促しがちだ。しかし、原爆投下前は「かもしれない」どうしの比較（可能性と可能性の比較）だったことを十分考えなければならないだろう。選択すれば、どちらかの犠牲が必ず現実性になり、他方は可能性にとどまる。事後に現実の犠牲を過大評価するのは、現実に生じたということとは別個の合理的根拠を欠いた判断であり、一種逆説的な現状追認に陥ってしまうのである。

　第三の反論はこうである。被爆者の生々しい写真は、確かに、**何かが**とてつもなく間違っていたことを強烈に示している。しかしその間違いは、原爆なのだろうか、それとも原爆を含み込んでいる戦争なのだろうか。この疑問から、第二の反論で斥けた「戦争そのものへの完璧主義的考察」を廃物利用した反論が得られる。原爆投下の惨禍をもたらした原因を、原爆投下そのものに求めるべきか、それとも戦争そのものに求めるべきかは、残酷な写真や映像をいくら見ても決定できない。あの戦争のもとでは原爆投下が必然だったとすれば、写真や映像によって悲痛に告発されているのは原爆というよりも戦争だったことになるだけだ。

　平和な条件のもとでは悪であることも、戦争という条件の下では、善になることもあろう。それを教えてくれるのが、「**慈悲深い殺人のパラドクス**」と呼ばれる論理パズルである。こういう問題だ。あなたは任務で、ある人を殺さなければならない。銃撃で殺すことに決めたが、どこを撃つべきか。弾丸には毒が仕込んであるのでかすり傷でも殺せる。腕や足や腹を撃てば、1時間ほど苦しみ抜いて死ぬだろう。心臓か頭をうまく撃つのは難しいが、ゼロ秒で安らかに殺せる。あなたはどうすべきか。──面倒だから適当に撃っちまえ。どうせ死ぬんだから。──これは悪である。──労力はかかるが射撃練習をして、急所を撃ってひと思いに死なせてやろう。──これが善である。ところが、単純に論理的に考えると、「ひと思いに殺す」ことが善ならば「殺す」ことも善でなければならないだろう。なぜならば、「ひと思いに殺す」ことは「殺す」ことに他ならないのだから（「殺す」ことをせずに「ひと思いに殺す」という善はなしえないのだから）。では殺すことは、殺人は善なのか？

これは、**アプリオリな**（前提なしの）**善悪**と、**条件付きの善悪**を混同した誤りである。アプリオリには、殺人は悪だ。しかし、その殺人をなさねばならないという場合、その条件下では、「ひと思いに殺す」ことが善となる。
　「ひと思いに殺す」ことが善だからといって、私たちは今日から射撃場へ通って銃を入手して行きずりの人の頭を撃つべきだ、ということにはならない。「ひと思いに殺す」のが善という意味は、どうしても殺さざるをえないという条件下に限った場合の善を述べているのである。条件なしの場合と条件付きの場合の区別は重要である。
　「原爆投下は正しかった」とだけ言われると、あの戦争下では、という限定条件を抜きにして、ただ「原爆投下」が善だったかのように受け取られ、核兵器使用を是認した物言いに聞こえてしまう。そうではなく、「原爆投下は善かった」と評価されるべき前提条件を補って考えねばならない。当時の国際情勢、戦局を総合的に見た上で、善悪を判定するのだ。平和時には（アプリオリには）悪であることが、戦争時という特殊な条件下では善になることもある。そう考えると、「原爆投下は正しかった」はむしろ戦争拒否、戦争否定の主張を強く押し出した命題になる。なぜかというと、原爆投下のような、平和時の基準では極悪としか言いようのない策が、なんと善になってしまう、それが戦争というものだ、という理屈だからである。「許されざる核兵器使用がなんと許されてしまうような戦争という状況は、なんとしても防ぐべきだ！」という主張の言い換えが、まさに原爆肯定論なのだということがわかるだろう。
　これは一種の「**背理法**」である。戦争を仮定すると、推論のあげく、結論として、核兵器使用という許されざることが許されるという矛盾が導けてしまう。よって、戦争という仮定は許されない仮定である。結論、戦争はあってはならない＊＊。
　こうして原爆投下肯定論は、一見好戦的な主張のように見えて、実は戦争反対の立場の強い表明になりうる。逆に原爆投下否定論は、一見平和的な主張に見えて、実は戦争に甘い立場であり、戦争を起こしやすくする立場だ。というのも、平和時だろうが戦時だろうが核兵器は絶対許されないのだから、戦争が起きてもまあ大丈夫、という戦争観を生みやすいからだ。「核兵器さえ使わなければ、原水爆さえ禁止すれば、戦争は致し方ない」という態度は

危険である。その態度が蔓延すると、戦争が見くびられることで勃発しやすくなり、大規模戦争も起こりやすくなり、いったん大規模戦争が始まれば、平和時の核兵器製造・使用の禁止協定などどの国も守らなくなるだろう。守っていたら戦争に勝てないからだ。

　したがって、原爆投下否定論が信じられると、結果として原爆が使用されやすくなるという逆説が生ずる。第49～53問で想定した因果関係とはまったく逆である。肯定論のほうが、戦争の理不尽さを訴えるには有効なのであり、結果として核戦争の防止にも役立つのである。ビキニ水爆実験で第五福竜丸が被爆した翌年の1955年に公表された「ラッセル・アインシュタイン宣言」が決して反核声明ではなく、反戦声明になっているのはそのためだ。実際、ラッセルは宣言の中で、「戦争になったら核兵器使用をするのは合理的である」と認めるような書き方をし、逆に戦争の恐ろしさを強調しているのである。

　第二次大戦の原爆投下に戻って確認しよう。

　「広島・長崎への原爆投下は間違っていた」という主張は、第二次大戦の生起そのものの正当化に結びつきやすい。（あの戦争は原爆抜きでもっとうまくやれたのに……）

　「広島・長崎への原爆投下は正しかった」という主張は、第二次大戦の生起そのものへの批判、否定、非難を導きやすい。（あんな蛮行を正当化してしまったあの戦争そのものがどだい間違っていたのだ……）

　被爆者の体験談、悲惨な写真、映像によってたじろぎ、沈黙し、原爆肯定論の可能性すらタブー視して封印し、議論を控えてしまうと、「このような悲惨な被爆をもたらした核兵器さえ禁止されれば、戦争それ自体は仕方ないのでは」という危険な戦争肯定論が忍び込むことへのセンサーを鈍らせ、警戒態勢をとりづらくしてしまうのである。

　背理法による以上の認識は、序章以下何度か批判してきた「完璧主義の誤謬」ではないことにくれぐれも注意しよう。すなわち、「原爆投下は正しかった、なぜなら絶対悪の戦争そのものが起きてしまったのだから、あとはもう何でもありの無秩序ブチ切れ状態が是認されるからだ」という極論＊＊＊ではない。戦争が始まっても、戦争努力とは無縁なホロコーストのようなものは依然として容認されまい。戦争努力の合理的な帰結として原爆投下のよう

な残虐行為が論理上容認できてしまうがゆえに、原爆投下の正しさが強力な戦争否定の論拠となる。背理法は、あくまであの戦争から原爆投下の正しさを導く論理の流れが成立することに依存している。かりにホロコーストを正しいとする議論が成立するとしても、戦争からホロコーストの正しさを導く論理が成り立たないかぎり、背理法によってもホロコースト擁護は「戦争反対」の倫理の根拠にはなりえない。原爆投下の場合は、戦争から原爆投下の正しさを導く論理が成り立つがゆえに、背理法によって原爆投下擁護は「戦争反対」の倫理の根拠になりうるのである。

> ☑ 確証バイアス
>
> *　可能性より現実を重んじる**現実バイアス**の一般的な形は、本当に現実かどうかはともかく「現実に真だと自分が思う仮説」を重視するという「**確証バイアス**」である。たとえば、「地球温暖化で極地の氷が溶け海面上昇が起こる」という仮説が正しいと思い込んでいる人は、「温暖化によって極地の氷が増える」という理論や実験的証拠（温暖化により大気の水蒸気量・降雨量が増えて極地に降った雪が氷に加算される、という理論など）がいかに説得的かつ豊富であろうとも無視したり軽視したりし、自説に有利な学説を偏重する。この確証バイアスの特殊な場合が、もはや「正しいと思っている仮説」ではなく「現実に起きたがゆえに正しいと知っている事柄」を偏重する現実バイアスである。原爆投下で多くの人が亡くなり、本土決戦で亡くなった人はいない、というのは単なる仮説ではなく誰もが認める現実なので、原爆投下の死者を本土決戦の死者よりも重んずるバイアスは確証バイアスの中でも特別な「現実バイアス」となる。
>
> ただし、確証バイアスが仮説の真実性そのものに関するバイアスであるのに対して、現実バイアスは仮説に含まれる価値概念に関するバイアスであることが多い。いずれも、**係留ヒューリスティクス**（☞第7問）と同根と見ることができる。

☑ 対偶

＊＊　**背理法**の論理構造は以下の通り。

Pが真だと仮定する。Pから、Qが真であることが導かれる。しかし特別な仮定をしなかったとしたら、Qが真だなどとはとんでもないことである（Qは常識に反する、観測事実に反する、内容的に矛盾している、等々）。つまり、Qはもともと偽である。よって、Qという虚偽を導いてしまったPという仮定は間違いである。

「PならばQ」「Qでない」の二つから「Pでない」を導く論証だが、そこには「**前件肯定**」（☞第13問）と「**対偶**」が使われている。対偶とは、「PならばQ」と「QでないならばPでない」は同じことを述べている、という原理である。「PならばQ」「Qでない」の二つから「Pでない」を導く背理法は、対偶を用いて言い直せば「QでないならばPでない」「Qでない」の二つから「Pでない」を導く論証となる。「Qでない」「Pでない」をそれぞれ「R」「S」と書けば、背理法は「RならばS」「R」「したがって、S」と書くことができる。これは、前件肯定の推論に他ならない。

☑ 含意のパラドクス

＊＊＊　あってはならないこと、あるはずのないことが起こったら、その条件下では何が起きてもＯＫ、という原則は、論理学で「含意のパラドクス」と呼ばれる法則である（「パラドクス」という名は付いているが、正しい論理法則である）。「PならばQ」は、Pが偽であるとき、Qが真でも偽でも、全体は真になる。Pでない場合（Pが偽である場合）については何も語られていないのだからすべて認めるというのは、「**寛容の原則**」（☞第25問）の応用だ。とりわけ、Pが必然的に偽である命題（不可能命題）や禁止されている行為がなされたことを述べる命題である場合は、Qにはどんな突飛な命題が来ても「PならばQ」全体は真だとただちにわかることになる。

📖『ラッセル・アインシュタイン宣言』湯川秀樹、朝永振一郎、坂田昌一編『平和時代を創造するために
　　　　　　　　　　　　　　　　　　　　　　　　　　——科学者は訴える』岩波新書
　　　　　　　　　　　　　　　　　　　📖 加藤尚武『戦争倫理学』ちくま新書

55 /62

被爆者のことをもっと考えると何が見えてくるか？
ステレオタイプ化　特定者バイアス

「被爆者の体験談、悲惨な写真、映像などを見てもなお原爆投下を肯定できるのか！」
　この強力な詰問に対するあと四つの反論はどういうものだろうか？

答え：
　第四は、第三の反論の変奏である。生々しい惨禍をもたらした元凶が原爆なのか戦争なのか、写真や映像はそれを決定できまい、という反省が第三の反論だったが、この第四の反論は、写真や映像は「元凶が誰なのか」を決定できない、と指摘する。
　原爆被害の凄惨さを具体的に目の当たりにすれば、誰もが原爆投下の非を認めざるをえなくなるはずだ。戦争というよりも原爆こそが弾劾さるべきなのだ——かりにこのことを認めたとしても、では、「誰の非なのか」というのが問題となる。原爆否定論は、原爆を投下した者、つまりアメリカ側の非を問う立場だった。しかし、被爆者の惨状が物語っているのは、原爆投下という「行為」の非とまでは特定できない。特定できるのは単に、原爆が投下されたという「事実」の理不尽である。つまり、原爆が投下されたという事態を招いたのは誰の責任なのか、という問題がまだオープンなままなのである。
　責任の所在がアメリカ政府であるならば、被爆者の惨状は原爆否定論の根拠になるかもしれない。しかし、責任の所在が、日米開戦に踏み切った日本政府、徹底抗戦を唱えてポツダム宣言受諾を阻んだ日本軍部、早期に介入して無駄な犠牲を防止しなかった天皇裕仁、等々にあるとすれば、むしろ原爆

投下肯定論にとって有利な根拠になってしまう。つまり、原爆被災の恐るべき写真や映像が訴えかけてくるのは、「誰かが絶対悪かった」「何かが絶対間違っていた」ということだけであり、どこにその悪や間違いがあったかということについては、原爆被害のビジュアルは何も語っていないのである。

「ノーモア・ヒロシマ」のスローガンどおり、反核運動はしばしば被爆地の惨害のイメージを活用してアピール力を高めたが、その情熱に貢献した力の大半は、トルーマン決定だけでなくパールハーバー攻撃やポツダム宣言黙殺を非難する人々からも来ていることは当然推測できるだろう。実のところ、日本全国を対象にしたアンケート調査（原爆投下に主な責任を負うべきなのは誰？という質問）では毎回、広島市と長崎市の住民は「日本政府に主な責任あり」と答える率が全国平均をやや上回る傾向がみられるのである。

「被爆者の前で原爆肯定論など言えるのか！」という叱責は、被爆者はみな原爆投下に関してアメリカを憎んでおり、日本を被害者と考えている、といった先入観にもとづいている。「被爆者の声とはこれこれこういうもの」と決めつける類型思考は、ちょうど、「傀儡政権と呼ばれる政権の指導者はみな操り人形だった」という決めつけ（☞第9問）や、「元慰安婦はみな自分の経歴を恥じているはず」といった差別的偏見（☞第50問）同様、対象となる人々を侮辱するものだろう。被爆者にも多様な声がある。少数の実例から安易に一般化したり、単なるイメージを鵜呑みにしたりする誤りは、**ステレオタイプ化の誤謬**」にあたると言えるだろう。

第五点。「原爆投下は正しかった」と言われる場合、特定のあの二つの都市、特定の人々が犠牲者として必要だったという意味で言われてはいない。たとえば、7千人の国民が事故死するという事態はとてつもない不幸だろう。その原因となる共通因子を除去するためには、政府は相当の出費を覚悟で措置をとらねばなるまい。さて、来年、7千人程度の国民が交通事故で死ぬことはほぼ確実にわかっている。では、それを防ぐために、政府は乗用車の運転を禁止して、消防車や救急車、業務用の車だけに走行許可を出すべきではないだろうか。

しかし誰もそんな措置を支持しようとはしない。乗用車の禁止によって、生活の質の低下や、経済的損失が予想されることだけが理由ではない。加えて、「交通事故で誰が死ぬのか」がまだ決まっていないため、乗用車容認によっ

て特定の誰の**生存権**も侵されてはいないからである。

　不幸にして結果的に交通事故死した人たちの遺族は、「乗用車容認政策は仕方がなかった」と言われても、怒ることはないだろう。死者への冒瀆だとも思わないだろう。原爆投下も同様ではないだろうか。誰が殺されることになるのかは、結果論である。特定の人々が人柱として捧げられたわけではない。交通事故による犠牲を、産業社会の維持のためにやむをえないと諦められる論理からすれば、原爆投下についても「戦争を終わらせるためには仕方がなかった」と肯定するのが筋ということになりはしないだろうか（ただしこの論理の問題点については、第59問で再度議論する）。

　これは、第54問で見た「現実が可能よりも重要（**現実バイアス**）」と似たメカニズムで、「特定が不特定より重要（**特定者バイアス**）」という心理であり、論理である。互いに似てはいるが、現実バイアスに比べて特定者バイアスは倫理的に正当である。現実バイアスは**二つの可能な**犠牲者の**どちらが**現実の犠牲者となるべきだったかをめぐる選好であり、単に実際どちらが実現したかという結果論で好みを選ぶしかない。その選好には、結果論とは独立した倫理的基準は働いていない。対して特定者バイアスは、**一つの現実の**犠牲者が**どうやって**選ばれたかに関する選好であり、一方の選ばれかたは人権侵害だが他方の選ばれかたはそうでない、といった倫理的相違が、実際どちらが実現したかとは独立に事前に判定できる。したがって、現実バイアスは肯定論を批判する根拠としては無効だったのに対し、特定者バイアスは肯定論を支持する根拠として有効なのである。原爆犠牲者は特定者として人権侵害的に選ばれたわけではないからだ。

　第六の論点については次問で、第七の論点は次々問で考えよう。

　　　　　　　　　　　　本島等『長崎市長のことば』岩波ブックレット No.146

56 /62

被爆者のことをさらにもっと考えると？
感情に訴える議論　原因と理由　空なる理由

　「被爆者の体験談を聞いても、そしてケロイドの悲惨な写真、映像などを見てもなお原爆投下を肯定できるのか！」という原爆否定論に対して言える五つの論点を見てきた。最も重要な第六、第七の論点が残っている。それは何だろうか。

答え：
　最後の二つの論点は、「**感情に訴える議論**」の本質的弱点を突くものである。ここではそのうちの一つを見よう。
　写真や映像など、感情的に強くアピールする光景に触れる前と触れた後で、倫理的判断が変化する、ということは往々にしてあるかもしれない。しかしそれは何を意味しているだろうか。
　たとえば、東京大空襲で9万人以上の一般市民が死亡し、100万人以上が家を失ったという数字は知っていて、「それも仕方なかっただろう。戦争中だったのだし、敵も全力を尽くさざるをえなかったのだから」と思っていた人が、真っ黒焦げになって路上に転がっている母子の遺体の写真を見てから「やはり無差別爆撃はいけない！」と考えを変えたとしよう。単純に「無差別爆撃は必要→絶対悪」という抽象的な変化が起こることはあまりないだろう。ありがちなのは、黒焦げ写真を見る前は、東京大空襲の惨事を引き起こした責任の所在を、抗戦を続ける日本政府と日本軍にありと考えていたが、写真を見てからは、焼夷弾爆撃を実施したアメリカ側、とくにカーティス・ルメイ将軍に責任があると考えるようになった、——そういった変化だろう。（もちろん逆の変化もありうる。アメリカが悪いと思っていた人が、写真を見てから、市民に避難を禁じて無謀な消火活動を日頃義務づけていた日本の指導者こそ元凶だと考え始めるような）。
　ここで起こっている変化は何だろうか。いや、感情的に起きていることは

理解しやすい。視覚情報によって刺激されたその人の神経系がホルモンバランスに作用して、一般的な戦争努力の評価を優先する立場から、具体的な個々の人命を尊重する立場へと変わった、それだけのことである。問題は、生理学的にでなく論理的に何が起こっているのかだ。

　写真を見る前であっても、たいていの人は、焼夷弾で殺された９万人もの人々がみな綺麗な身体で眠るように穏やかに亡くなった、と思ってなどいなかっただろう。つまり、空襲下の都市には母子の黒焦げ死体のようなものが多数存在したであろうことは、誰もが頭ではわかっていたはずである。つまり、「死者９万人以上」という数字を学んだとたんに、その人は東京大空襲の本質についてほとんどすべてを学んでしまっている。母子の黒焦げ死体の写真がもたらすインパクトは、単なる死傷者統計の学習の時点ですでにその人の心に誘発されていなければならない。したがって、情報価値のない黒焦げ死体写真を見たことによって倫理的判断を変えた人は、どこかで論理的誤りを犯しているのである。

　その誤りは、三通りのうちどれかである。

１．写真を見る前の古い判断が間違っていた。
２．写真を見た後の新しい判断が間違っている。
３．新旧どちらの判断が間違いであるにせよ、扇情的な写真によって判断を変えたこと自体が間違っている。

　１の場合は、抽象的情報だけでは正しい倫理的判断ができなかった自分の想像力の不足を責めるべきである。２の場合は、感覚的刺激によって惑わされてしまう自分の意志力の欠如を責めるべきである。

　さて、３の場合は、１、２の場合とは違って、写真によって判断を変える前と後のいずれが間違っていたのかが特定できない場合も含む。さらには、１または２のような〈判断そのものの過誤〉よりも、判断の変更そのものに間違いが求められる。情緒的感覚的情報の不在または付加という、実質的情報には寄与しない要因によって判断を変えるという態度形成のあり方は、論理的に誤っているということだ。

　次のような反論がなされるかもしれない。

「扇情的な写真が判断を変える〈**理由**〉になるなどと私は思ってなどいない。単に、判断を変える〈**原因**〉になっていると私は感じるのだ。そしてその原因の力に従って判断を変えたまでだ」

しかしこの弁明は的外れである。たしかに、扇情的な写真が人の判断を変える〈原因〉として働くことは事実である。そして〈理由〉が**論理的な要因**であるのに対して〈原因〉は**物理的な要因**であり、したがって、〈原因〉によって動かされたからといって「非論理的」と責められるいわれはないだろう。「非論理的」というのは〈間違った理由〉によって判断を変えるような場合（つまり、理由と判断とが合理的に適合していない場合）に言われるのが筋であって、物理的原因がどのように判断に影響しようとも、もともと論理とは関係ない変化なので、「非論理的」ではありえない。それはその通りなのだが、しかし「理由なし」というのもある意味では「**空なる理由**」という理由だと見なすこともできる。空なる理由は、いかなる判断の変更に対しても「不適切な理由」であろう。「理由を伴わない単なる原因」によって判断変更することは、「空なる理由という不適切な理由」によって判断を変えることなので、やはり「非論理的」なのだ。

あるいは、論理的な理由を伴わない単なる原因による変化が許されるとしても、量的な変化にかぎられるべきである。つまり、「今までアメリカ軍の方針は間違っていると思っていたが、この黒焦げ死体の写真を見てからますますその思いが強くなった」「サイパン陥落の時点で本土空襲を予期できた日本政府が即時降伏しなかった罪は重いと怒りを禁じえなかったが、崖から赤ん坊を投げ捨てたあと自ら飛び降りる女性の映像を見てからますますその思いが強くなった」……このような心情の変化なら、〈空なる理由〉による動かされ方としても合理的と言える。

他方、「今までアメリカ軍の方針は間違っていると思っていたが、この写真を見てから、悪いのは日本政府のほうだという考えに変わった」「サイパン陥落の時点で即時降伏しなかった日本政府の罪は重いと怒っていたが、この映像を見てから怒りの矛先がアメリカ軍に変わった」……このような心情の変化は不合理である。なぜなら、東京大空襲への認識の「**論理構造**」は、写真を見る前と後とでは変わっていないはずだからである。事実的情報内容を持たない扇情的写真による変化は、従来の価値判断の論理構造を同型に

保った変化、すなわち深化あるいは弱化にかぎられるはずであり、価値判断の質的な転倒ということは起こってはならない。

　広島平和記念資料館や長崎原爆資料館を訪れて、ケロイドの写真を見たり被爆者の声に触れたりすることで認識が変わるとすれば、それは以前どおりの判断の強度が変わることに限定されていなければならない。事実関係の論理構造に対する認識に寄与しないビジュアル資料によっていちいち認識を変更することが許されていたら、論理的な議論というものができなくなってしまうだろう。したがって、肯定派だった人を説得するために「被爆者の体験談やケロイドの写真に触れてもなお君たちは……」と追及するのは、相手に非論理的な態度を強制することであり、自分の首を絞めることになる。論理に背くよう相手に求めたとたん、相手が他のいかなる非論理的な言説を繰り出してきても、もはや咎める足場を失ってしまうからだ。

　一方、1や2の場合は、扇情的写真によって感情の量的深化が起こること自体、想像力か意志力のいずれかに問題がある証拠となる。死者9万人、と聞けば、その時点で強い感情が生じているべきで、写真や映像を見ないと本当に心に響かなかった、というのではまずいのである。具体的な光景にじかに触れないとわからない、というのは、日中戦争勃発や真珠湾攻撃当時の日本国民を蝕んでいた病だった。空襲を受け始めてからやっと戦争の大変さを思い知った、というのでは遅い。

　数字や意味情報だけでは判断を確立できず、映像や体験談で認識を改めるような人は、もともと想像力に乏しく、本土決戦や第三次大戦への想像力も乏しいだろう。そのような思考未熟な人が多数存在しているという嘆かわしい現状認識に寄りかかった議論は、原爆投下否定論の論拠としてあまりにも弱い。

　──なおも「感覚的な媒体」の重要性を力説し続ける人に対しては、次のような切り返しが有効だろう。広島・長崎の原爆被害があったせいで、私たちは今すでに核攻撃被害の生々しいリアルな写真を見ることができている。原子戦争の恐ろしさを痛感させられ、恒久平和希求の象徴として使えている。逆に言うと、広島・長崎の原爆被害がなければ、私たちは核戦争の恐ろしさを実感できず、今ごろ安易な核兵器使用を許してしまっていたかもしれない。第二次大戦後に一度も核兵器の実戦使用がなされずに済んできたのは、広島・

長崎の悲惨なビジュアル資料が人々を震撼させ続けているおかげかもしれない。核時代の黎明、核兵器の破壊力がまだしも最小だった時期において早々に都市へ使用されその残虐さが公示されたことにより、核兵器の威力が増してからの実戦使用が防がれている。これはよいことだったと言えないだろうか？

　前段落の議論は、肯定派の本心ではない。前段落の議論は、**「誤った前提への依存」**（☞第35、50問）である。「リアルなビジュアルが与えられて初めて人々は開眼する」という誤った前提（望ましくない不合理な前提）にもとづいているからだ。よって、前段落の議論で原爆投下を正当化することはできない。前段落の議論の眼目は、扇情的なビジュアル資料が重要であるという「誤った前提」に固執する否定派こそが原爆投下の存在意義を肯定せざるをえなくなる、と指摘することだった。リアルなビジュアル資料をもたらして後代の巨大核戦争を防止してくれていることに対して、広島・長崎の惨害は積極的な効用を持つ。リアルなビジュアル資料で思い知らないかぎり心底怖れることのできない生き物が人間なのだとすれば、核戦争はいつか一度は起こらざるをえなかったことになるからだ。何千万人や何億人ではなく、何十万人の死でその「通過儀礼」を済ませることができたという点で、広島・長崎の**予防ワクチン効果**は肯定すべきものになってしまうのである。

　繰り返すと、肯定派の本当の主張は「核戦争の恐ろしさを実感するのに実体験やビジュアル資料など要らない、統計数字と想像力さえあればよい」というものである。「そうではない、リアルなビジュアルが重要だ、倫理的認識の質を変えるほど重要だ」と言い張る否定派は、予防ワクチンとしての広島・長崎の惨害をむしろ肯定せざるをえなくなり、自爆する運命にあるのである＊。

☑ **予防ワクチン論　ブーメラン効果**

　＊　論敵の論拠をそのまま逆用して論敵を不利に陥れるこの**予防ワクチン論**は、しばしば**「ブーメラン効果」**とも呼ばれる。重慶空襲の無差別爆撃で日本がさかんに用いた正当化の議論（☞第1問）がそのまま、アメリカ軍による日本空襲の正当化に使われることを日本自身が甘ん

じなければならなくなったのはブーメラン効果の好例である。単に相手の矛盾を指摘するより、矛盾の一方に乗って論敵の自己否定を強調するブーメラン論法のほうが有効であることが多い。「論拠逆用タイプ」の論法は、**ハンディキャップ原理**（☞第28問の注）や**法の遡及**と**意味の遡及の関係**（☞第38問の注）など、ここまでさまざまな形で登場してきた。

📖 CreaTVty『ムービー・ジャンル 戦争映画』クリエイティブアクザ [DVD]
📖 スティーヴン・オカザキ『ヒロシマ ナガサキ』マクザム [DVD]
📖 ジョー・オダネル、ジェニファー・オルドリッチ『トランクの中の日本──米従軍カメラマンの非公式記録』小学館

57 /62

実感を重んずると論理はどうなる？
美的情報と論理構造

「感情に訴える議論」の欠陥は、実感や経験を偏重する「体験重視教育」の弊害に通ずるところがある。本来、対象の構造の認識と論理的推論によって導き出した結論が優先されるべきであり、構造にかかわらない肌理(キメ)を五感で体感することによる実感は、結論をさらに確信するための支柱としてのみ使えるはずだ。それなのに、体験的実感が論理的推論プロセスや結論を覆してしまう可能性に対してむやみに敬意が払われる傾向があるのである。

ユタと呼ばれる沖縄の巫女は、沖縄戦で亡くなった兵士や住民の霊を呼び出してその思いを告げ、遺族に対して強い感情的反応を引き起こす。だからといって「守備隊長が住民に自決命令を出したかどうか」をユタの言葉によって決めることはできまい。沖縄戦を体験した老人のナマの言葉を聞く機会を小学校などの教育現場に導入することは大切だろうが、情緒的体験の強さを真実の確認と取り違えると、戦前・戦時中の洗脳教育と同じ危険を醸し出すこととなろう。

> 　感情に訴える議論は、戦争に突入したときの主要なメカニズムだった。「ここで米英を討って支那問題を解決せねば、大陸で血を流した幾万の英霊に詫びても詫びきれない」といった感情に押し流された結末が原爆投下だったのである。悲惨から教訓を学ぼうとするとき、戦後何十年経っても開戦時と同じような「感情に訴える議論」を信じ繰り返していたのでは、原爆投下の教訓を新たな戦争の防止に生かすことは決してできない。
>
> 　さて、「感情に訴える議論」の効果を過大に信じるところから生じた、戦後のトラブルの具体例として、何が思い浮かびますか。

答え：

　人さまざまで、いろいろな事件が思い浮かぶだろう。ここではさしあたり顕著な例として二つ、原爆投下50周年におけるスミソニアン博物館の原爆展中止騒動と、2008年3月～4月のドキュメンタリー映画『靖国』上映中止問題を挙げたい。

　アメリカ在郷軍人会（原爆展騒動の時点で会員310万、うち半数が第二次大戦の退役軍人）の圧力に加え、『ワシントン・ポスト』のようなリベラル紙を含むマスコミまでが、原爆展の「偏向」を批判した。偏向とは、被爆地の被害を表わす写真の多さに比べて、日本軍の残虐行為の証明である連合軍兵士の被害を示す写真が少なすぎる、ということだった。

　そうした抗議により、展示案において被爆地の写真は減らされたが、そのさいの重要な基準は、「瓦礫やキノコ雲の写真はOKだが、死体や被爆者の傷の写真はNG」というものだった。

　広島・長崎で被爆した死傷者数は、すでに公表されている。前問で見たように、数字がわかっているところへ写真が付け加わったからといって、原爆投下への道徳的評価や歴史的評価が変わるべきではない。しかし、原爆が戦争を終わらせ、ダウンフォール作戦に参加予定だった兵士はそれで命を救われ、彼らが携わっていた作戦行動は原爆を用いてでも決着をつけざるをえないほど重要なものだったのだ――という公式見解を覆すパワーが写真にはあるかのように、広島・長崎のすでに知られた被爆データを視覚的に提示することに抗議が起きたのである。

ドキュメンタリー映画『靖国』の問題も同様だ。『靖国』が公的助成金を得て作られた映画であること、それを理由に国会議員が事前試写会を要求したこと、監督の李纓(リイン)が中国人であることなどが影響して、上映時のトラブルを予想した映画館が相次いで上映中止を決定した。実際、反日的なメッセージが流布することを警戒したいくつかの右翼団体・個人が、上映中止を求めていたのである。『靖国』そのものはナレーションのない暗示的な映像作品であり、これを観ても観客の知識が増えるわけではない。しかしここでも、スミソニアン博物館の原爆展と同様、格別の知識の増加をもたらさずとも、暗示的ビジュアル情報には観賞者を親日から反日へ転向させる力があるという前提のもとに、その効果を防ぐために上映反対が叫ばれたのである。
　スミソニアン原爆展計画や『靖国』は、認識を合理的に改めさせる新情報を含まないが既知の情報を新たな見せかたで提示し、思索と情緒を搔き立てる効果を持つ。そういったものに対して起こる反感や危機感は、情緒的・感覚的シグナルが知的な認識をたまたま変えうるだけでなく変えるものであるべきだという前提にもとづいていることが多い。「感情に訴える議論」の有効性さらには正当性を是認している人ほど、「感情に訴える議論」の効果を怖れるのである。
　以上二例に見るように、知的な認識を変える力はないはずの表現活動に認識改変力があるかのように誤解されることによって、表現の自由への抑圧や無用の言語規制がなされてきている。実際は、情緒的表現や「感情に訴える議論」は永続性のある知的教訓を与えず、一過性の衝動的反応しか呼び起こさない。原爆被害の写真も、定期的に見続けていれば別だが、しばらく遠ざかっているうちにその効果は薄れてゆくだろう。感情に訴える議論は、**美的情報**は豊富でも**意味情報**に乏しく、「**知的**な**論理構造**」を備えていないからである。そのような知的アピールを持たない表現や議論への過大評価が、将来への応用の利く深い認識を妨げているのである。
　ここで私たちは、「感情に訴える議論」に反駁する第七の、最後の論点を確認したことになる。被爆地の苦難を情緒的にアピールする立場と、スミソニアン原爆展に反対するアメリカ人たちとの平行線状態を見てもわかるとおり、感情に訴える議論は、別の感情に訴える議論を説得することが絶対にできない。説得には論証が必要だが、論証に必要な「論理構造」を欠くのが「感

情に訴える議論」だからである。被爆者を代弁する人々は、広島や長崎の多くの遺体や苦悶をひたすら拠り所にし、アメリカ退役軍人を代弁する人々はタラワ、ペリリュー、硫黄島などで戦死を遂げた戦友たちの無念と誇りを背負っている。論理構造を持たない主張どうしは、和解にも相互理解にも達することができない。無矛盾な歩み寄りには、知的な認識構造の修正が必要とされるからである。

📖 マーティン・ハーウィット『拒絶された原爆展』みすず書房
📖『戦記映画 復刻版シリーズ』全20巻、日本映画新社、コニービデオ [DVD]
📖 佐藤壮広「「巫者の平和学」試論――死者の感受と沖縄からの平和祈念」『平和研究』第32号 早稲田大学出版部

58 /62

原爆開発は確かに科学的快挙だったが……？
努力の美徳性　規則功利主義

　原爆投下は、より大きな惨害を防ぐための「**緊急避難**」の措置として正当化される、というのが本書の結論になりそうだ。しかし、あくまで理屈の上である。ここでは、**感情に訴える議論**とは異なる方向から、純粋に心理学的要因に照らして、次の疑問を考えよう。
　「いかなる利点が見込まれたにせよ、何万人もを即死させその何倍もの人々に致死的障害を負わせるような兵器の使用を、いったいどうしたらやすやすと実行できたのだろうか？　戦略的な是非は別にして、人間としてそんな心理が可能になった理由を知りたい」

答え：
　いかに大きな利点と引き換えであっても、眼前のリアルな無残をあえて引き起こす気になる人はたしかに稀である。あなたが飼っているイヌを殺せばアフリカの10万人の子どもが飢えから救われる、という保証がかりにあったとして、イヌを殺す気になる人がどれだけいるだろうか。アフリカのよう

な疎遠な場所の命でなくてもよい、来年の日本国内の交通事故死がゼロになるとか、自殺者がゼロになるといった想定でもよい。その利点のために自分の飼いイヌを殺せる人はどれほどいるだろうか。

　現実の命は可能的な命より重いという**現実バイアス**（☞第54問）とか、特定の命は不特定の命より重いという**特定者バイアス**（☞第55問）とかいった自然な心理とは別に、比較対象の如何にかかわらず、とにかく自分の手で具体的惨害を起こすことへの抵抗感というものが人間には備わっているはずである。トルーマン大統領は、なぜ最後まで「一度も後悔したことはない」と言い切ることができたのだろうか。

　原爆はあらゆる意味で、日本人の命はもとより、アメリカ人の命よりも優先された兵器だった。原爆開発のために多くのアメリカ人が犠牲にされたことは第4問で見たとおりである。のみならず原爆実験のさいは、地球大気が全焼して人類が全滅する確率が100万分の3以上と科学者は計算しており、そうならないとしても風向き次第ではニューメキシコ州と近隣諸州の住民を避難させる戒厳令の可能性も考えられていた。原爆実験と同日にもう一つのウラン型原爆を積んで出航したインディアナポリスは、テニアン島への往路において、「沈没するような場合には乗組員の命よりも積荷を優先せよ」と命じられていた。

　未使用の原爆1個には少なくとも巡洋艦乗組員1千人以上にまさる価値があり、実験成功した原爆1個には何万人ものアメリカ市民にまさる価値があったというわけである。となれば、実戦で爆発する原爆1個が十数万人の敵国人にまさる価値があるというのは自明の算術ではなかったろうか（☞第35問）。

　このように、戦時の新兵器とその使用は人命よりもはるかに重要だという軍事的了解があったことが、原爆投下を当然のこととする心理を生み出していた。戦争とはそういうものなのである。常態化した無差別爆撃によって政治家の感覚が馴らされていたために、いっそう軍事的価値観にもとづく措置はとられやすくなっていた。そしてそれは戦争遂行にあたって、正当かつ必要な態度なのである。（この認識は、「戦争という悪のもとではもはやどんな悪がなされても同じこと」という**感傷的一元論**とは全然異なることに改めて注意しよう。戦争努力にとって有意義な必要悪と無意味な悪との区別は厳然

とあるのだから。☞序章および第54問)。

　さて、もう一つ考えるべきこととして、原爆開発は、それ自体で歴史的な意義を持つ「快挙」であったということがある。アメリカＡＰ通信が1999年暮に、同通信加盟の世界の報道機関71社の投票で20世紀の20大ニュースを発表したところ、1位〜20位は以下のようになった。

①広島・長崎への原爆投下（1945年）　②ロシア革命（1917年）　③ナチス・ドイツのポーランド侵攻で第二次世界大戦勃発（1939年）　④アポロ11号月面着陸、米国宇宙飛行士の月面歩行（1969年）　⑤ベルリンの壁崩壊（1989年）　⑥ナチス・ドイツの敗北（1945年）　⑦オーストリア皇太子暗殺で第一次大戦開戦（1914年）　⑧ライト兄弟の飛行機発明（1903年）　⑨ペニシリンの発明（1928年）　⑩コンピュータの発明（1946年）　⑪アインシュタインの特殊相対性理論（1905年）　⑫ケネディ米大統領暗殺（1963年）　⑬エイズウイルス出現（1981年）　⑭ウォール街の株暴落（1929年）　⑮ソ連崩壊（1991年）　⑯国際連合の設立（1945年）　⑰ソ連の人工衛星打ち上げで米ソ宇宙開発競争（1957年）　⑱真珠湾攻撃（1941年）　⑲中華人民共和国成立（1949年）　⑳イスラエル建国（1948年）

　原爆投下が1位になっている理由は、単に人命の重さではない。人命で順位づけるならば、死者累計3,000万人を超えようとしているエイズ（13位）や、戦死・行方不明合わせ約1,800万にのぼる第一次世界大戦（7位）よりもはるかに下である。原爆投下の重大性はひとえに、科学革命の一端に位置していることに尽きるだろう。つまり原爆投下は、第二次大戦の終幕・核戦略時代の予兆という意味に加えて、世界初の原子炉の運転（1942年12月2日）、原爆実験成功といった原子力時代一連の幕開けを象徴する事件として、第1位にランクされているのである。それら原子力開発は戦争努力の一環としてなされたものだが、相対性理論（11位）と、専門的にはそれ以上に重要な量子力学（番外）という20世紀二大科学理論の結合の真理性を劇的に実証したという意義も帯びていた。原爆は、血なまぐさい戦争の色合い以上に、人類知性の輝かしい栄光に彩られていた。

原爆実験成功直後は、科学者も政治家も、ハイになっていたのである。歴史に残る科学技術の革命によって平和をもたらすことができれば、科学と政治、知と力のこの上なくめでたい結合劇ではないか。1945年の原爆完成を見て、それを実戦で使わないという判断が下されたとしたらそのほうがむしろ驚くべきことだろう。人類最大の愚かさの証明である史上最大の戦争は、人類最高の知恵の証明である深遠な科学革命の輝かしい成果によって突然幕を下ろされる。それ以外に20世紀の歴史的意義を根拠づける展開はありえなかった。

　原爆投下の政策決定と軍事的判断、そして現場の心理を最もよく象徴しているのは、他でもない原爆投下部隊の3機の愛称である。

　原爆の威力を記録する科学観測機はグレート・アーティスト（The Great Artiste、偉大な達人）。腕利きの爆撃照準の投下手にちなんで名づけられたというが、連日の投下訓練のきびしさのみならず原爆開発の偉業全体を象徴していることはもちろんである。

　写真撮影機はネセサリー・イーブル（Necessary Evil、必要悪。ただし原爆投下時はまだ愛称は付けられていなかった）。原爆投下の理由、意義、影響の社会政治的側面からの自覚を表明している。

　そして、原爆を搭載し投下したのはエノラ・ゲイ（Enola Gay）。機長ポール・ティベッツ大佐の母親の名である。もしもティベッツが、原爆投下任務を怖れていたり罪悪感に苛まれていたり恥じたりしていたら、とても自分の母親の名を冠することなどできなかったはずだ。何万・何十万の一般市民を傷つける任務に、当事者が最大限の誇りを覚えていた顕著な証しである。同時に、家族や郷愁を感じさせる機名には、戦争を終わらせて兵士が家族のもとに戻れるという「平和の創造者」としての役割の自覚も仄見える。悪名高い虐殺の実行者として母親の名を歴史に残そうと思う息子はいないだろう。ティベッツ機長は、母親の名が賞賛と栄光の中で語り継がれることを心底信じていたのである。「ネセサリー・イーブル」と「グレート・アーティスト」の含意を統合した名が「エノラ・ゲイ」だと言えるだろう。

　3機の名はそれぞれ現場で恣意的に、各々独立に付けられたものであり、アメリカ軍や政府の統一的見解を反映してはいないが、それだからこそ、ナチュラルな形で現場の意識が表現されていると言える。原爆投下任務に、罪

悪感や汚辱はほとんど付随していなかったというのが事実なのだ。兵器開発の途方もない努力や、苛烈な訓練をはじめとする現場の苦労などによって、巨大な虐殺に対する実感をすっかり揮発させるのが戦争であるという、すでに確認してきた洞察に私たちは立ち戻ることになろう。

　努力は一般に美徳である。たとえ戦争という殺し合いであっても、その土俵内では、厳しい訓練に耐え、任務を果たし続けることは美徳なのだ。それは文明社会の公理である。戦争中だけ努力の美徳性を解除するという好都合な融通性は文明に備わっていない。努力は美徳だという原則を大筋で守り続けるところに、文明の自己展開が保証される（**規則功利主義** ＊）。そして努力の美徳性は、その目的の悪徳性の弁明になりうる。機械的な任務遂行システムの中での、無差別爆撃を含む作戦行動の連続において、日常的な判断を麻痺させるのが軍民一体戦争マシーンの本質なのである。原爆投下における当事者の反応は、戦争がもたらす感受性麻痺の一例にすぎない。そうした感受性麻痺が、当該の行為そのものに関しては冷血非道な態度をもたらすとしても、広い戦略的視野からすれば、功利的に望ましい結果をもたすことがある。ナチスの強制収容所で日々収容者を殺していった職員についてはそれはとうてい成り立たないが、マンハッタン計画を推進した人々についてはそれが成り立つと言えるのではなかろうか。

☑ 行為功利主義と規則功利主義

＊　「**功利主義**」（☞第15問）には、大まかに分類して**行為功利主義**と**規則功利主義**とがある。行為功利主義は、個々の行為に「最大多数の最大幸福」をもたらすかどうかという基準をあてはめて善悪判断する考え。規則功利主義は、多数の行為を束ねる規則に対して「最大多数の最大幸福」をもたらすかどうかという基準をあてはめて善悪判断する考え。行為功利主義に従って、行為するたびにそのつど利害を計算し最善の選択ができれば理想的だが、人間の判断力には限界があるので、もっと大まかな規則によって行為を分類し、一括して善悪を認定してしまったほうが能率的である。そして能率的なほうが結果として「最大多数の最大幸福」を実現しやすいので、功利主義の理念にも合っ

ている。
　しかし規則行為主義も、規則をあまり大まかに設定すると、規則どうしが互いに矛盾し、新たな個別的判断を求められる羽目になる。「努力は正しい」「人殺しは悪い」という規則に従って常に行動しようとすると、戦争努力は正しいのかどうかについて結論が得られなくなる。「罪を罰するのは正しい」「人殺しは悪い」という規則は、死刑について善悪決定を不可能にする。規則を可能なかぎり特殊化して評価対象とし、規則功利主義の能率性と行為功利主義の正確性とをともに最大限実現できる均衡点を見出すことが望まれる。
　「過去の投資を無駄にしない選択をせよ」という原則（☞第35問）は、規則功利主義の好例である。過去の投資量に比例させて未来の投資を加減する習慣は、利得をもたらす確率が高く、多くの動物は自然選択によってその規則に従う本能を身につけてきた。しかし、明らかに損であるような例外的な場合に柔軟に決断できないようだと、行為功利主義に大きく違反し、「コンコルドの誤謬」となるのである。

　📖 スティーヴン・ウォーカー『カウントダウン・ヒロシマ』早川書房
　📖 『BBC放送 世界に衝撃を与えた日 ヒロシマ』キュービカル・エンタテインメント [DVD]
　📖 チェスター・マーシャル『B-29 日本爆撃30回の実録』ネコ・パブリッシング

59　/62

戦災者の中で被爆者は別格でありうるか？
二重効果　未必の故意　緊急避難

　被爆者援護法により、原爆被災者は他の空襲被災者とは違って手厚い補償を受けている。この事実は、一般的な常識として、原爆投下が特別な悪だという前提にもとづいている。これまで本書でたどってきた議論が示すように、原爆被害が戦争被害の中で特別な悪でないのみならずむしろ正当性の高い作戦の結果だったとすると、原爆被災者が空襲被災者の中で特別扱いを受けているのは不合理だということにな

らないだろうか。

答え：
　被爆者援護法の前文には、次のような文言がある。「核兵器の究極的廃絶に向けての決意を新たにし、原子爆弾の惨禍が繰り返されることのないよう、恒久の平和を念願するとともに、国の責任において、原子爆弾の投下の結果として生じた放射能に起因する健康被害が他の戦争被害とは異なる特殊の被害であることにかんがみ、高齢化の進行している被爆者に対する保健、医療及び福祉にわたる総合的な援護対策を講じ、あわせて、国として原子爆弾による死没者の尊い犠牲を銘記する……」
　原爆投下は、核兵器廃絶運動との関連において象徴的意義を持つ事件であること、そして、戦争が終わって何年も何十年もたってから生ずる後遺症の理不尽さ、この二つが、原爆被爆者を特別な被災者にしている要因というわけである。思えば、サンフランシスコ平和条約の発効とともに「戦傷病者戦没者遺族等援護法」がすみやかに施行されたのに比べ、被爆者救済法の整備が遅れたこと自体、失当と言える。ここへ私たちは、原爆投下作戦に特有の目的から導かれる、原爆被害の特殊性を付け加えよう。
　原爆投下は、純粋な軍事作戦というよりも心理効果に訴える政治的作戦だということを再三見た。原爆政策を調査・勧告した「中間委員会」は、1945年6月1日の時点で「労働者の住宅に囲まれた軍事施設に対して使うべし」と報告したが、これは、「最大の心理効果をあげるために、軍民二重目標を破壊する」という狙いだった。つまり、「民」の殺傷──なるべく多くの人命を抹殺してみせることが示威目的の本質部分として組み込まれていた。ここが通常の無差別爆撃と根本的に違う。
　精密爆撃はもちろんのこと、無差別爆撃も一般に、人間への殺傷を直接目的とするものではない。カーティス・ルメイが1945年2月、日本に対する無差別都市爆撃に踏み切ったのも、B-29本来の性能を活かした高々度爆撃による標的破壊率がたった5％であることへの上層部の苛立ちを解消するためだった。爆撃の第一目標だった中島飛行機武蔵野製作所も、出撃1回あたりの命中率はすこぶる悪かった。かくなる上は、都市機能を確実に破壊することで日本の戦争遂行能力を奪うしかない。大工場を破壊しそこねても、

オフィスや労働者の家や交通機関が大規模に破壊されれば目的が達せられるのであり、かりに絨毯爆撃の結果奇跡的に市民が1人も死傷しなかったとしても、戦略爆撃の目的は達せられたと言える。

「**二重効果**」にもとづく戦略爆撃擁護論は、第1問ですでに見た。戦争遂行能力破壊（都市機能破壊）という主目的と、市民殺傷のような副作用とが、互いに他方を必要としない並行的な「二重効果」を形成している場合、意図されない副作用は、たまたま付随した不運にすぎず、「**未必の故意**」の結果として殺人とは論理的に区別される。

つまり厳密には、戦略爆撃による市民の死傷は、二重効果による「未必の故意」の結果なのである。無差別爆撃の立案者・命令者・実行者がたとえ敵への憎しみに満ちていたとしても、無差別爆撃それ自体の主目的は戦争遂行能力の破壊であり、市民の殺傷は確率的に当然起きても仕方のない随伴結果にすぎないのだ。

随伴効果といえば、早期終戦を主目的とする原爆投下がソ連への威嚇という副産物を持つことを第17問で見た。あのような場合も広義の「二重効果」ではあるが、通常「二重効果」と呼ばれるのは、副産物が望ましくない結果（副作用）である場合にかぎられる。第17問では、ソ連威嚇は悪というより日米の国益にかなっていたことを見た。無差別爆撃における一般市民殺傷という随伴効果は、建前上望ましくないものと考えられるため、望ましい主目的と嘆かわしい随伴効果との間に二重効果のジレンマが生ずるのである。

それでは、原爆投下の主目的が早期終戦をもたらすことであるとして、一般市民殺傷というのは二重効果による「未必の故意」の結果と認められるだろうか。——どうも認められないようである。原爆投下による市民殺傷が「未必の故意」でなく「故殺もしくは謀殺（意図的な殺傷）」であることは、二つの意味で言える。物理的理由と、論理的理由である。

第一の物理的理由とは、原爆の性質からして、爆心地においては個々の市民の避難努力が無意味になり、必ずや多数の人命が失われるだろうということである。通常爆撃の爆弾や焼夷弾の攻撃は、離散的な爆発や炎上の総計なので、確率的に低いとはいえ個々の市民がうまくかわしたり、防空壕に避難したりして、無傷ですむことが少なくとも理論的には期待できる（固定された建物や設備は間違いなく被害を受けるが、それは戦略爆撃の目的である）。

他方、原爆の場合、離散的でなく稠密な熱線と爆風による破壊が広範囲にわたって生じ、しかも残留放射能が何週間も続くので、防空壕への避難などは人的被害を防ぐのに役立たない。
　原爆投下が謀殺であることの第二の論理的理由は、原爆投下の公式の目的にかかわる。「日本にショックを与えて戦意を喪失させること」が原爆投下の目的だった。原爆が投下されたにもかかわらず、奇跡的にも都市住民が1人も死傷することがなかったとしよう。建物の破壊はひどく都市は見る影もないが、ちょうど個々人が爆弾の雨をうまくかいくぐって逃げたのと同じように、原爆の爆風と熱線が奇跡的にも個々の人間をよけて拡がったのだと。死傷者ゼロというこの結果は、通常の無差別爆撃であれば、都市機能だけを破壊するという精密爆撃同様の効果が偶然にも得られたことになるのでむしろ悦ばしいことだろう。しかし原爆投下にかぎっては、死傷者ゼロは悪いニュースである。それどころか作戦失敗である。死傷者を生じさせないような爆弾ということであれば、日本にショックを与えることができないではないか。間髪入れず、多数の死傷者を生じさせて作戦を成功させるために第二の原爆投下が要請されることになるだろう。
　原爆投下は、突然の大衝撃によって戦争の炎を一気に吹き消す目的を持っていた点で、単に戦争の継続である通常爆撃とは異質の作戦だった。膨大な死傷者を生み出すことが必須の条件だったのである。この意味で、広島・長崎の犠牲者は、他の空襲犠牲者とは異なって、唯一、謀殺の犠牲者だったと言いうる。
　この事情は、空襲にかぎられず、実は戦争被害全般について言える。スパイやゲリラの処刑を除けば、大規模な作戦行動における戦争犠牲者はおしなべて「未必の故意」による犠牲者である（ナチスのホロコーストの犠牲者だけは殺しを目的とした謀殺の犠牲者だが、序章で述べたように、ホロコーストは戦争努力の一環ではない）。真珠湾攻撃にせよ硫黄島や沖縄の戦闘にせよ、1人も死傷せずに攻撃側の目的が達せられることもありえた。確率的には極小だが、論理的には、死傷者が生ずることは戦闘にとって不可欠ではない。軍事基地の破壊とか飛行場の占領とか、ともかく軍事目的が達せられれば、敵が無傷で逃亡したり投降したりしてもかまわない。むろん実際の戦闘現場では、特定の敵兵を狙撃するなどの故殺が多数行なわれるだろう。しか

しそれら自体が作戦全体にとっては偶発的である。撃墜した敵戦闘機のパイロットが生きていようが死んでいようが、敵の戦闘能力が減殺されれば同じことだ。戦争における諸作戦は、**確率的に**殺傷を必ずや伴うであろうとはいえ、**論理的には**殺傷を含意していない。

　原爆投下は、唯一の例外である。多数の死傷をもたらして戦争そのものを解決する作戦が、原爆投下だった。この意味で、原爆投下は、成功の必要条件として対象市民の大量死を要請するという、まことに理不尽な作戦なのである。第54問で見たように、原爆投下といえども**特定の**人々の殺傷を含意していないのではあるが、**一定数以上の**殺傷を不可欠の要件として含んでいることは間違いないのだ。(注釈しておくと、日本軍の重慶爆撃も、一般市民を殺傷することを実質的な目的とした無差別爆撃だった。武漢占領後、それ以上奥地へ進撃できないことを正式に認めた日本軍は、陸戦は駐屯地から出張しては戻る討伐戦スタイルを主とするようになり、戦争そのものの解決は空爆の心理効果に頼ろうとしたのである。その点において原爆投下と酷似している＊)。

　原爆投下の理不尽さは、さしあたり原爆投下だけを注視した場合の理不尽さである。戦争を終結させるという全体構想のなかに位置づければ「緊急避難」によるやむをえない犠牲と言うこともできよう。ただし倫理的には、緊急避難とはいえ人命を奪うことは許されない。たとえば10人の不治の患者を助けるために1人を殺して臓器を分配するという「緊急避難」の移植手術を行なった医師Aは、結果的に多くの命を救ったとしても、殺人罪で罰せられる。原爆投下も、たとえ1千万人を救うためであったとしても、故意の大量殺人に訴えたという意味では、許されない「緊急避難」なのである。これに対し、ダウンフォール作戦を発動して日本本土で決戦を行ない、双方で1千万人の死者が出た場合は、その1千万人は作戦の本質上必須ではない死傷なので、理論的には偶発的な事故と見なせる。「未必の故意」による損害なのであり、理不尽度は小さい。爆弾や銃弾を避けられなかった個々の兵士や住民が不運だっただけなのである。

　原爆による被災者は、不運も何も、必然的に戦争終結の生贄にされてしまった人々である。**功利的には**原爆投下よりもダウンフォール作戦のほうがはるかに悲惨で有害だったろうが、**倫理的には**、原爆投下はダウンフォール作

より許容しがたいものである。東京大空襲よりも許容しがたいものである。許容しがたい犯罪ほど犯人が重く罰せられるのと同様の理屈で、許容しがたい残虐行為の被害者ほど大きな救済を受けるべきだろう。よって、原爆被爆者が他の戦争犠牲者に比べて手厚い補償を受けるのは当然と言える。

　ただ、以上は原則的な倫理評価にすぎない。戦争という文脈を考えると、現実的判断としては訂正を余儀なくされるだろう。通常の軍事作戦が故意の殺人を含まないのはあくまで論理的な意味内容としてであって、物理的には、ほぼ確率1で多数の殺傷が生ずることが了解されている。故殺と未必の故意との区別は、通常犯罪においては重要でも、戦争に関しては単に理論的な区別であって、戦争犠牲者にとってはほとんど意味をなさないだろう。不可抗力として、死傷のもたらされかたはほとんど同じなのである。原爆投下を命じて10万人を殺した大統領よりも、上陸作戦を命じて100万人を殺した大統領のほうがやはり10倍罪が重い。なぜなら、ともに「結果的に殺される」人命どうしの比較だからである。

　しかも、先に見た医師Aの臓器移植の場合は、「メスで1人を殺す」対「10人を救わずにおく」の比較だった。戦争の場合、比較は「1人を殺す」対「10人が殺される」といった形で比較がなされる。原爆投下の場合は、「謀殺で10万人殺す」対「未必の故意で100万人犠牲にする」といった比較だ。謀殺と未必の故意の違いがあるにせよ、その違いは、「殺す」と「救わずにおく」の違いに比べれば微差である。病気や自然災害から救わずに死なせることはさほどの悪ではない。しかし、殺して死なせることは大悪なのである。大悪を犯すことが許されるのは、別の大悪、つまり人々が殺されるのを防ぐためだけだ。医師Aは許されないが原爆投下命令を出した大統領が許されるのはそのためである。

　誰のせいでもない飢饉で死ぬ100万人を救うために原爆投下で10万人を殺せば、とんでもない悪だろう。しかし、戦闘で100万人が刻々と殺されつつあるまたはこれから殺されるのを防ぐために10万人を殺すというのは、はっきり悪とは言いきれない。むしろ10万人を慮って100万人が殺されるままにしていたら不作為の罪に問われてもおかしくない。原爆被災者が特別な補償の対象になるのは、原則的な倫理に従ってのことであり、現実的には、広島長崎の被爆者も通常空襲の被災者や傷痍兵士も、戦争被害者と

してまったく同じ補償を受ける権利があると言うべきだろう。

> ☑ **故意の未必の故意**

* 1939年5月6日の大本営海軍報道部長談話に次のような言葉がある。

「点々と遷都を行われては、幸か不幸か首都に選ばれた先々の善良なる市民達はいい迷惑であろう。我が空襲部隊は厳に軍事施設を唯一の空襲目標としていることは勿論であるが、偶には爆弾炸裂の余勢で市民も犠牲を免れないこともあり得ると覚悟するのが常識である。抗日政権の存続する限り首都に選ばれた各地の市民は迷惑千万なことである」(前田哲男『戦略爆撃の思想』p.201)

ここには、「未必の故意」が故意に仕組まれたことが明言されている。実際には重慶の市民殺傷は未必の故意ではなく「恐怖爆撃（テロ爆撃）」そのものを目的としていたので、エドガー・スノー、ジョン・ハーシーら現地の外国人ジャーナリストがすでに報道していた実態を正当化するには、通常の「結果としての未必の故意の釈明」から一歩進んで「あらかじめ予定の未必の故意宣言」という確信犯的な正当化を用いざるをえなかったのだろう。これは原爆投下の論理と同一である。ただし、敵国政府に直接働きかける狙いを持った原爆投下に対し、重慶爆撃は民間人を盾に敵国政府と民衆との乖離を狙っていた。重慶爆撃は、地上侵攻を前提としない長期間連続の長距離爆撃として世界初であり、英独間で市街地への誤爆を契機に始まった無差別爆撃応酬より2年も早かった。中国人民間人に対しては無頓着に被害を与え続ける一方、重慶に多数点在する「第三国権益」（米英仏独ソほかの大使館、会社、教会、病院など）は絶対傷つけてはならぬ旨が作戦方針書に頻出するという、差別的「**二重基準**」にも注目したい。

なお、天皇は重慶爆撃にきわめて熱心で、漢口の爆撃機基地と重慶の中間にある宜昌に護衛戦闘機基地を設けることを希望し、宜昌占領をしばしば督促している。陸軍は乗り気でなかったが、1940年6月15日の参謀総長・軍令部総長への天皇の下問が決め手となって参謀本

部は方針転換を即決、宜昌の一時攻略を占領確保に変更した。天皇の戦争責任を問うさいに重要なポイントとなる事例である（☞第39問）。

三浦俊彦『論理パラドクス』二見書房、問086〜088「二重効果のジレンマ」

60 /62

日本は結局本当に無条件降伏したのか？
ファインチューニング　意味論と語用論　量の格率

　原爆投下は正当化されるという肯定論の最大の論拠は、ひとえに、日本の降伏をただちにもたらしたからである。日本は原爆を投下されなくてもすぐに降伏したはずだとか、原爆投下よりソ連参戦が真の降伏原因だったから原爆投下は不要だったとか、その他さまざまな異論についてはすでに考察した。

　さて、それで結局、原爆がもたらした日本の降伏は、「無条件降伏」だったのだろうか？

　もし無条件降伏でなかったとするなら、原爆投下は所期の目的を達しなかったことになる。アメリカとしては、無条件降伏に固執したがゆえに原爆投下に訴え、それでなお無条件降伏を勝ち取れないまま休戦に応じたとすれば、原爆投下の意味がなくなるではないか。連合国は早々に無条件降伏要求を撤回したことを明言し、原爆投下などせずに休戦を探ればよかったではないか。

　こうして、日本の降伏が無条件降伏だったかどうかが、原爆投下の正当性の判断に少なからず影響を及ぼすことになる。日本が無条件降伏したのかどうかについて、ポツダム宣言の文言を分析することで答えを探ろう。9月2日に書名された降伏文書の言葉遣いもポツダム宣言とほぼ同じであり、日本の降伏の意思表示は降伏文書ではなくポツダム宣言に対してなされたものだったので、ポツダム宣言だけを検討すれば十分だろう。

ポツダム宣言第12項を文字通り読むならば、天皇制の存続が認められる、ということを第25問で見た。「国民の自由意思による平和的政府」から天皇制が除外される旨の明記がないので、一般的な（広義の）解釈が採られるべきだからである（**寛容の原則**）。

　「書かれていないことについては、一般的な解釈が適用できる」という同じ論理を第13項の無条件降伏条項に適用してみよう。そこには「日本国政府はただちにあらゆる日本軍隊の無条件降伏を宣言すること」が要求されており、カイロ宣言にあった「日本の降伏」は明記されていない。

　連合国は、無条件降伏の対象を日本国から日本軍へと縮小したのだろうか。第13項は、日本軍の無条件降伏を必須と明記しているが、日本国の無条件降伏は必要ないとは述べていない。むしろ、カイロ宣言を撤回する記述がないがゆえに、日本国の無条件降伏についての沈黙は、論理的には、カイロ宣言の確認を意味するのである。

　実際、ポツダム宣言第8項を見ると、「カイロ宣言の諸条項は履行せらるべし」とある。第8項を修正する記述は第13項に含まれていないので、第8項の通り、ポツダム宣言はカイロ宣言の中にあるすべての条件を含んでいることになる。鈴木首相が「黙殺」を言明したあの記者会見で、鈴木はポツダム宣言を「カイロ宣言の焼き直しである。新しい内容を含んでいない」と述べているので、無条件降伏についてもカイロ宣言と同趣旨が生きていることは日本と連合国との共通了解だったと言えよう。

　カイロ宣言（☞巻末・付録2）には、第一次大戦後、さらには日清戦争後に日本が獲得した海外権益のすべてを剥奪することが明示され、「三同盟国ハ同盟諸国中日本国ト交戦中ナル諸国ト協調シ日本国ノ無条件降伏ヲ齎ス（もたら）ニ必要ナル重大且長期ノ行動ヲ続行スヘシ」と決意表明で終わっている。この決意表明が「カイロ宣言の諸条項」に含まれるのであれば、ポツダム宣言は日本軍だけでなく日本国の無条件降伏を要求した宣言ということになり、それを受諾した日本は国として無条件降伏したことになる。

　しかし、決意表明はあくまで決意表明であって、「カイロ宣言の諸条

項」とは別個に付け加えられたものだ、という解釈も成り立つ。この解釈を支持する傍証は次のことだ。すなわち、ポツダム宣言第8項が述べているのは領土を四島とその周辺に限るということで、無条件降伏には言及していないという事実。無条件降伏宣言は、「諸条項」の外にあると見ることもできそうだ。

　さて、こんなにもいろいろ条件を考慮しなければならないなんて、全然無条件っぽくないではないか。日本は国として「無条件降伏」したのだろうか。

答え：
　日本が無条件降伏したのかどうか、という問題は、「無条件降伏」という概念に厳密な定義がないので、正しい答えを得ることは不可能であるように思われる。しかし、「無条件降伏」の意味を厳密に定義しなければ日本の降伏が無条件降伏だったかどうかを決められない、ということはない。「無条件降伏」という語が日本に対してどのように使われてきたかという諸文書間の整合性の問題として捉え直すことはできるからだ。つまり、「無条件降伏」そのものの実質はともかく、カイロ宣言とポツダム宣言にある「無条件降伏」という語が、日本の軍だけに適用されるのか国に適用されるのかという形式的な議論に決着をつけることはできる。

　日本の降伏を他の枢軸国の降伏と比べるなら、ドイツ降伏とは似ても似つかず、イタリア降伏のほうに類似していると言える。ドイツは、降伏時に政府が消滅しており、ヒトラーが自決寸前に任命した新政権は実体をなしておらず連合国にも認められなかったので、国としてはそもそも無条件だろうが条件付きだろうが降伏することができなかった。ドイツは単純に征服されたのであり、降伏文書に署名したのは軍の代表者だけだった。

　イタリアの休戦協定は、ムッソリーニ政権を継いだバドリオ政権が1943年9月3日に署名しているが、協定はしばらくは秘密とされ、連合軍総司令官アイゼンハワーがイタリア側に休戦を通報する日時から発効するとされた。その協定文書には「無条件降伏」どころか「降伏」の明記すらなかった。にもかかわらず、9月8日にアイゼンハワーが発した公式発表には「無条件降伏」という言葉が使われていたのである。無条件降伏の主体は「イタリア軍」

とされていたが、イタリア政府が全面的に連合国に従うという内容だった。バドリオ政権は「イタリア国民の屈辱」として抗議するが、「イタリアの無条件降伏」は既定事実となってしまう。すでに疑心暗鬼となっていたドイツ軍がただちにイタリア軍への敵対行為やイタリア各地占領を始めており、イタリアにとっては後の祭りとなってしまった。

とはいっても、これは連合国による理不尽とは言い切れない。もともと休戦協定の最後第12条には「イタリアが遵守すべき政治的経済的財政的性質のその他の諸条件については、後日通告される」とあり、政治的処理の白紙委任になっていた。あとでいかに抗議しようとも、第12条に同意した時点でイタリア政府は事実上無条件降伏したと言われて当然なのである。

日本の「無条件降伏」は、イタリア降伏時と同じく、同意事項が曖昧にされたまま事実上の効力が達成された。ポツダム宣言は確かに諸条件を明示しているので「有条件降伏」に見えるにせよ、イタリアの休戦協定同様、連合国側からの**一方的な**条件提示である。第5項で「以下の諸条項から逸脱しない。他の選択肢はない。遅延は認めない」と通告しており、交渉の余地がゼロであることが明言されている。つまり日本側からの条件提示は認められていない。カイロ宣言での要求である「日本の無条件降伏」は生きていると言うべきだろう。

日本は、第5項を無視して「よりよい条件」実現のためソ連の仲介獲得に固執した。ポツダム宣言受諾を決定してもなお、8月10日、「天皇の国家統治の大権を変更するの要求を包含し居らざることの了解の下に」という条件を出している。しかし、第27問でバーンズ回答について見たように、アメリカは「国体の護持」という日本側の出した条件にイエスともノーとも言質を与えず、第5項を固守した。しかもバーンズ回答では、ポツダム宣言に無制限の政治条項が含まれていることが改めて確認されている（「天皇および日本政府の国家統治権は連合国最高司令官に従属する」）。これはイタリア休戦協定の第12条に相当する。日本側の自主性が認められることのない一方的な条件提示である点、軍事条項だけでなく無制限の政治条項を含んでいる点で、日本の降伏はイタリアの降伏と類比的であり、国家の無条件降伏であった。

さらには、カサブランカ会談時の無条件降伏要求宣言に対する修正を連合

国が一度も公示していないこと、その無修正の現状を日本政府が承知していた（だからこそ徹底抗戦にこだわって降伏を遅らせた）ことも考え合わせると、日本が国として無条件降伏したことに異論の余地はない。

　日本の降伏は、ポツダム宣言に限定すれば（論理的・**意味論的には**）、「軍隊の無条件降伏にとどまる」という読みも可能だった。他方、「降伏に至った経緯」を見るならば（行為論的・**語用論的には**）紛れもなく、国家の無条件降伏だった。この二層にまたがった多義性ゆえに、日本と連合国の両サイドがなんとか自らの体面を保ちうる解釈を強引に採用しあうことができ、スレスレかつ暗黙の同意において日本降伏は達成されたのである。

　スレスレといえば、ポツダム宣言の文言そのものが、日本に対する威嚇と融和策とを絶妙の配合で兼ね備えた「**ファインチューニング（微調整）**」の傑作である。日本政府が軍を説得して受諾を実現できてしまうほど優しい条件であっては、原爆投下に持ち込めなくなってしまう。かといってあまり厳しすぎると、原爆投下後も、そしてソ連参戦後も日本の自暴自棄の抵抗が続くこととなり、連合軍の損害が増えるばかりかアジアの共産化を心配せねばならなくなる。そこで、当面は日本としては拒否せざるをえないほど厳しく、原爆投下後にはただちに受諾に転じるにやぶさかでなくなるほど甘いものでなければならない。そしてその狭い条件をポツダム宣言はみごとクリアしているのである。すでに各問で見たことだが、ファインチューニングの観点から改めて整理してみよう。

① 日本に戦争継続の希望を失わせないために……
・第1項、署名者にスターリンを参加させなかった。
・第3項・第13項、原爆について言及せず、単に「徹底的な破壊」というごく一般的な威嚇によって、嘘をつくことなく真実を隠蔽した。
・第13項、無条件降伏の要求対象を「日本軍」とすることにより、カイロ宣言からの後退を匂わせ、もうひと頑張りすれば連合国からさらなる譲歩を引き出せると錯覚させた。

② 降伏の結果への恐怖を植えつけるために……
・第8項、カイロ宣言の厳しい無条件降伏要求（または決意表明）を新た

に想起させた。
・第12項、天皇制を許容することを明示せずに、国体変革の可能性を匂わせた。

③ 降伏しても絶望的な状況にはならないと知らせるために……
・第4項・第6項、倒され裁かれるべきは軍国主義勢力であって、その他の日本人はむしろ被害者であったという理解を示している。
・第9項、日本兵は抑留されたり虐待されたりしないことを明言している。
・第11項、日本が最貧国に転落させられることはないと保証している。

④ 日本政府と日本軍の決断を遅らせるために……
・無条件降伏の対象を国とする第8項と、軍とする第13項との矛盾が、混乱をもたらした。

⑤ 原爆投下の正当化に使えるように……
・第3項、ドイツの壊滅を「日本国民に対する先例」とし、対日戦は欧州戦末期に比べればまだたけなわであることを確認した（これまで舐めた苦難がまだ序の口であることを日本国民に思い知らせるとともに、原爆が「早期終戦」にいかに役立ったかを戦後にアピールできるようにした）。
・第5項、「遅延は認めない」と最後通告であることを明示した（日本の拒絶を事後に非難できるようにした）。

　①②が原爆投下の実現を確実にし、③が原爆投下後の速やかな日本降伏を容易にした。④⑤も降伏を促す作用を果たした。
　とりわけ、第3項・第13項の原爆所有の隠蔽と、第5項の最後通告形式とが、微妙なバランスを保っている。最後通告の威嚇が弱すぎては自己正当化ができなくなり、かといって威嚇表現に決まり文句以上の具体的裏付けを嗅ぎとられてはならなかった。第3項の「徹底的な荒廃」、第13項の「即時の徹底的な破壊」という表現は、言語哲学で言われる**談話の規則**のうち、**協調の原理の〈量の格率〉**に違反している。〈量の格率〉は、「必要な情報を

与える発言をせよ」という指令である。「徹底的な荒廃」「即時の徹底的な破壊」といった言葉はきわめて一般的な表現と受け取られそうな無内容な言葉である。むろん論理的には内容を持つのだが、これまでの連日の空襲や陸海での激戦がすでにして「徹底的な破壊」を意味しているととられかねず、日本政府の既成知識に新たな情報を付け加えない紋切り型の外見をしている。のみならず第2項の文言により、極東に結集しつつある力は通常の陸海空戦力であると暗示されているので、なおさら革命的新兵器の存在は読み取れなかったはずである。

　原子爆弾という新しい情報を述べなかったことは、**意味論的には**間違いではなくとも、**語用論的には**底意ある戦略的隠蔽であった。新兵器が出来たらいちいち敵に事前通告せねばならないという国際法上のルールはなかったので（むしろ隠蔽が当然なので）、道義的にはギリギリセーフの巧みな過少情報戦略であったと言えるだろう。原爆投下後はもちろんこの隠蔽情報が今度こそ顕わになって、最大限の威嚇となり、天皇を引きずり出し、日本政府・軍を聖断に従わせる決め手となった。

　アメリカのこの言語操作は、ポツダム会談でソ連を相手にしても発揮された。ソ連が日本の和平工作を米英に知らせているからには、米英が原爆についてソ連に隠しておくのは非対称的であり、不誠実の誹りを免れない。そこでトルーマンはチャーチルと相談のうえ、「なにげなく」知らせるという方法をとった。7月24日の本会議終了後、トルーマンは世間話でもするようにスターリンの近くに寄っていって、「アメリカは異常な破壊力のある兵器を持っている」とだけ言ったのである。スターリンはとくに驚く様子もなく「日本に対して有効に使うことを望みます」と答えた。米英は、注意を惹かない決まり文句によって「信頼できる同盟国」としての装いを保ったのである。

　トルーマンも、離れて見ていたチャーチルも、スターリンは原爆についてまったく理解していないという印象を抱いたが、実はスターリンは諜報網を通じてマンハッタン計画について熟知しており、16日の原爆実験にもソ連のスパイが入り込んでいた。腹芸にかけてはスターリンが一枚上手だったのだ。とりわけ7月24日の本会議では、イタリアと東欧諸国の承認問題をめぐって、曖昧な表現を使った声明発表が同意されており、東欧へのソ連の勢

力拡大が事実上追認された。「原爆を手にしてトルーマンは俄然強気になりポツダム会談ではロシア人を一方的に押しまくった」という都市伝説（主にチャーチルの証言による）が流布しているが、実際はそんなことはなく、態度以外の点でトルーマンはスターリンを抑え込むことができなかったのだった。

　むろんアメリカもやられっぱなしではなく、中国という切り札を持っていた。ヤルタ会談での合意にもとづき、ソ連の満州侵攻は中国と権益問題で同意してからという前提があった。そこでポツダム会談をはさんで宋子文とスターリンの会談がモスクワで行なわれたが、宋子文は討議ノートを駐ソ米大使ハリマンに見せながら、密接な相談を重ねていた。アメリカは宋子文に対して、容易な妥協をしないよう示唆を与えていたわけである。中ソ条約が結ばれないかぎり、ソ連は対日参戦できない。ソ連の対日参戦がどれほど望ましいかという程度に応じて、つまり状況の推移に応じて、アメリカは中国への肩入れを加減し、ソ連の行動の合法性を間接的にコントロールする術を獲得していたのである。（結局は、第45問で見たように原爆投下を知るやソ連は中ソ条約未締結のまま参戦。中ソ条約は事後に中国に譲歩させる形で日本降伏前日に結ばれ、50年2月に毛沢東が「中ソ友好同盟相互援助条約」で不利を解消するまで続いた。ちなみに、50年の新条約で名指された仮想敵国は依然として「日本および日本の侵略行動に協力する国」だった*）。

　国際会議で面と向かってギリギリの駆け引きを行なっている米ソの狭間で、見当外れの米ソ対立の構図を思い描いて翻弄されていた日本政府のおめでたさが際立つというものだ。そんな中でポツダム宣言は、降伏したくてもできなかった自縄自縛の日本をなんとか軟着陸させるために絶妙に微調整された、政治文書の傑作と言える。原爆の完成と、沖縄戦終了後の小康状態到来と、ソ連赤軍の極東配備完了という、各方面の出来事がちょうどシンクロした自然な微調整ぶりにも助けられ、ポツダム宣言の人為的言語表現はそのファインチューニング機能を最大限に発揮して、史上稀に見る劇的な終戦状況を作り出したのである。

　国土が順次征服され、政府も雲散霧消し、不完全な権限委任を受けたヨードル将軍がランスの連合軍司令部をひっそり訪れて、連合軍総司令官アイゼンハワーに出席を拒まれたまま降伏文書に署名させられた惨めなドイツ降伏

（ソ連の主張で翌日ベルリンで署名をやり直したが、相変わらずアイゼンハワーは欠席）に比べ、日本の終戦はまがりなりにも、政府が健在の状態で、堂々たる儀式として執り行なわれた。完全に調えられた壮麗な戦艦ミズーリの上、空には戦闘機編隊と爆撃機編隊が祝賀飛行をする光景のうちに、世界中のジャーナリストに見守られた9ヵ国の正規代表を相手に、日本政府全権（重光葵外相）と日本軍全権（梅津美治郎参謀総長）が揃ってマッカーサー連合国最高司令官の前で署名を行なうという、体裁を保った降伏を遂げることができたのである。これこそ、ポツダム宣言の微調整の賜物だった。

☑ 代表性ヒューリスティクス

＊　第二次大戦後ただちに冷戦構造へ移ったわけではなく、旧枢軸国が主敵と見なされた期間がしばらく続いたこと（☞第17、38問）の傍証と言える。戦後の共産主義国の同盟といえば、そのイメージを代表するのは「アメリカと敵対」という性質なので、「主敵・日本」はないだろう、と思い込みがちだ。イメージから推論なしに結論に飛びつく思考法は、**代表性ヒューリスティクス**」と呼ばれ、しばしば誤謬のもととなる。**不当な一般化**（☞第42問）や**ステレオタイプ化**（☞第55問）は、代表性ヒューリスティクスの現われと言える。

　係留ヒューリスティクス（☞第7問）と似ているが、一般的性質やイメージで即断する傾向が代表性ヒューリスティクス、特殊な事実的情報によって影響される傾向が係留ヒューリスティクスという違いがある。二つのヒューリスティクスが正反対の判断を誘う場合もある。たとえば――

　「原爆投下は大量殺人なので、悪いに決まっている」（代表性ヒューリスティクスによる）。

　「原爆投下によって現在の国際秩序が出来上がっており、日米関係もまあまあ良好であり続けたという諸事実に照らすと、原爆投下は許容できる」（係留ヒューリスティクスによる）。

　「ヒューリスティクス（発見法）」は「ロジック（論理）」の対語で、直観的にすばやく判断を下す〈右脳思考〉の技能を意味するが、複数

のヒューリスティクスの矛盾に出会うことから、論理的な〈左脳思考〉の必要性に気づくこともできるだろう。

🕮 ポール・グライス『論理と会話』勁草書房
🕮 ハーバート・ファイス『原爆と第二次世界大戦の終結』南窓社
🕮 色摩力夫『日本人はなぜ終戦の日付をまちがえたのか』黙出版
🕮 B. パルミーロ・ボスケージ『イタリア敗戦記』新評論
🕮 平川祐弘『中国エリート学生の日本観』文藝春秋
🕮 チャールズ・ミー『ポツダム会談』徳間書店

61 /62

原爆投下を回避するには御都合主義的ヤラセが必要だった？
後知恵バイアス　ド・モルガンの法則　愚者のシナリオ

　本書の議論は、原爆投下肯定論のほうに有利な展開を辿ってきた。肯定論者の言い分は、二つある。

　A．原爆投下よりも優れた選択肢はなかった。
　B．原爆投下よりも優れた選択肢がかりにあったとしても、1945年当時には発見できなかった。

　これまでの各問で主に論証してきたのは、Aである。そして補助的にBを考慮に入れてきた。
　Aが言えれば、肯定論にとって**十分である**。しかしAは**必要ではない**。Bが言えさえすれば、Aを証明する必要はないのである。Bは、第4問以降何度か見てきた「**意図主義**」（倫理は事実より意図にもとづく）という原則の応用である。
　本書ではAが正しいことを述べてきたが、もしかするとそれは間違っていて、原爆投下にまさる選択肢があったのかもしれない。最も有力なのは、連合国側としては「ポツダム宣言にスターリンを参加させ、天皇制の容認に連合国すべてが同意してそれが明記され、第13項に原

爆の完成を明記するか、実験のデモンストレーションをすること」だった。日本側としては、「対ソ作戦準備を諦め、天皇制容認以外の条件（たとえば陸軍の主張した他の3条件）を放棄し、原爆の実在を信じ、かつ天皇が軍を直接に統制してテロを防ぐこと」だろう。連合国・日本双方のこの条件が揃うことが「原爆投下よりも優れた選択肢」の有力候補である。この実現がありそうだったのであれば、Aを否定できる。そして、この実現がありそうだったというにとどまらず、当時すでにこれを目標設定できそうなほど現実味をもって認められていたのであれば、そのとき初めて、Bを否定する合理的な理由が得られる。

　この「最善の選択肢」は、戦後数十年経った時点での歴史的知識を総動員して、それを使って1945年7月当時の世界を自由に操作できるとしたら実現したかもしれない。が、そのような操作が当時においても可能だったと信じるのは、「**後知恵バイアス**」による錯覚だ。1945年7月当時に現場で得られた情報の範囲内においてはとうてい実現できなかっただろう。当時（あるいは終戦直後に振り返って）自然な考え方は、たとえば次のようなものだった。

【連合国側の事情】
①ポツダム宣言にスターリンが参加要請されたとして……対日戦予告は得策でないと判断したスターリンが拒むだろう。あるいはポツダム宣言発表をソ連参戦後まで延期することを主張しただろう。（☞第46問）
②天皇制の容認を明記しようとしても……弱腰政策の有害な帰結はトルーマンにとって受け容れがたく、かつ連合国のいくつかが異を唱えるだろう。（☞第25問ほか）
③原爆実験のデモンストレーションをするか、原爆完成を明記しようとしても……貴重な新兵器で「最大の心理効果」をもたらし確実に結果を出す政策に反している。（☞第14問ほか）

【日本側の事情】
④スターリンのポツダム宣言参加が衆目に明らかになると……奇襲

> 効果がなくなるので、日本軍は対ソ戦遂行任務を放棄する口実を失ってしまう。(☞第46問)
> ⑤天皇制容認以外の条件を放棄できたかというと……天皇が介入しなければ陸軍が政府から離反しただろう。(☞第26問ほか)
> ⑥原爆の脅威を信じられたかというと……デモンストレーションに指導層が立ち合えば信じられるだろうが、アメリカの弱腰政策につけ込む抗戦分子に却って覚悟を固めさせるだろう。(☞第14問)
> ⑦天皇が介入してテロを防げたかというと……「新爆弾の惨害」という新展開を説得材料に使えなければ、宮城事件や厚木基地反乱の大規模なものを誘発した可能性が高い。(☞第43問ほか)
>
> このように整理したとき、Bを否定するためには①～⑦について何が言えなければならないだろうか。

答え:
①～⑦は、どれも原爆投下に代わる最善の選択肢の実現を阻む要因である。
　Bを否定するためには、原爆投下に代わる最善の選択肢が当時発見可能だったと言えなければならない。①～⑦の「……」をはさんで左を前件、右を後件と呼ぶことにすると、当時として自然な考え方だった後件をなんとかして**すべて抑制して、すべての前件を実現する**方向に動くことができれば、原爆投下に代わる最善の選択肢が成立しえたことになる。
　当時の現実的な想定として①～⑦の**一つでも**成り立っていたとすれば、最善の選択肢は当時において実現不可能と見なされるので、現実的な選択肢として発見不可能だったことになる。原爆投下肯定論が成り立つためには、当時の現実的想定として①～⑦の**すべてが真である必要はなく、一つでも**成り立てば「最善の選択肢」は崩れ、原爆投下前の日本降伏は実現できなかっただろうということだ。言い換えれば、上の①～⑦の**すべてが間違っている**場合にのみ、原爆投下に代わる最善の選択肢が成立しえたということである。この「言い換えれば」は、**ド・モルガンの法則**による*。肯定論、否定論のような大きな論題を、①～⑦のような小さな主張がどのように支持したり反証したりするかを正しく掴むことは、議論をするさいにきわめて重要である。

また、かりに原爆投下が当面避けられたとしても、同時にソ連参戦も避けられるのでなければ、結局アメリカは原爆投下に踏み切らざるをえなくなった可能性が高い。ソ連参戦が防がれるためには、①④がともに間違いでなければならない。つまり、スターリンのポツダム宣言参加が実現し、しかもそれを見て日本政府のみならず日本軍が深く降伏できたということ。それが確実でなければ、たとえアメリカが原爆投下を控えたとしても、日本にとってはソ連参戦の意義（和平貢献度）が高い状態で壊滅するという、より不吉な結末を迎えることになってしまったはずである。

　結局、①〜⑦のすべてに反した形でアジア太平洋戦争が進む最善の選択肢とは、主要な意思決定者がそろいもそろって自国の利益に反した不自然な決断を下すことの総和としてのみありうる。そのような展開は、いわば世界規模の「**愚者のシナリオ**」である。「愚者のシナリオ」とは文芸用語で、ことさら愚かな行動をとるキャラクターが存在するがゆえに成り立つ御都合主義的ストーリーを指す。小説やドラマでは、通常１人か２人の愚者が話をややこしくかつ興味深くするのに対して、第二次大戦では、原爆投下を避けるようなハッピーエンド的予定調和のためには参戦各国に「愚者」が揃っていなければならないことになろう。愚かな判断がうまい具合に重なれば、たまたま幸いな結果がもたらされうる。しかしそのような都合のよい連動は到底ありそうになかった（第29問の「**天災論（宿命論）**」に通ずる）。

　むろん、理想主義的に考えれば、「愚者のシナリオ」は部分的に成り立っていた。そう、他ならぬ日本がその書き手である。1945年８月当時、交戦国の中でただひとり日本だけが明らかに国益に反した愚かな政策に固執していたと言える。「国体」という迷信に囚われ、戦勝の見込みもないまま国民の膨大な犠牲を顧みず自殺攻撃主体の戦争続行を基本方針とした国策、それが唯一、当時の世界で「愚者のシナリオ」を形成していたのだった。その日本列島周辺のローカルなささくれとグローバルな諸国益追求との間に、滑らかな整合性（平和）を回復するためには、核爆発の衝撃が一番の近道だった。愚者のシナリオがただ一国に極限されていたからこそ、超自然的衝撃でたやすく均すことができたのである。原爆投下の主たる責任は日本にあるという診断（☞第55問）の根拠はそこにある。

　原爆投下回避のための「世界規模の愚者のシナリオ」は、前問で見た原爆

による早期終戦という「**ファインチューニング**」とネガポジの関係にあると言えよう。現実には「世界規模の愚者のシナリオ」など実現しようはずがなく、各国が見かけ上正しく国益を追求した結果、かろうじてファインチューニングで、つまり超兵器の「爆発オチ＝デウス・エクス・マキナ」ですべての紛糾が解決したのだった。

まとめよう。第18～21問で見たように、原爆投下とソ連参戦の一方だけでは日本は即時降伏はできなかった。この両方がタイミングよくほぼ同時に生じたファインチューニングゆえに、即時降伏が実現できた。①～⑦の前件のいずれか一つが成立しただけでこのタイミングが大幅にズレて、日本は降伏の機を逸して途方もない惨劇に投げ込まれていた可能性が高いのである。

結局、日本がひとり頑迷な抗戦を続け愚者のシナリオを書き続けているかぎり、原爆抜きのウルトラファインチューニングをお膳立てして穏やかな日本降伏を実現できるような単一の意思決定者などというものは存在しなかった。多くの条件を強引に収束させるには、世界中の目を釘付けにする〈原爆実戦使用〉という大事件が必要だったのである。換言すれば、日本という愚者が1人いたおかげで、アメリカの描いたシナリオ「原子爆弾による崇高な大団円」どおりに進む御都合主義的大ドラマが完結しおおせた。革命的兵器の炸裂によって各方面が問題意識を共有し、現状の打開策において同調し、さながら単一の意思決定者のごときものが生成し、ソ連参戦、裕仁の聖断、軍の承詔必謹、これらの動きが一致しあって問題解決へと収斂したのであった。

☑ **ド・モルガンの法則**

* 原爆投下に代わる最善の選択肢が成り立つ条件……
　　［非①かつ非②かつ非③かつ非④かつ非⑤かつ非⑥かつ非⑦］
　　非［①または②または③または④または⑤または⑥または⑦］
　原爆投下に代わる最善の選択肢が成り立たない条件……
　　非［非①かつ非②かつ非③かつ非④かつ非⑤かつ非⑥かつ非⑦］
　　［①または②または③または④または⑤または⑥または⑦］

「非」は否定を表わす。全体を否定する言葉（括弧の外から一括してかかる「非」）を「かつ」「でない」ではさまれた各文に分配すると「かつ」と「でない」が反転する（非①にさらに「非」を付けると**二重否定**で①になることに注意）。この分配法則は「**ド・モルガンの法則**」と呼ばれ、文が七つでなくとも、二つ以上のいくつの場合でも成り立つ。最も単純なド・モルガンの法則は次のように表わされる（〜は否定、≡は同値関係（真偽が一致する関係）を表わす）。

$$\sim (P かつ Q) \equiv \sim P または \sim Q$$
$$\sim (P または Q) \equiv \sim P かつ \sim Q$$

📖 リデル・ハート『第二次世界大戦』フジ出版社
📖 中井晶夫、三輪公忠、蝋山道雄『独ソ・日米開戦と五十年後——日・米・独・ソ国際シンポジウム』南窓社
📖 『ドキュメンタリー 太平洋戦争——ロード・トゥ・トーキョー』エスピーオー [DVD]

62　／62

アメリカ人ですら今や原爆投下の非を認めつつあるのだが？

修正主義　無関連要因重視の誤り

　原爆投下を肯定するというのは、時代の流れに逆らっているのではなかろうか。今やアメリカにおいてすら、「修正主義派」と呼ばれる歴史家の言説が認知されて久しい。「修正主義（歴史修正主義）」とは政治的な公式見解や定説に異を唱える立場への蔑称だが、必ずしも悪い意味で呼称されるとはかぎらない。ベトナム戦争に代表されるアメリカのアジア政策失敗にショックを受けた歴史家たちが、遡って対日政策も間違っていたのではないかと省みたのが修正主義ブームの主な動因だった。とくに東京裁判と原爆投下については、間違っていたと批判するアメリカ人自身の思潮は決して小さくない。

　修正主義派はたしかに、マスコミ的多数派見解の誤りを見事に指摘してきた。「原爆投下は100万人のアメリカ兵の命を救った」と繰り

返すマスコミ的多数派見解（御丁寧に「25万人のイギリス兵の命」が付け加えられることもある）は、トルーマンのポツダム日記など新たに発掘された史料に目をつぶって、終戦直後の政治的な公式見解をただ繰り返している点で間違っている。当時の政治家や軍人の意見を教えてくれる新たな証拠が発掘されれば認識を変えるか、議論を始めるのが当然であろう。戦中・戦後に作られた定説は、永遠に保持されるべきものではなく、適切に「修正」されねばならない。

では、原爆投下についての修正主義は正しいのだろうか。これまでの各問を利用しながら、修正主義の問題点を摘出してみよう。

答え：
　修正主義的原爆論の問題点を指摘しながら、本書そのもののスタンスをまとめることにする。
　修正主義派は、事実の掘り起こしにもとづく歴史認識の改訂という**態度に関しては**正しい。しかし、原爆投下はアメリカの姿勢次第で避けることができたという見方に偏りすぎる傾向がある。とりわけ、天皇制護持さえ認めれば日本は降伏できただろう、という安易な議論を展開しがちである。アメリカが原爆を持っていることを伝え、ソ連参戦が近いことを警告し、その上で天皇制の継続を認めれば、日本はすぐ降伏できただろう、と。
　むろんこれは、当時の日本国内の複雑な事情をあまりに過小評価した見方である。それに加えて修正主義派は、大戦末期のアジア情勢（とくに中国大陸その他での死者の増大）を考慮に入れていない。修正主義派は、アメリカの行為への反省を促す良心的思考を代表しているようでいて、その実、多少戦争が長引いてもアメリカ人さえ死ななければ問題なかった、アメリカのイニシアティブでどうにでもできたという自国中心主義に凝り固まる傾向があるのだ。
　結局、公式見解派も修正主義派も、どっちもどっちなのである。本書は、そのいずれの陥穽にも落ち込まないよう論理的な平衡を保とうとしてきたが、表面上の主張としてはアメリカの公式見解に近づき、精神としては修正主義派に近いものとなったように思われる。というのも、アメリカの修正主義派は、アメリカ政府への批判的認識・反体制的動機から原爆投下非難を展

開していることが多いからだ。つまり本書は、日本政府に向けた修正主義的原爆投下論と言える。

　日本の多数派の考えは、トルーマンの原爆投下決定は間違っており、大統領から原爆投下機搭乗員にいたるまで、被爆者に謝罪すべきだ、というものだろう。本書の結論は、むしろ被爆者に謝罪すべきなのはアメリカ人ではなくむしろ日本政府、天皇、かつての軍首脳関係者などであろうというものだ。また、ポツダム宣言にさいして、首相答弁がなされる前にすでに「笑止」「黙殺」など過激な継戦言辞を自発的に連ねて政府や軍の意図すら越えた過度の迎合に走り、原爆投下の事後正当化に一役買った日本のマスコミにも大きな責任がある。ポツダム宣言の時だけでなく、概して戦時中の日本の新聞は、軍や政府の圧力とは無関係に、勝ちいくさのたびに号外を出し、販売部数拡大のため軍の栄光を率先して讃えるセンセーショナリズムの傾向が濃厚だった。その点、まるでオリンピック日本代表選手を応援するのと同じノリで海外派遣軍の活躍を熱狂的に賛美した一般国民にこそ、第一の戦争責任があったと言える。一般国民全員が新聞の商業的成功の方針を左右し、それに軍や政府が後押しされたり、逆に利用したりした面があるからだ。

　よって、戦争責任は原爆被爆者も共通に分け持っている。しかし被爆者は、戦争終結のための必要悪たる殺戮を恣意的抽出の形で代表的に被らされたという意味で、全日本人の謝罪を受けて当然であろう。日本政府の謝罪は、被爆者援護法などで事実上達せられているが、その他の日本人による謝罪も贖罪もまだほとんど行なわれていない。その原因は皮肉にも、被爆国という象徴的地位を獲得した国のメンバーとして、日本人全体が被害者的スタンスを保つ権利を主張できているがためなのである。

　というわけで、あえて政治的含意の点から言うとこうなる——日本人の深い内省に訴えかけたい本書的な修正主義的立場からすると、日本を部分的に免罪しかねないアメリカ修正主義言説の流布は、有難迷惑と言うべきである。しかし同様に、本書のような日本側の修正主義的言辞が普及したりすれば、国際倫理の反省努力にとっては迷惑なことだろう。なぜなら、現在の国際社会では、どの国にもましてアメリカの自己反省が最も求められていることは確かだからだ。過去のアメリカの行ないを正当化することは、今後のアメリカの行動への無批判な容認を助長しかねず、国際平和の戦略的見地から

不都合が大きいと考えられる。

　しかし、第二次世界大戦前・戦中のアメリカと、戦後のアメリカとは分けて考えるべきではなかろうか。第二次世界大戦の経緯を知れば知るほど、アメリカに落ち度はなかったというのが本書の認識である。第二次大戦でのアメリカの大きな誤りは、大英帝国に気を遣うあまり第二戦線の早期開設を怠って対独勝利を遅らせたことと、無条件降伏要求を明言してこれまた枢軸国の降伏を難しくしたことくらいだ。戦前・戦中のアメリカは、現在のアメリカに比べて、より平和的かつ民主的な政府によって率いられていた。先制攻撃も辞さない拡張主義的国家にアメリカを変えたのは、他ならぬ真珠湾攻撃の恥辱の教訓だったのである。第二次大戦でのアメリカの戦争政策全般、とくに原爆投下を擁護したからといって、戦後アメリカのベトナム戦争やイラク政策をも容認したことにはならない。むしろそのような**抱き合わせ論法**を否定し、個別に論理的な判定を下す根拠を提示することが、本書の目的だったのである。

　論理的な議論と言いながら、本書には著者自身の主観的評価が多々灯っていると感じられるかもしれない。しかし偏向が見られるとしてもおそらくは細部に関わることで、議論の本筋に影響は与えていないはずである。本筋というのはただ三つ――

① 「原爆投下が正当化されるのは、それ以外には戦争を早期終結させる確実な手だてが日本にも連合国にもなかったからである」
② 「日本を降伏させた圧倒的な主因はソ連参戦だったが、それがバレることから生じえた諸災厄を防ぐのに原爆投下という革命的事件が役立った」
③ 「原爆投下を突出した悪として非難することは、他の戦争努力の相対的免罪につながり、戦争そのものが絶対悪であることを失念させかねない」

　①の趣旨は日本では評判の悪い考えだが、国際的な定説である。「1945年8月の時点で日本は戦意も抗戦能力も失っていた」というのは、中国戦域や本土決戦準備の実態を無視した虚偽である。第二次大戦では、中国やソ連のように、領土内で日本よりもはるかにひどい惨害を被りながら戦勝を勝ち取った国がある。彼らには援助する同盟国があったのだから頑張れるのも当

然だと言われるだろうか。ならばドイツをご覧いただきたい。1945年8月の日本よりずっと絶望的な状況で何ヶ月も戦ったあげく、首都が陥落して政府が消滅した。そのような先例の存在は、日本もその轍を踏む確率が低くなかったことを意味する。ナチス政権に比べればはるかに正気な政府に率いられていた日本ではあるが、その軍隊はドイツ軍よりもはるかに狂信的な戦い方をしてきた。連合国が「対日戦はまだまだ続く」と考えたのは無理ならぬことだったのである。1945年8月には、世界各国が合理的に利益を追求する中で、日本だけがはっきり国益に反した非合理な政策を続けていた。ただひとり「**愚者のシナリオ**」を描き続けて国民に大惨害をもたらした日本政府の責任は重い。

②の趣旨は、評判が悪いというより気づいていない人が多い定説である。ソ連参戦と原爆投下が重なるという絶望的状況がむしろ天佑となって、日本帝国陸軍は面子を失わずに聖断に従うことができた。赤軍という俗悪と原子爆弾という超自然が、聖断という超自然を呼び出し、国民の血によって自らの名誉を守ろうとした俗悪日本軍を懐柔することができた。二つの俗悪と二つの超自然の化学反応としての和平。単純化すればこれが本書の考える第二次大戦終結の論理である。力ずく一本槍のヨーロッパの終戦よりも、精神的駆け引きに多く依存したアジアの終戦はかなり複雑で、個人や国家の各レベルでの多層な自由意思の試された事件だった。これは戦争を美化しすぎた読みかもしれないが、論理と美は相反するものではない。

③の趣旨は、一般にはあまり語られないことだが、生物・化学兵器の禁止や核兵器廃絶運動にも通ずる偽善的倫理を批判するさいに重要になる論点である。戦争を禁ずるためには、「非人道的兵器」だけでなく伝統的な銃弾と爆弾による殺傷も一律に非人道的と非難されねばならない、と固執するのは、「**完璧主義の誤謬**」に陥っていると批判されるかもしれない。その種の批判が当たらないことは、第54問で見た。しかも、概して完璧主義が有害なのは、軍縮政策や反戦運動のような実践的な場においてである。倫理的・論理的な考察の場では、毒ガスも機関銃も原理的には等しく非人道的であることを認めるべきだろう。原爆投下批判は、戦争の理由や名目といった倫理的に重要な違いによって戦争を評価するのではなく、破壊手段の違いという**無関連要因**（☞第3問）によって評価するという過ちを助長する。

本書のような原爆投下肯定論は、原爆という殺傷手段について、「質においては銃弾と異ならず、数においては銃弾よりもはるかに少人数の犠牲で戦争を終結させた」という見方に意外な合理性があることに注意を喚起する。そこから**無関連要因重視の誤り**を是正し、戦争そのものの悪を際立たせる試みとして、原爆投下肯定論を捉え直すことができるのである。

📖 ガー・アルペロビッツ『原爆投下決断の内幕』〈上〉〈下〉ほるぷ出版
📖 リチャード・H. マイニア『東京裁判 勝者の裁き』福村出版
📖 福田茂夫『第二次大戦の米軍事戦略』中央公論社
📖 朝日新聞「新聞と戦争」取材班『新聞と戦争』朝日新聞出版
📖 読売新聞戦争責任検証委員会『検証 戦争責任』〈1〉〈2〉中央公論新社
📖 『フォッグ・オブ・ウォー マクナマラ元米国防長官の告白』ソニー・ピクチャーズ・エンタテインメント［DVD］

付録

付録 1

否定論・肯定論それぞれの主な論拠
(本書の大まかな流れ)

原爆投下否定論の根拠

- C そもそも無差別爆撃が戦争犯罪である。
  - しかも原爆投下は、通常の無差別爆撃とはまったく性格が違う。
- A 広島、長崎の被害の大部分は住宅地や非軍事施設だった。
- A もともと原爆はナチス・ドイツに対抗するためのものだった。
  - 日本がはじめからターゲットだとしたら、人種差別意識が関与していた。
- A 軍指導者はこぞって反対しており、バーンズが1人でトルーマンを誘導した。
- A 原爆投下以外の選択肢はあった。
- C 他の選択肢はすべて(あるいはいくつかは)原爆投下より望ましかった。
- A オリンピック作戦予定日まで他の選択肢を探る時間が十分あった。
  - デモンストレーションは可能かつ良策だった。
- C せめて事前に警告することはできたはずだ。
- A 不発の心配はなかった。
  - 長崎への投下はなおさら必要なかった。
  - 主な狙いはソ連の牽制だった。
  - ソ連牽制は、しかもアジアよりヨーロッパでの牽制だった。
  - 日本の降伏をもたらしたのはソ連参戦であって、原爆投下は関係なかった。
  - 無条件降伏に固執する必要はなかった。
- A 日本はすでに和平の申し入れをしていた。
- A 鈴木首相の「黙殺」声明より前に原爆投下命令が出されていた。
- A 原爆投下命令の文言は、準備指令ではなく、無条件の指令だった。
  - 天皇の地位保証がなければ日本は降伏しないことをトルーマンは知っていた。
  - 天皇制保証は、日本降伏の必要条件どころか、十分条件だった可能性が高い。
  - アメリカ世論も、天皇制維持には反対しなかったろう。
- C 天皇に戦争責任はない。
  - 天皇制の維持は占領政策の都合上はじめから決められていた。
  - 議会への説明というプレッシャーは、グローブスはともかくトルーマンにはなかった。
- C 議会への説明回避は、経済を人命より優先する非人道的動機である。
  - 日本陸軍も、徹底抗戦の意思はなかった。クーデターも小規模にとどまった。
  - 「犠牲者100万人」の推定は捏造である。
  - 本土侵攻の犠牲者数は、沖縄戦を上回らなかっただろう。
  - 日本政府の中国大陸への移動はありえなかった。
  - ソ連との協調を妨げ、原爆の国際管理を困難にした。
- A アメリカの道徳性への不信を広めてしまった。
  - 原爆投下容認は、将来の核戦争の容認に繋がる。
  - 被爆者の体験談や悲惨な映像を見てもなお原爆投下を肯定できるのか。
  - 結局原爆投下は、日本を無条件降伏させられなかったのではなかろうか。
  - アメリカにおいてすら原爆投下批判の論調が強まっているのをどう考えるか。

項目の頭の記号の意味は次の通り。
A............... 事実に関する主張（知られている諸事実を総合して答えを出せる）
B（無印）...... 解釈にかかわる主張（知られている事実から知られていない事実を推測することが求められる）
C............... 評価を下している主張（犯罪、望ましい、責任、非人道的、といった価値語の使い方に注意を要する）

どの項目対1つだけを選んでも、有意義な競技ディベートを構成できるだろう。

原爆投下肯定論の根拠

- C 日本の軍需工場の分布からして、無差別爆撃はやむをえなかった。
-   原爆投下は、通常の無差別爆撃と性格が違わない。
- A 広島、長崎は軍事的重要性が高かった。
- A 原爆計画ははじめから日本を対象にしていた。
-   人種差別意識は無関係である。現にドイツ空爆、ドイツ兵捕虜の扱いは非道だった。
- A 軍指導者の反対はそれぞれの権益に基づいており、いずれにせよ強い反対ではなかった。
- A 原爆投下以外の選択肢はなかった。
- C かりに他の選択肢が可能だったとしても、すべて原爆投下より望ましくなかった。
- A オリンピック作戦予定日までの間にも、中国大陸その他で犠牲者が増え続けていた。
-   デモンストレーションは不可能あるいは愚策だった。
-   事前に警告すると、連合軍捕虜を移動させられる怖れがあった。
- A 新兵器ゆえ、不発の心配があった。
-   長崎への投下は、ソ連をピースメーカーにしないために必要だった。
-   ソ連牽制は二の次だった。現に原爆実験成功までは、ソ連参戦が熱心に求められていた。
- C ソ連牽制の狙いがあったとしても、日本の国益を左右するアジア情勢にも関わっていた。
-   原爆投下は日本軍部主戦派のメンツを立て、国民への説明材料になった。
-   無条件降伏に固執しなければ、戦争遂行の決意が疑われた。
- A 日本からの和平工作は、連合国に直接行なわれていなかった。
-   ポツダム宣言を「黙殺」した日本政府に責任がある。
- A ポツダム宣言が受諾されれば、原爆投下命令は撤回されていただろう。
-   アメリカ側に、天皇制への過大評価があった。
-   天皇制保証は、日本降伏の必要条件でも十分条件でもなかっただろう。
-   アメリカ世論が天皇制維持に賛成したのは、日本降伏が確実になってからである。
- C 天皇に戦争責任はある。
- C 天皇制の維持は良策ではなかった。
-   マンハッタン計画について議会への説明というプレッシャーがあった。
- C 議会への説明回避は、経済だけでなく自国民の生命を優先する当然の動機である。
-   日本陸軍は、徹底抗戦の意思を固めていた。現に、クーデターが起きた。
-   「100万人伝説」は、少なくとも信じられてはいただろう。
-   本土侵攻の犠牲者数は、原爆の犠牲者を確実に上回っただろう。
-   日本政府の中国大陸への移動はありえた。
- A 原爆戦争の恐ろしさを印象づけ、恒久平和への象徴となった。
-   アメリカの国際的立場を強化した。
-   歴史的背景が異なるので、原爆投下容認は、将来の核戦争の容認に繋がらない。
-   映像や体験談で認識を改めるような人は、本土決戦や第三次大戦の想像力も乏しいだろう。
-   結局原爆投下は、日本を無条件降伏させることができた。
-   アメリカの修正主義思潮は必ずしも合理的な認識を示していない。

付録2

カイロ宣言
1943年12月1日発表

　ルーズベルト大統領、蒋介石大元帥およびチャーチル総理大臣は、各々の軍事顧問・外交顧問とともに北アフリカで会議を終了し、次の一般声明を発した。

　各軍事使節は、日本に対する将来の軍事行動を協定した。三大連合国は、海、陸、空から、その野蛮なる敵国に対し容赦ない圧力を加える決意を表明した。この圧力はすでに増大しつつある。

　三大連合国は日本の侵略を阻止し罰するためにこの戦争を戦いつつある。三大連合国は、自国のために利得を欲することはなく、領土拡張の意図があるわけでもない。1914年の第一次世界大戦開始以後に日本が奪取または占領した太平洋の島々すべてを日本は剥奪されること、満洲、台湾、澎湖島のような日本が清国人から奪い取ったすべての地域が中華民国に返還されること。これが連合国の目的である。さらに、日本が暴力または貪欲によって奪取した他の一切の地域から日本は駆逐されるであろう。前記三大国は、朝鮮の人民の奴隷状態に留意しており、適当な時期に朝鮮を解放し独立させることを決意している。

　これらの諸目的を視野に、三大連合国は、ワシントン宣言署名国のうち日本と交戦中の諸国と協調し、日本の無条件降伏をもたらすに必要な真剣かつ持続的な作戦を断固として続けるであろう。

付録 3
ポツダム宣言
1945 年 7 月 26 日発表

1. われら合衆国大統領、中華民国政府主席およびグレート・ブリテン総理大臣は、われらの数億の国民を代表して協議し、日本に対しこの戦争を終わらせる機会を与えることで同意した。
2. 合衆国、大英帝国および中国の巨大な陸海空軍は、欧州から自国陸軍と空軍による何倍もの増強を受け、日本に対し最終的打撃を加える配置を整えた。この軍事力は、日本が抵抗をやめるまで対日戦争を遂行しようという全連合国の決意によって支持され、鼓舞されている。
3. 世界の奮起した自由な人民の力に対する、ドイツの無益かつ無意義な抵抗の結果は、日本国民に対する先例を、恐るべき明瞭さで示すものである。現在、日本国に対し集結しつつある力は、抵抗するナチスに対して適用されたさいに全ドイツ国民の土地、産業および生活手段を必然的に荒廃させた力に比べて、測り知れないほど強大なものである。われらの決意に裏付けられたわれらの軍事力の総動員は、日本軍の不可避かつ完全な壊滅を意味すると同時に、必然的に日本本土の完全な破滅を意味する。
4. 無分別な打算をもって日本帝国を滅亡の淵に陥れた利己的な軍国主義的指導者により、日本がこのまま統御されつづけるか、それとも日本が理性の道に踏み出すかを、日本が決定する時期が到来した。
5. われらの条項は、以下のとおりである。われらは、これらの条項から離脱することはない。これに代わる選択肢は存在しない。われらは、遅延を認めない。
6. 日本国民を欺いて誤導し、世界征服の企みへ向かわせた者たちの権威と影響力は、永久に除去されなければならない。なぜならば、無責任な軍国主義が世界より排除されるまでは、平和、安全、正義の新秩序は不可能であるとわれらは主張するからである。
7. このような新秩序が建設され、かつ日本の戦争遂行能力が破壊されたという確証が得られるまでは、われらがここに提示する基本的目的の達成を確保するため、連合国の指定する日本領土内の諸要地は占領される。
8. カイロ宣言の条項は履行され、また、日本の主権は本州、北海道、九州、四国と、われらが決定する諸小島に限定される。
9. 日本軍は、完全に武装解除された後、各自の家庭に復帰し、平和的かつ生産的な生活を営む機会を与えられる。
10. われらは、日本人を民族として奴隷化しようとか国民として滅亡させようとかいった意図を持たないが、われらの捕虜を虐待した者を含むすべての戦争犯罪人に対しては厳重な処罰を与える。日本政府は、日本国民の間における民主主義的傾向の復活と強化に対する一切の障害を除去しなければならない。言論、宗教、思想の自由と、基本的人権の尊重は、確立されなければならない。
11. 日本は、その経済を保ち、公正な現物賠償の徴収を可能にするような産業を維持することを許されるが、日本が戦争のために再軍備をすることができるような産業は許されない。この目的のため、原料の支配は許されないが原料の獲得は許される。日本は、最終的には、世界貿易関係への参加を許される。
12. 以上の諸目的が達成され、かつ日本国民が自由に表明する意思に従って平和的傾向を有し責任ある政府が樹立されたならば、連合国の占領軍は、ただちに日本から撤退する。
13. われらは、日本政府がすみやかにすべての日本軍の無条件降伏を宣言し、かつこの行動における誠意について適切かつ十分な保証を提供することを日本政府に要求する。日本にとってこれ以外の選択肢は、迅速かつ徹底的な壊滅だけである。

あ と が き

　第二次世界大戦について、事実と論理のみに従って議論していくとどのような結論が支持されそうかというシミュレーション。それが本書の試みたことである。論理思考（クリティカルシンキング）演習としては、強烈な情緒的（非論理的）反応を誘発するテーマをあえて用いるほど有効なやり方はないだろう。本書ではメインテーマとして「原爆投下」を選んだが、その理由は、異論の余地が大きいわりに理性的な対話がとりわけ乏しいのがこのテーマだからである。

　各問いの表題に記した論理用語で表わされる論法や誤謬は、二種類に分けられる。戦争中に各国によってなされた推論や誤謬と、本書が戦争を読み解くさいに用いた推論とである。その二種はあえて区別せずに混在させた。そのほうが、本書の読解と歴史への参与をいちどきに体験していただけると思ったからだ。さまざまな論理が戦争の中で、そして戦争をめぐって実際どのように使われるかという具体例を示したところに、実践的演習書としての狙いがある。同じ論法が何度か登場するので、複数の文脈にまたがった同一パターンの一般的使い方を会得していただけるのではなかろうか。

　論理思考演習という目的にとっては形式が主、内容は従であるとはいえ、もちろん内容も無視できない。戦争論理学のシミュレーション結果は、私自身にとってかなり不愉快なものとなった。原爆投下は正しかった、という結論に限りなく近づいてしまったからである。

　原爆投下という出来事そのものが極悪だったという認識については、私の世界観に変化はない。その悪の元凶がアメリカというよりは日本であった、という発見（というより国際的定説の再発見）が本書の成果だったというだけのことだ。1945年8月の時点で日本政府が切実に降伏したがっていたことは間違いないが、和平推進の急先鋒だった外務省ですら、「皇室の安泰が得られなければ徹底抗戦・一億玉砕もやむなし」で軍部に同意していた。唯一の懸念は国民の災難ではなく「国体」の運命だというのである。「国体」なるものがもはや空虚な名目にすぎないことを承知の上で、奇妙な**同調圧力**に絡めとられていたのだ。そのような政府に弁明の余地があるだろうか。

あとがき

　というわけで、大日本帝国の軍隊はもとより政府にももともと好感を抱いていなかった私としては、「原爆投下は正しかった」という結論はさほど驚くべきものではなかったとも言える。

　本書の「原爆投下肯定論」は、日本人の大多数を占める原爆投下否定論者にとってこそ、便利な叩き台として使えるのではなかろうか。本書の肯定論をすべて論理的に反駁できれば、そのときこそ無敵の原爆投下批判が展開できるはずだからである。しかも、肯定論に有利な印象は、単に表面上のものかもしれない。なぜなら第1問の注でも述べたとおり、本書の初期設定では肯定論のほうに低い信憑性をあてがって**立証責任**を負わせた結果、自ずと肯定論の正当化に多くの言葉が費やされることになったからである。
　本書を手がかりに、政治的というより論理的な熟考がなされ、第二次大戦論から世界平和論へと有意義な展開が生じてほしいと思う。

　本書の内容は、すでに『エクリチュール元年』（青土社、2007）の加筆増補部分（pp.225-34, pp.238-9）に凝縮した形で提示した。その草稿は、亜細亜大学の特別講義で使用しながら構想を練ったものである。4年間にわたって機会を提供してくださった松本賢信教授に感謝する。
　そのほか、和洋女子大学、大阪芸術大学、学習院大学の学部・大学院での授業、いちかわ市民アカデミー、和洋女子大学公開講座、雑学大学、鎌ヶ谷市シニアサークルシルバー大学院など多くの場で各部分を発表し、出席者から貴重なコメントを受けることができた。重久俊夫氏を世話人とする人文死生学研究会での討論も、間接的に役に立った。さらに直接的には、日英言語文化学会 第17回例会（2008年4月12日　於 明治大学）での招待講演「ポツダム宣言の語用論――4つのトリック」は、ほぼそのまま第11問と第60問に使うことができた。奥津文夫会長をはじめ、司会の馬場千秋、同日講演者の村田年、その他質問をしてくださった諸氏に感謝する。

２００８年６月１１日　三浦俊彦

事項名・人名索引

※頻出語である「原爆投下」「広島」「長崎」「日本」「肯定論」「否定論」は索引から除外し、「アメリカ」「イギリス」

あ

アイゼンハワー　ドワイト・デイヴィド	29,35,51,52,243,248,249
アインシュタイン　アルバート	36,215,231
アウシュビッツ	9
朝日新聞	12,
アジア太平洋戦争 →大東亜戦争 太平洋戦争	63,135,253
「新しい対ソ作戦要領」	187
厚木飛行場 (厚木基地)	172,252
アッツ	174
アトミック・ソルジャー	30
阿南惟幾	169,170
アーノルド　ヘンリー	39,51,52,56
アメリカ在郷軍人会	227
アメリカ戦略爆撃調査団 (報告)	57,166
鞍山製鉄所	39
アンスコム　エリザベス	209
慰安所	197
慰安婦	195,196,197,219
硫黄島	58,140,141,142,174,211,212,229,237
威嚇	67,75,76,78,82,126,236,245,246,247
威興	187
伊号第58潜水艦	58
イーザリー　クロード	30
石原莞爾	45,186
イズベスティヤ	83
イスラエル	9,231
伊勢崎	92
井田正孝	142
イタリア	35,42,43,44,60,63,80,94,95,112,113,127,243,244,247
イタリアの休戦協定	243,244
一億玉砕	83,85,93,159
一号作戦 →大陸打通作戦	63,158
一撃論 (最後の一撃)	88,115,158,171
伊藤整一	139
慰問袋	195
夷をもって夷を制す	41
イラク戦争	175
インディアナポリス (巡洋艦)	55,58,59,152,230
インド	39,40,43,48,63,148
インドシナ →仏印、ベトナム	43,63,119,120,123
インドネシア	48,58,63,140
インパール作戦	63
ヴィシー政権	119,163
ウェッブ　ウィリアム	109,131
ウェデマイヤー　アルバートC.	44,127
梅津美治郎	249
ウラン型	71,230
エイズ	231
英本土航空戦 (バトル・オブ・ブリテン)	33
A級戦犯 →平和に対する罪	9,10,24
江戸幕府	45
択捉島	124
エノラ・ゲイ	30,232
AP通信	231
援蒋ルート	42,43
厭戦	18,34,61,62,66,99,120,133,158
汪兆銘	48,114
オウム真理教	29
大江健三郎	121
大阪空襲	92

「中国」「ソ連」「ドイツ」については、その国名が付いた合成語のみ収録しました。

	大西瀧治郎	87,158
	岡田啓介	114
	沖縄（沖縄戦）	11,20,56,57,58,85,115,118,138,139,167,171,174,175,226,237,248
	オックスフォード大学	209
	「教えて! goo」	210
	オーストラリア	58,61,109,131,148,149,157
	小田原	92
	小野田寛郎	159,186
	小野寺工作	115
	小野寺信	117
	オランダ	24,58,61,63,119,148,157,212
	オリンピック作戦 → ダウンフォール作戦 → コロネット作戦	51,56,57,166,167,168,174
か	海上封鎖	10,46,51,56,57,63,140,165,166,179
	傀儡政権	48,186,219
	カイロ宣言	102,242,243,244,245
	科学革命	231,232
	化学兵器 → 毒ガス	28,29,30,31,147,182,259
	核兵器容認論	190
	カサブランカ会談	85,94,164,244
	ガダルカナル	74,167
	「勝てば官軍」	145,153
	カナダ	67
	神風（特攻隊）→ 特攻	87, 143, 158
	樺太	73,181
	枯葉剤	39,167
	漢口 → 武漢	39,240
	カンタベリー寺院	165
	関東軍	11,48,84,87,179,181,182,185,186,187,188
	関東軍特種演習	179
	カンボジア王国	63
	宜昌	158,240,241
	北アフリカ（戦域）	43,44,140,163
	北風と太陽	88
	木戸幸一	89,114,115,121,159
	キャプラ　フランク	130
	ギャラップ調査	129
	宮城事件	110,170,171,252
	久間章生	4,121,194,195,202
	共産革命	83,87,89
	共産主義	40,61,78,166,249
	共産党（中国）	41,84,119,127
	京都	32,37,38
	京都大学	53
	玉音放送 → 終戦の詔勅 → 聖断	89,141,172
	桐工作	114
	キング　アーネスト・ジョゼフ	44
	グアム島	58
	空軍（アメリカ）	39,51,142
	九十九里浜	166
	熊谷	92
	久米島	56
	クラスター爆弾	14
	栗原貞子	121
	グルー　ジョセフ・クラーク	129
	呉	139
	グレート・アーティスト	232
	クロスロード作戦→ビキニ原爆実験	66

索引　269

グローブズ　レスリー・R.	36,37,50,74,76
クローン	196
軍属	197
君側の奸	169,170,171
決号作戦 →本土決戦	20,166,167,169,187
ゲッペルス　パウル・ヨゼフ	95
ゲーリング　ヘルマン・ヴィルヘルム	145
ゲルニカ	9,147
ケロッグ・ブリアン条約 →パリ不戦条約	106
原子炉	231
現地調達	12
小磯内閣（小磯国昭）	117
皇太子成婚	159
皇道派	157
降伏文書（ドイツ）	113,243,248
降伏文書（日本）	150,241
国益	79,80,81,82,91,135,177,181,182,184,188,203,236,253,254,259
国際管理（原爆の）	41,67,165,188,191
国際比較文学会	199
国際法	9,11,24,146,148,150,153,179,247
国際連盟	20,184
国体（国体護持）	54,61,88,93,95,104,105,106,107,108,109,110,115,158,159,171,244,246,253
国防計画調査特別委員会	133
国本主義	106,107,108
国民感情	47,69,209
国民義勇隊	168
国民党	33,41,83,119,127
小倉	32
国連憲章（国際連合憲章）	42,178,179,180
御前会議	73,75,124,158,169
小園安名	172
児玉誉士夫	142
国家総動員法	20,145
国共内戦	41
虎頭要塞	186
コナント　ジェームズ	173
近衛上奏	115
近衛声明（國民政府ヲ對手トセズ）	99,114
近衛文麿	83,87,89,114,121,159
コロネット作戦 →ダウンフォール作戦 →オリンピック作戦	51,166,174
昆明	43,158

さ

細菌兵器 →生物兵器	11,28,29,39,97,147,148,182
最高戦争指導会議	60,74,75
『最終戦争論』	186
サイパン	11,111,114,223
相模湾	166,168
迫水久常	89
佐藤尚武	54,73
珊瑚海海戦	158
サンフランシスコ会議（1945年）	42
サンフランシスコ平和条約（1951年）	150,235
サンフランシスコ放送	132
残留放射能	30,237
CRSレポート（米国議会調査局レポート）	174
自衛戦争	146
シェンノート　クレア・リー	10

死刑	234
C級戦犯	9,10
時局収拾対策試案	115
重光葵	117,249
事後立法	9
支那派遣軍	63,139,181,182,185,186,187
シベリア出兵	184
資本主義	40,61
ジームス ジョン	20,189
自由インド仮政府	48
従軍看護婦	196,197
重慶（重慶爆撃）	9,10,33,114,147,148,158,225,238,240
修正主義	203,255,256,257
終戦の詔勅 →玉音放送 →聖断	12,66,89,92
集団自決	56
十七条憲法	170
熟柿戦略	179
ジューコフ ゲオルギー・コンスタンチノヴィチ	83
ジュネーブ議定書	28,29
占守島	81,187
蒋介石	33,41,43,63,84,95,98,119,127,139,156
将棋	82,136
承詔必謹	170,171,254
聖徳太子	170
助民隊	33
地雷	14
シラード レオ	36
シンガポール	167
人種差別	34,35,37,39,47,137
人種戦争	43
真珠湾 →パールハーバー	37,46,47,48,60,80,112,119,123,124,145,154,156,166,224,231,237,258
人身保護令	151
人体実験	11,30,47,48
新爆弾	12,89,90,252
新京	187
スイス	82
スウィーニー チャールズ	88
スウェーデン	82,115,117
スカルノ	48
鈴木貫太郎（鈴木内閣）	117,120,122,123,124,182,242
スターリン ヨシフ	33,44,54,73,75,77,78,80,83,85,111,132,179,180,181,182,183,184,245,247,248,250,251,253
スティムソン ヘンリー・ルイス	37,38,100,122,133,134,173
スティルウェル ジョゼフ・ウォーレン	39,51
スノー エドガー	240
スミソニアン博物館（原爆展）	227,228
擂鉢山	141
聖戦	24
聖断 →玉音放送 →終戦の詔勅	74,115,160,168,169,170,247,254,259
性奴隷（セックススレイブ）	195
西部戦線 →第二戦線	95,127,172
生物兵器 →細菌兵器	28,30,31
精密爆撃	18,27,141,235,237
セックスワーカー差別	196
戦術爆撃	18
戦傷病者戦没者遺族等援護法	10,235
戦争努力	11,12,14,15,90,97,133,134,148,152,153,215,222,230,231,234,237,258

	戦犯 →A級戦犯　B級戦犯　C級戦犯	9,10,12,24,103,148,149,150,152,153
	戦略爆撃	10,11,18,20,21,24,33,34,57,65,150,166,189,236
	宋子文	179,248
	相対論（相対性理論）	11,231
	総力戦	20,67,86,130,143,145,147,170,191
	総力戦研究所	145,170
	遡及法	9
	ソ連参戦	54,55,57,68,69,73,75,76,77,78,79,81,83,84,85,86,87,88,89,91,92,96,108,115,118,128,131,132,159,162,163,168,175,176,177,178,180,182,183,184,185,187,202,241,245,251,253,254,256,258,259
た	第一次大戦（第一次世界大戦）	129,148,231,242
	大英帝国	40,44,258
	大権（天皇の）	54,109,131,132,157,244
	体験重視教育	226
	第五福竜丸	215
	第三国権益	240
	大東亜共栄圏	48,114,117,119,120,186
	大東亜戦争 →太平洋戦争　アジア太平洋戦争	119,156,171,188
	第二戦線 →西部戦線	33,34,40,44,181,258
	太平洋戦争 →大東亜戦争　アジア太平洋戦争	14,48,57,61,63,67,95,127,135,167,171,172,184,191,253
	大本営	32,85,89,124,172,184,187,240
	大陸打通作戦 →一号作戦	63
	大連	179
	ダウンフォール作戦 →オリンピック作戦 →コロネット作戦	51,57,166,168,169,174,175,177,212,227,238
	高松宮	115
	田中内閣（田中義一）	158
	タラワ	174,211,229
	ダルラン　フランソワ	163
	ダルラン取引	163,164
	単独不講和 →日独伊単独不講和協定	60,110,112,113,114,118,119,120,163
	ツァー政府（帝政ロシア）	184
	茅ヶ崎	167
	地球温暖化	216
	逐次投入戦術	74
	千島（列島）	73,77,81
	地中海（戦域）	34,43,44,95
	チャーチル　ウィンストン	12,33,34,35,37,41,44,54,73,77,78,94,123,129,153,182,247,248
	中間委員会	235
	中国新聞	89
	中ソ条約（中ソ友好同盟条約）	179,180,185,248
	中ソ友好同盟相互援助条約	248
	張鼓峰事件	184
	張作霖爆殺事件	158
	超自然	12,93,176,253,259
	朝鮮（半島）	76,81,84,185,186,187,188,196
	朝鮮戦争	84,148,166,175,186
	通化	187
	通過儀礼	225
	停戦命令（天皇の）	88,89
	ティベッツ　ポール	232
	デイリー・テレグラフ	132
	大邱地下鉄放火事件	29
	デーニッツ　カール	10,147
	テニアン島	58,72,73,122,230
	デモンストレーション（公開実験）	36,65,66,67,68,69,70,89,183,251,252
	天災論	117,120,121,253

索引

	天皇 (裕仁、ヒロヒト、昭和天皇)	34,41,54,55,64,73,75,87,88,89,93,98,100,102,103,104,105, 106,108,109,110,111,113,115,118,121,122,129,130,131, 132,138,139,150,157,158,159,160,161,162,163,164,169, 170,171,218,240,241,244,247,251,252,254,257
	天皇機関説	157,158,160
	天皇制	55,57,66,68,69,76,95,102,103,104,105,106,107,108,109, 110,126,128,129,130,131,132,157,159,162,163,181,242, 246,250,251,252,256
	天罰論	121
	天命論	121
	天佑 (論)	12,86,89,121,133,184,259
	ドイツ皇帝	129
	ドイツ国防軍	95, 98, 113, 171, 182
	ドイツ優先戦略 →ヨーロッパ第一戦略	37,39,42,43
	東亜連盟	186
	東海道新幹線	139,159
	東京オリンピック	159
	東京裁判	14,23,24,45,78,109,131,144,147,148,150,151,152,153,155, 156,157,179,255
	東京新聞	197
	東京大空襲	10,63,141,221,222,223,239
	東京ローズ	58
	東郷茂徳	73,108
	東条英機	39,103,114,115,152,157
	統帥権	157
	統治権	109,157,244
	東大法学部七教授の和平構想	118,159
	東寧要塞	186
	東部戦線 →独ソ戦争 (独ソ開戦)	34,80,95
	毒ガス →化学兵器	28,29,30,39,97,148,167,168,259
	独ソ戦争 (独ソ開戦) →東部戦線	34,112,114
	ドゴール　シャルル	120
	特攻	85, 87, 138, 139, 143, 158, 166, 167
	飛び石戦術	140
	トラウトマン　オスカー	114,139
	トラック島	35,39,140
	トリニティ実験 (原爆実験)	36,68,77,202,230,231,232,247,251
	トルーマン　ハリー・S.	32,35,36,37,38,46,50,54,57,59,65,71,72,77,78,79,83,100, 102,109,111,121,122,123,124,128,129,131,132,133,134, 152,164,169,174,183,184,193,202,209,219,230,247,248, 251,256,257
	ドレスデン	36,80
な	中島飛行機武蔵野製作所	235
	中野学校	186
	ナチス	9,10,14,33,34,35,36,37,95,97,98,99,129,144,153,154,163, 164,171,231,233,237,259
	731部隊	11
	南京事件 (南京大虐殺)	9,10,11,12,13,14,24
	南京政府	48
	南原繁	118
	新潟	32
	日独伊三国軍事同盟	60,112
	日独伊単独不講和協定 →単独不講和	60,112
	日華事変 (日支事変)	139,156
	日系アメリカ人 (強制収容)	35,152
	日清戦争	32,242
	日ソ中立条約	54,84,89,176,178,179,180,202
	日中戦争	12,13,45,63,78,95,114,119,139,144,160,179,224

	日露戦争	77,112,113,144,181,184
	二・二六事件	157,158,160
	『日本のいちばん長い日』（映画）	142
	ニミッツ　チェスター・ウィリアム	29,39,51,52,56,90,147,174
	ニューギニア	58,60,88,135
	ニューズ・ウィーク	132
	ニュルンベルク裁判（ニュルンベルク法廷）	9,10,144,147,151,153
	ネセサリー・イーブル	232
	ノーベル平和賞	181
	ノモンハン事件	184
	ノルマンディー（上陸作戦）→オマハビーチ	34,44,51,56,171,172
は	売春	94,195,196,197
	ハイゼンベルク　ウェルナー・カール	31
	ハーグ陸戦条約（ハーグ宣言）	12,28,29
	ハーシー　ジョン	173,240
	バチカン工作	115
	八路軍	41
	バッケ工作	115
	パットン　ジョージ・スミス	50,51
	バドリオ　ピエトロ	112,243,244
	ハバロフスク	131
	バー・モウ	48
	林博史	197
	パリ不戦条約→ケロッグ・ブリアン条約	106,146,148
	ハリマン　ウィリアム・アヴェレル	248
	パル　ラダ・ビノード	14,148,156
	ハルノート	122,123,124,146,154
	パールハーバー→真珠湾	44,67,132,219
	パレンバン油田	39
	ハンガリー	189
	バーンズ　ジェームズ・フランシス	50,55,57,76,100
	バーンズ回答	109,244
	反ナチ（反ヒトラー）	33,43,95,97,98,163,171
	ビキニ原爆実験→クロスロード作戦	30,66
	ビキニ水爆実験	215
	B級戦犯	9,10,12
	B-17	39
	非人道的兵器（ABC兵器、NBCR兵器）	28,259
	ヒトラー　アドルフ	36,37,80,95,98,112,113,119,120,129,130,145,153,163,171,182,243
	ヒトラー暗殺未遂	95,171
	B-29	39,51,92,133,140,141,147,172,189,212,235
	被爆者	22,45,47,173,194,210,211,212,213,215,218,219,221,224,227,229,234,235,239,257
	被爆者援護法	22,234,235,257
	100万人伝説	173,175,255
	平沼騏一郎	106,107,108
	ビルマ（戦域）	40,43,48,58,63,88
	広田弘毅	103
	フィリピン	48,58,60,88,135,155,174
	風船爆弾	39
	武漢→漢口	238
	溥儀	48,131
	武器貸与法	40,42,112
	藤村工作	115
	仏印（仏領インドシナ）（進駐）	43,63,119,120,123,124
	仏印武力処理→明号作戦	63
	不発	39,66,68

フライング・タイガース	10
ブラッドリー　オマル	50
フランク報告(政治的、社会的問題についての委員会報告)	28,29,68
フランス	42,44,61,63,119,120,148,171,178,212
ブルガリア	188
プルトニウム型	71
文化差別	37
米英原子力協定	35,41
平和に対する罪→A級戦犯	9,146
ベトナム(帝国)	48,63
ベトナム戦争	174,175,186,255,258
ペリー	45
ペリリュー	229
ベルリン(攻防戦)(陥落)	11,80,112,171,231,249
便衣兵	12,24
報復	39,46,47,48,49,121
ボース　スバス・チャンドラ	48
北海道	73,81
ポツダム(ポツダム宣言)	37,52,53,54,55,66,72,73,75,77,78,83,85,88,90,91,92,98, 102,103,104,105,106,107,108,109,110,111,122,123,124, 125,126,128,129,132,134,158,163,169,178,181,182,183, 186,202,218,219,241,242,243,244,245,247,248,249,250, 251,253,256,257
ポツダム日記	256
ポーツマス条約	144,182
ポーランド	77,231
ボルネオ	58
ホロコースト(強制収容所)	9,10,11,12,13,14,15,97,144,215,216,233,237
本土決戦→決号作戦	20,56,57,85,88,89,91,92,139,158,166,167,168,169,172, 177,184,186,187,212,216,224,258

ま		
	毎日新聞	89
	マーシャル　ジョージ・キャトレット	44,174
	松岡・銭永銘工作	114
	マッカーサー　ダグラス	29,39,50,51,52,56,75,90,131,151,152,167,174,249
	松代	184,187
	マニラ	186
	マレー	58,140,167
	松本俊一	108
	満州事変	87,160,195
	満州国	48,131,187
	満州鉄道	179
	マンハッタン計画	34,35,36,37,38,50,67,74,76,133,134,173,233,247
	ミズーリ(戦艦)	249
	三菱造船所	32
	美濃部達吉	160
	ミュンヘン協定	146
	無差別爆撃→都市爆撃→恐怖爆撃→テロ爆撃→地域爆撃	9,10,18,19,20,21,22,26,27,28,31,33,51,92,147,149,188, 189,221,225,230,233,235,236,237,238,240
	無条件降伏(要求)	53,63,67,85,93,94,95,96,97,98,99,100,101,102,108,109, 112,113,114,126,127,128,129,131,133,150,164,241,242, 243,244,245,246,258
	ムッソリーニ　ベニート・アミルカレ・アンドレア	37,80,112,113,130,163,243
	メタ性質	23
	明号作戦→仏印武力処理	63,120
	名誉負傷勲章(パープルハート・メダル)	175
	毛沢東	248
	黙殺	104,122,123,124,219,242,257
	本島等	121

	森赳	142,170
	モロトフ　ヴャチェスラフ・ミハイロヴィチ	73
	モンゴル（外モンゴル）	179
や	ヤコブソン工作	115
	『靖国』	227,228
	靖国神社	107,159,197
	大和（戦艦大和）	138,139,142,158
	山本五十六	113
	山本七平	160
	ヤルタ（会談）（密約）	38,73,81,179,180,181,182,183,185,248
	八幡製鉄所	39
	ユタ	226
	Uボート（群狼作戦）	10,146,147
	抑止力	67
	吉本隆明	195
	ヨードル　アルフレート	248
	米内光政	89,121
	ヨーロッパ第一戦略 →ドイツ優先戦略	42,43,44,101
	ヨーロッパの柔らかい下腹部	44
	弱腰（弱い態度）	66,100,102,109,129,133,251,252
ら	ラオス王国	63
	ラッセル　バートランド	215
	ラッセル・アインシュタイン宣言	215
	ラバウル	140
	李纓	228
	理化学研究所	53
	陸軍航空隊（アメリカ）	39,51,142
	リスボン工作	115
	立憲君主	160
	リトルボーイ	58
	量子論（量子力学）	11,36,231
	旅順	179
	ルーズベルト　セオドア	181
	ルーズベルト　フランクリン・デラノ	34,35,36,37,38,41,44,71,73,75,77,80,93,94,95,98,100,123,131,163,164,167,181
	ルバング島	159,186
	ルーマニア	188
	ルメイ　カーティス・エマーソン	51,189,221,235
	冷戦	79,83,181,209,249
	レイテ（島）（沖海戦）	58,87,111
	レド公路（スティルウェル公路）	43
	レーリンク　ベルナルト・ヴィクトール・アロイジウス	24
	連合艦隊	35,88,111
	連合軍捕虜	56,63,68,70,149
	連合国共同宣言	163,164
	労務者	63
	盧溝橋事件	114,115
	ロサンゼルスの戦い	35
	ロタ島	58
	ロトブラット　ジョセフ	76
	ローマ法王庁	165,168
	ロンドン（ロンドン爆撃）	9,33,147
	ロンメル　エルウィン・ヨハネス・オイゲン	171
わ	ワシントン・ポスト	227
	『われらなぜ戦うか』（キャプラ）	130
	湾岸戦争	175
	ワンツーパンチ（論）	74,168

論理用語・学術用語索引

あ
- 間での区別　25
- 後知恵（バイアス）　115,250,251
- アドホックな仮説　168,170
- アナロジーの誤謬　22,23,191
- アプリオリ　21,214
- 誤った前提への依存　136,138,142,192,195,196,225
- 暗示的意味　108,110
- 意図主義　28,30,32,57,135,173,175,185,188,250
- 意味情報　224,228
- 意味の遡及　155,156,226
- 意味の全体論　149
- 意味論　190,241,245,247
- 因果応報説　121
- 因果関係　45,81,107,130,192,193,194,196,215
- 隠喩　130
- ウェーバー‐フェヒナーの法則　71
- 右脳思考　249
- 演繹定理　99,101,136,154
- 永久文　149,154,155
- 「お互い様」の論理　146,147,148

か
- 外的関係　107
- 確証バイアス　216
- 過少情報　247
- カテゴリーミステイク　149,151
- 可能的（損害）→現実的（損害）　212
- 神の意思　207
- 含意のパラドクス　217
- 感傷的一元論　14,15,230
- 感情に訴える議論　221,226,227,228,229
- 完璧主義の誤謬　13,134,136,149,212,215,259
- 換喩　128,130
- 寛容の原則　102,103,104,105,217,243
- 規則功利主義　229,233,234
- 期待効用（期待値）　201,203,204
- 逆ポストホックの誤謬　46,48
- 協調の原理　246
- 共通原因　194
- 虚構主義　206
- 緊急避難　14,229,234,238
- 空なる理由　221,223
- 愚のシナリオ　250,253,254,259
- 燻製ニシン　65,68,69
- 形式的（に正しい）　19
- 契約説　121
- 係留ヒューリスティクス　38,40,216,249
- 結果主義　135
- 決定論（歴史決定論）　121
- 権威による論証　50,52
- 原因と結果を取り違える誤り　125,127
- 原因と理由　221
- 限界効用逓減の法則　71,72
- 現実的（損害）→可能的（損害）　212
- 現実バイアス　210,212,216,220,230
- 行為功利主義　233,234
- 後件肯定の誤謬　64,93
- 構成的ジレンマ　59,62,64
- 構造的同型（性）　122,123,124
- 効用　70,203,204,205,207,208,225
- 功利主義　69,70,71,121,125,233
- 語用論　190,241,245,247
- コンコルドの誤謬　136,137,138,139,140,141,142,143,144,145,234

	コントラスト効果	86,89
さ	罪刑法定主義	150,155
	再定義	168,170
	最大多数の最大幸福	69,70,233
	左脳思考	250
	自己規定（のパラドクス）	160,161
	自然さからの議論	49
	自然主義の誤謬	46,47,49,69,70,143
	自然選択	234
	自然的事実	49
	実在論	204,207
	実践的配慮	188,189
	慈悲深い殺人のパラドクス	210,213
	自明の前提	103
	社会生物学	49
	囚人のジレンマ	199
	主観主義	206,207
	宿命論	120,121,253
	十分条件	84,90,91,92,93,129,250
	循環論法	93,94,96,175
	条件付き判断	42,45,101,153
	象徴（性）（的効果、的意味、的インパクト）	83,85,90,92,183,235
	情緒主義	206,207
	指令主義	206
	神秘主義	121
	ステレオタイプ化	218,219,249
	正義論	121
	精神主義	137,144
	生存権	220
	責任主義	30
	絶対的区別	25,26
	ゼロサムゲーム	82,83,152
	選択効果	110,115,164,165
	前件肯定（論法）	59,62,217
	前件否定の誤謬	64,93
	全知全能全善の神 →全能の神のパラドクス	94
	全能の神のパラドクス →全知全能全善の神	161
	相関関係	162,192,193,194
	相乗効果	71,72,74,79,185
	相対主義	206
	相対的区別	25,26
	忖度のパラドクス	197,199,200,201
た	対偶	217
	代表性ヒューリスティクス	249
	抱き合わせ論法	258
	多義性	245
	多重決定	110,114
	多重誤謬	196,197
	多数決のパラドクス	199
	脱構築	25
	ダブルスタンダード →二重基準	117,120,146
	談話の規則	52,55,246
	定言三段論法	18,19
	デウス・エクス・マキナ	93,254
	投影主義	206
	動機によるバイアス	173,174,175
	同値関係	255
	同調圧力	136,138,195,200,201
	特定者バイアス	218,220,230
	独立の証拠	116,117

	ド・モルガンの法則	250,252,254,255
な	内的関係	107
	中での区別	25
	二重基準 →ダブルスタンダード	120,146,148,240
	二重効果	18,20,234,236
	二重否定	255
	二項対立	25
	ニヒリズム	14,121,207
	二分法	25
	ノンゼロサムゲーム	79,82
は	排中律	64
	背理法	210,214,215,216,217
	爆発オチ	254
	バックグラウンド定数	208
	パラダイム変換	83,85,86,87,89
	ハンディキャップ原理	116,117,226
	反実在論	204,206,207
	必要悪	14,230,232,257
	必要十分条件	92,93,176
	必要条件	90,91,92,93,129,238,250
	美人投票のパラドクス	199
	美的情報	226,228
	ヒューリスティクス（発見法）	249,250
	表現主義	206
	ファインチューニング	241,245,248,254
	不可能命題	217
	物理主義	121
	不当な一般化	164,165,249
	不当な類推	190,191,198,199
	ブーメラン効果（論拠逆用）	225,226
	分割の誤謬	97,98,155
	分析的方法	150
	変項	105
	謀殺	236,237,239
	法至上主義	151
	法の遡及	155,156,226
	ポストホックの誤謬	34,37,48,75,78,127,193
ま	埋没原価	137
	マスキング効果	71,73
	マッチポンプ	93,94,96,137,175,201
	未必の故意	234,236,237,238,239,240
	無関連要因 →無関連要因重視の誤り	26,27,255,259,260
	無関連要因重視の誤り →無関連要因	255,260
	無制限変項の原則	104,105
	メンテナンス（効果）	55,58,59,60,63,135
	蒙昧主義	200
や	予定調和	253
	予防ワクチン（論）（効果）	225
	弱い指令主義	206
ら	立証責任	21,22,110
	立論と反論	21
	量の格率	241,246
	倫理的整合性	143,144
	論点先取	168,170
	論理構造	217,223,224,226,228,229
わ	わら人形論法	46,48,49,151,168

戦争論理学
あの原爆投下を考える62問

著　者	三浦俊彦
発行所	株式会社 二見書房 東京都千代田区三崎町 2-18-11 電話　03(3515)2311[営業] 　　　03(3515)2314[編集] 振替　00170-4-2639
ブックデザイン	ヤマシタツトム
DTPオペレーション	横川 浩之
印　刷	株式会社 堀内印刷所
製　本	ナショナル製本協同組合

落丁・乱丁本はお取り替えいたします。定価は、カバーに表示してあります。

© Toshihiko Miura 2008, Printed in Japan.
ISBN978-4-576-08121-2
http://www.futami.co.jp